智能网联汽车技术系列丛书

智能网联汽车集成与测试

主　编　韩　飒　孙新城
副主编　李　伟　吴　敏
编　者　苏菲菲

电子工业出版社
Publishing House of Electronics Industry
北京·BEIJING

内 容 简 介

本书包括智能网联汽车集成与测试基础、智能网联汽车计算平台集成与测试、智能网联汽车定位系统与控制系统测试、智能网联汽车感知设备集成与测试、自动驾驶车辆测试、基于车路协同的高等级驾驶自动化系统设备集成与测试六个项目，详细介绍了基于 Apollo 样品车型的驾驶自动化系统的软硬件系统基本认知、组装、调试以及故障检修。

本书可以作为高职院校智能网联汽车技术、汽车制造与试验技术、新能源汽车技术、汽车电子技术、汽车检测与维修技术、新能源汽车检测与维修技术等专业，高职本科院校汽车服务工程技术、新能源汽车工程技术、智能网联汽车工程技术等专业的教材，以及理工科大学教师的教学参考书，也可作为从事智能网联汽车研发与测试、生产制造和维修的有关工程技术人员进行技术培训的参考资料。

未经许可，不得以任何方式复制或抄袭本书之部分或全部内容。
版权所有，侵权必究。

图书在版编目（CIP）数据

智能网联汽车集成与测试 / 韩飒，孙新城主编. —北京：电子工业出版社，2024.4
（智能网联汽车技术系列丛书）
ISBN 978-7-121-47148-3

Ⅰ. ①智… Ⅱ. ①韩… ②孙… Ⅲ. ①汽车－智能通信网 Ⅳ. ①U463.67

中国国家版本馆 CIP 数据核字（2024）第 027408 号

责任编辑：张　迪（zhangdi@phei.com.cn）
印　　刷：北京瑞禾彩色印刷有限公司
装　　订：北京瑞禾彩色印刷有限公司
出版发行：电子工业出版社
　　　　　北京市海淀区万寿路 173 信箱　邮编 100036
开　　本：787×1 092　1/16　印张：14　字数：405 千字
版　　次：2024 年 4 月第 1 版
印　　次：2024 年 4 月第 1 次印刷
定　　价：79.00 元

凡所购买电子工业出版社图书有缺损问题，请向购买书店调换。若书店售缺，请与本社发行部联系，联系及邮购电话：(010) 88254888，88258888。
质量投诉请发邮件至 zlts@phei.com.cn，盗版侵权举报请发邮件至 dbqq@phei.com.cn。
本书咨询联系方式：(010) 88254469，zhangdi@phei.com.cn。

前　言

"智能网联汽车集成与测试"是智能网联汽车整车及自动化系统（部件）研发辅助、生产制造、营运服务等技术人员在集成与测试岗位、运维岗位的一项重要工作。本书主要包括智能网联汽车集成与测试基础、智能网联汽车计算平台集成与测试、智能网联汽车定位系统与控制系统测试、智能网联汽车感知设备集成与测试、自动驾驶车辆测试、基于车路协同的高等级驾驶自动化系统设备集成与测试六个项目。

本书选取 Apollo 开放平台 D-KIT Lite S 车辆实施计算平台、组合导航系统、车载传感单元、车路协同驾驶自动化系统装备的集成与测试，完成车辆循迹、基于相机的感知避障、基于激光雷达的感知避障、基于 V2X 的交叉路口等多种自动驾驶场景调试。每个学习任务，按照学习目标、工作任务、相关知识、任务实施与评价、能力拓展、任务测评六个环节进行编写。读者完成学习，能够正确描述智能网联汽车自动化系统的定义与组成、特点、分类、工作原理及应用；能够依据装配工艺文件，使用拆装和诊断工具，完成智能网联汽车整车及自动化系统软硬件的集成与测试、常见故障的检修。

本书由韩飒、孙新城任主编，李伟、吴敏任副主编，百度 Apollo 苏菲菲参与各项目中任务实施与测评部分文字与图表的修订工作。

为了更好地帮助大家学习，随书资料包含了教学课件、课后习题答案，以及包含大量实际案例的 Apollo 开发者社区的链接地址，读者可以登录华信教育资源网（http://www.hxedu.com.cn）免费注册后下载。

本书在编写过程中参考了大量国内外公开发表的资料，以及百度 Apollo 开发者社区的相关资料，在此向相关资料的作者表示感谢。

由于智能网联汽车技术正发生日新月异的变化，加之作者水平和能力有限，书中不当之处，望广大读者批评指正。

目　　录

项目一　智能网联汽车集成与测试基础 ·················· 1
　　任务一　智能网联汽车驾驶自动化系统认知 ·················· 2
　　任务二　驾驶自动化系统设计运行条件 ·················· 12
　　任务三　车辆线控系统通信协议接口设计 ·················· 18

项目二　智能网联汽车计算平台集成与测试 ·················· 36
　　任务一　智能网联汽车计算平台架构的认知 ·················· 37
　　任务二　智能网联汽车计算平台硬件集成 ·················· 52
　　任务三　智能网联汽车计算平台软件集成 ·················· 62

项目三　智能网联汽车定位系统与控制系统测试 ·················· 73
　　任务一　组合导航系统集成 ·················· 74
　　任务二　自动驾驶车辆循迹演示及控制评测 ·················· 93

项目四　智能网联汽车感知设备集成与测试 ·················· 104
　　任务一　智能网联汽车感知设备集成 ·················· 104
　　任务二　智能网联汽车感知设备调试 ·················· 119

项目五　自动驾驶车辆测试 ·················· 143
　　任务一　测试规程和测试要求识读 ·················· 144
　　任务二　自动驾驶车辆虚拟仿真测试 ·················· 152
　　任务三　自动驾驶车辆封闭场地测试 ·················· 161
　　任务四　自动驾驶车辆开放道路测试 ·················· 168

项目六　基于车路协同的高等级驾驶自动化系统设备集成与测试 ·················· 178
　　任务一　基于车路协同的高等级驾驶自动化系统认知 ·················· 179
　　任务二　路侧单元和车载单元装配 ·················· 188
　　任务三　基于 V2X 的交叉路口信号灯自动驾驶测试 ·················· 206

项目一
智能网联汽车集成与测试基础

导 言

人工智能、电子、通信等技术的发展，促进了自动驾驶汽车的发展。随着传感器和电子控制系统的不断增加，车辆的功能和性能大幅提升，通过提高操纵性、安全性、通行效率和舒适性等方式为人们的出行提供帮助。

2017年12月，工业和信息化部、国家标准化管理委员会发布的《国家车联网产业标准体系建设指南（智能网联汽车）》中提出："根据智能网联汽车技术现状、产业应用需要及未来发展趋势，分阶段建立适应我国国情并与国际接轨的智能网联汽车标准体系。到2025年，系统形成能够支撑高级别自动驾驶的智能网联汽车标准体系。制定100项以上智能网联汽车标准，涵盖智能化自动控制、网联化协同决策技术以及典型场景下自动驾驶功能与性能相关的技术要求和评价方法，促进智能网联汽车'智能化+网联化'融合发展，以及技术和产品的全面推广普及。"国家推荐标准《汽车驾驶自动化分级》已于2022年3月1日起正式实施，《汽车信息安全通用技术要求》《智能网联汽车 术语和定义》等一批标准正处于起草、征求意见、批准的阶段，通过标准的基础性、引领和规范作用，满足研发、测试、示范、运行等需求，促进智能网联汽车技术快速发展和应用，支撑我国汽车产业转型升级和高质量发展。

思维导图

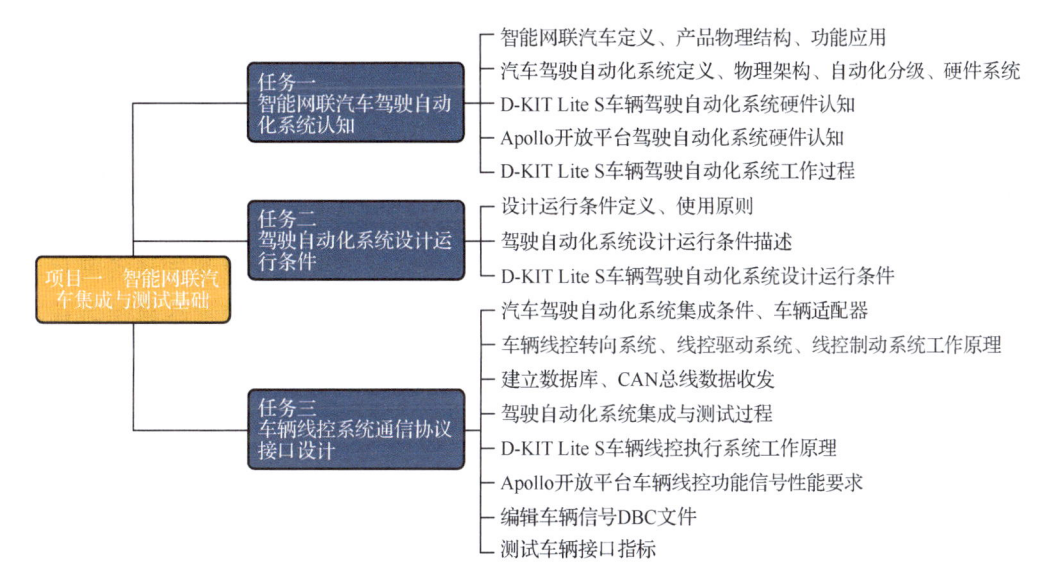

项目一 智能网联汽车集成与测试基础
- 任务一 智能网联汽车驾驶自动化系统认知
  - 智能网联汽车定义、产品物理结构、功能应用
  - 汽车驾驶自动化系统定义、物理架构、自动化分级、硬件系统
  - D-KIT Lite S车辆驾驶自动化系统硬件认知
  - Apollo开放平台驾驶自动化系统硬件认知
  - D-KIT Lite S车辆驾驶自动化系统工作过程
- 任务二 驾驶自动化系统设计运行条件
  - 设计运行条件定义、使用原则
  - 驾驶自动化系统设计运行条件描述
  - D-KIT Lite S车辆驾驶自动化系统设计运行条件
- 任务三 车辆线控系统通信协议接口设计
  - 汽车驾驶自动化系统集成条件、车辆适配器
  - 车辆线控转向系统、线控驱动系统、线控制动系统工作原理
  - 建立数据库、CAN总线数据收发
  - 驾驶自动化系统集成与测试过程
  - D-KIT Lite S车辆线控执行系统工作原理
  - Apollo开放平台车辆线控功能信号性能要求
  - 编辑车辆信号DBC文件
  - 测试车辆接口指标

任务一　智能网联汽车驾驶自动化系统认知

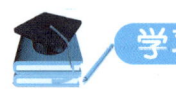

学习目标

【知识目标】
1. 能够正确描述智能网联汽车的定义；
2. 能够正确描述智能网联汽车的产品物理结构；
3. 能够列举常见智能网联汽车的功能应用；
4. 能够正确描述汽车驾驶自动化系统的定义；
5. 能够正确描述汽车驾驶自动化系统的物理架构组成及各组成功能；
6. 能够正确区分汽车驾驶自动化各等级并列举各等级常见功能；
7. 能够正确描述驾驶自动化系统硬件系统的组成。

【能力目标】
1. 能够利用使用手册查找车辆驾驶自动化系统硬件系统各组成的安装位置；
2. 能够正确解释车辆驾驶自动化系统硬件系统的工作原理。

【素质目标】
1. 能够熟练掌握相关的国家标准、行业规定，掌握绿色生产、环境保护、安全防护、质量管理等相关知识与技能；
2. 能够了解相关产业文化，遵守职业道德准则和行为规范，具备社会责任感和担当精神；
3. 具有探究学习、终身学习的能力，具有整合知识和综合运用知识分析问题与解决问题的能力；
4. 弘扬劳动光荣、技能宝贵、创造伟大的时代精神，热爱劳动人民、珍惜劳动成果、树立劳动观念、积极投身劳动，具备与职业发展相适应的劳动素养、劳动技能。

工作任务

某汽车制造厂正在试制一款面向L4级自动驾驶的前装量产车型，需要智能网联汽车系统集成工程师完成基于Apollo的该样品车型驾驶自动化系统的软硬件系统集成设计与开发。作为一名辅助工程师，首先需要了解驾驶自动化系统的定义、组成及级别等相关概念，能够描述试制车辆预配置的智能网联功能，会利用安装位置图获取驾驶自动化系统硬件系统的组成和安装位置，并解释该驾驶自动化系统硬件系统的工作原理。

相关知识

一、智能网联汽车基本概念

1. 智能网联汽车定义

2021年7月发布的国家标准《智能网联汽车术语和定义》（征求意见稿）中对M类、N类和O类智能网联汽车的定义为：智能网联汽车为利用车载传感器、控制器、执行器、通信装置等，实现环境感知、智能决策和/或自动控制、协同控制、信息交互等功能的汽车的总称。环境感知、智能决策、自动控制以及协同控制等功能一般称为智能功能，其中协同控制功能一般需要网联功能支持。车辆利用通信技术实现与外界信息交互的功能称为网联功能，"外界"是指车辆自身范畴以外，如穿

戴设备等属于"外界"的范畴。具备智能功能的汽车称为智能汽车，具备网联功能的汽车称为网联汽车。图1-1为智能网联汽车定义的范围，a为智能汽车，b为网联汽车，c既可称为智能汽车又可称为网联汽车，a、b、c均可称为智能网联汽车。

2. 智能网联汽车产品物理结构

工业和信息化部、国家标准化管理委员会共同组织制定的《国家车联网产业标准体系建设指南（智能网联汽车）》（工信部联科〔2017〕332号）中对智能网联汽车的产品物理结构进行了规定。智能网联汽车的产品物理结构为车辆控制系统、车载终端、交通设施、外接设备等按照不同的用途，通过不同的网络通道、软件或平台对采集或接收到的信息进行传输、处理和执行，从而实现了不同的功能或应用，如图1-2所示。

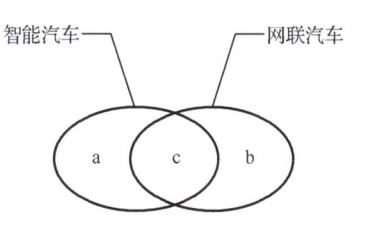

图1-1 智能网联汽车定义的范围

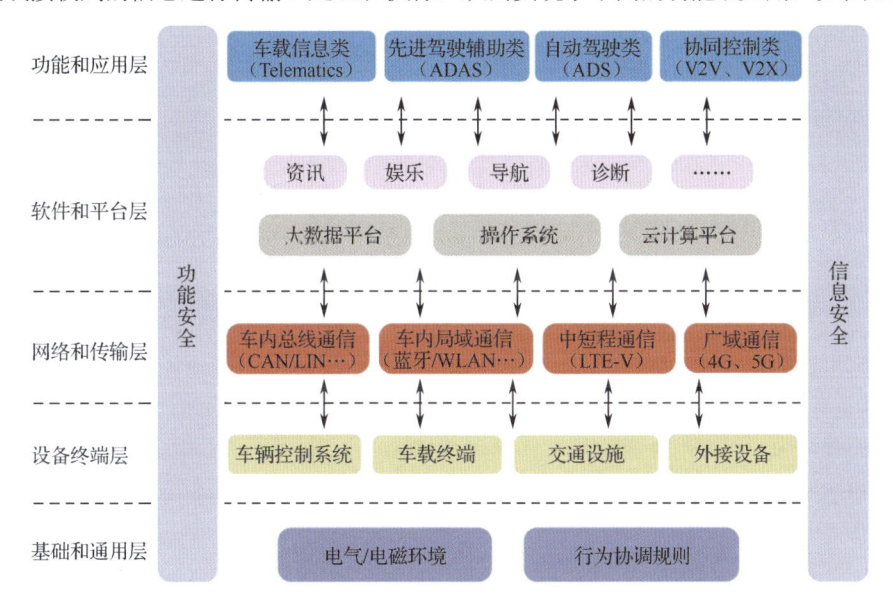

图1-2 智能网联汽车的产品物理结构

功能和应用层根据产品形态、功能类型和应用场景，分为车载信息类、先进驾驶辅助类、自动驾驶类以及协同控制类等，涵盖与智能网联汽车相关各类产品所应具备的基本功能。

软件和平台层主要涵盖车载计算平台和操作系统等基础平台产品，以及资讯、娱乐、导航和诊断等应用软件产品，共同为智能网联汽车相关功能的实现提供平台级、系统级和应用级的服务。

网络和传输层根据通信的不同应用范围，分为车内总线通信、车内局域通信、中短程通信和广域通信，是信息传递的"管道"。

设备终端层按照不同的功能或用途，分为车辆控制系统、车载终端、交通设施终端和外接终端等，各类设备和终端是车辆与外界进行信息交互的载体，同时也作为人机交互界面，成为连接"人"和"系统"的载体。

基础和通用层涵盖电气/电磁环境以及行为协调规则。安装在智能网联汽车上的设备、终端或系统需要利用汽车电源，在满足汽车特有的电气、电磁环境要求下实现其功能；设备、终端或系统间的信息交互和行为协调也应在统一的规则下进行，是智能网联汽车各类产品和应用实现安全、稳定、有序运行的可靠保障。

此外，产品物理结构中还包括功能安全和信息安全两个重要组成部分，两者作为智能网联汽车各类产品和应用需要普遍满足的基本条件，贯穿整个产品物理结构。

3. 智能网联汽车功能应用

《智能网联汽车术语和定义》（征求意见稿）中对智能网联汽车的功能应用进行了描述（见表1-1）。

表1-1 智能网联汽车的功能应用

功能应用	描述
车辆异常行为预警（Abnormal Vehicle Behavior Warning）	通过车载通信设备接收或通过传感器探测到对本车行驶有影响的其他车辆的行为状态，并在外部车辆有异常行为时发出警告信息
弱势交通参与者碰撞预警（Vulnerable Road-Users Protection）	车辆行驶过程中，通过车载通信设备接收或通过传感器探测周围行人、非机动车等弱势交通参与者的行进状态，并在感知到本车与弱势交通参与者存在碰撞危险时发出警告信息
自动驾驶功能（Automated Driving Feature）	车辆在特定的设计运行条件下代替驾驶员持续执行全部动态驾驶任务的功能
主动车道保持（Automated Lane Keeping）	在特定的设计运行条件下，通过对车辆的横向和纵向驾驶操控，保持在车道内行驶的自动驾驶功能
列队跟驰（编队行驶）（Platooning）	通过队列内车辆之间的信息交互，队内车辆按照既定的顺序、车间距和变换队形方式实现安全高效行驶
自动泊车（Automated Parking）	车辆泊车时，在特定的设计运行区间内能够持续执行全部动态驾驶任务。 注1：应能实现路径规划、车位识别、泊入、泊出车位功能。 注2：可实现车道行驶、路口行驶、跨楼层行驶、闸机通行等功能

二、汽车驾驶自动化系统基本概念

1. 汽车驾驶自动化系统定义

2022年3月1日实施的国家标准《汽车驾驶自动化分级》（GB/T 40429—2021）中，对具备驾驶自动化功能的M类、N类汽车驾驶自动化系统和功能定义为：驾驶自动化系统，即由实现驾驶自动化的硬件和软件所共同组成的系统；驾驶自动化功能，即驾驶自动化系统在特定的设计运行条件内执行部分或全部动态驾驶任务的能力。

2. 汽车驾驶自动化系统物理架构

汽车驾驶自动化系统的典型系统架构主要包括感知、决策和控制三大部分，如图1-3所示。

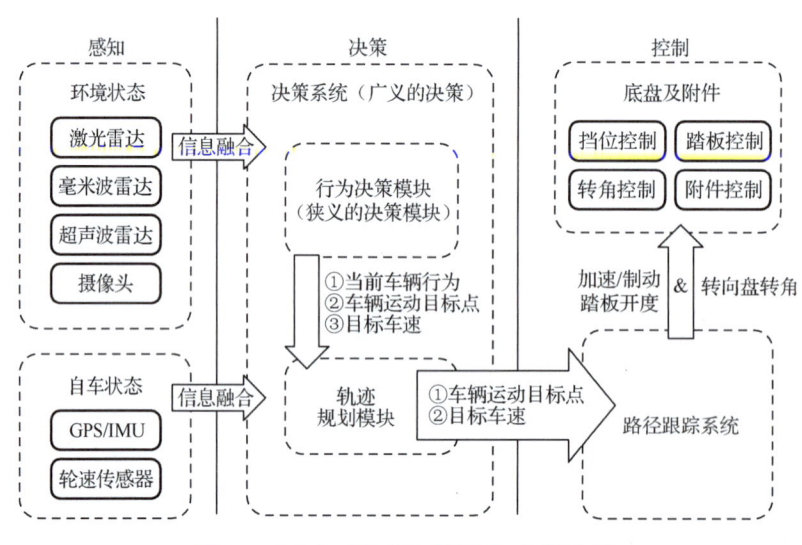

图1-3 汽车驾驶自动化系统的典型系统架构

1）感知部分

感知部分获取并处理环境信息，完成对车辆周围环境的感知识别。汽车驾驶自动化系统的常用

传感器主要包括摄像头、毫米波雷达、激光雷达、超声波雷达，以及用于定位和导航的 GPS（全球定位系统）/IMU（惯性测量单元）。另外，高精度地图、V2X 车联网技术可以扩展智能网联汽车的环境感知能力，在感知部分同样扮演着不可或缺的角色。每种类型的感知技术都有自己的优势和弊端，通过融合达到优势互补，最终使智能网联汽车在各种驾驶场景中达到高安全性要求，从而将感知部分的数据处理后发送给决策部分。

2）决策部分

决策部分具体来说分为两步：第一步是认知理解，根据感知部分收集的信息，对车辆自身精确定位，对车辆周围的环境准确判断；第二步是决策规划，包含对接下来可能发生情况的准确预测，对下一步行动的准确判断和规划，选择合理的路径达到目标。通过这两步使智能网联汽车产生安全、合理的驾驶行为，指导运动控制系统对车辆进行控制。行为决策模块是狭义的决策模块，其根据感知部分输出的信息合理决策出当前车辆的行为，并根据不同的行为确定轨迹规划的约束条件，指导轨迹规划模块规划出合适的路径、车速等信息，发送给控制部分。

3）控制部分

驾驶自动化系统将决策控制信息与车辆底层控制系统深度集成，通过线控技术完成执行机构的电控化，达到电子制动、电子驱动和电子转向，并控制车辆响应，保证控制精度，对目标车速、路径等进行跟踪。

一个驾驶自动化系统可实现一个或多个驾驶自动化功能，每个功能与具体的驾驶自动化等级和设计运行条件关联。为了准确描述驾驶自动化系统的能力，需要同时明确其驾驶自动化等级和设计运行条件。

三、汽车驾驶自动化分级

国家标准《汽车驾驶自动化分级》基于驾驶自动化系统能够执行动态驾驶任务的程度，根据在执行动态驾驶任务中的角色分配以及有无设计运行范围限制，将驾驶自动化分成 0～5 级。驾驶自动化各等级定义见表 1-2，驾驶自动化等级与划分要素的关系见表 1-3。

基于以下 6 个要素对驾驶自动化等级进行划分：

(1) 驾驶自动化系统是否持续执行动态驾驶任务中的目标和事件探测与响应；

(2) 驾驶自动化系统是否持续执行动态驾驶任务中的车辆横向或纵向运动控制；

(3) 驾驶自动化系统是否同时持续执行动态驾驶任务中的车辆横向和纵向运动控制；

(4) 驾驶自动化系统是否持续执行全部动态驾驶任务；

(5) 驾驶自动化系统是否自动执行最小风险策略；

(6) 驾驶自动化系统是否存在设计运行范围限制。

表 1-2 驾驶自动化各等级定义

等级	名称	定义
0 级	应急辅助	驾驶自动化系统不能持续执行动态驾驶任务中的车辆横向或纵向运动控制，但具备持续执行动态驾驶任务中的部分目标和事件探测与响应的能力
1 级	部分驾驶辅助	驾驶自动化系统在其设计运行条件下持续地执行动态驾驶任务中的车辆横向或纵向运动控制，且具备与所执行的车辆横向或纵向运动控制相适应的部分目标和事件探测与响应的能力
2 级	组合驾驶辅助	驾驶自动化系统在其设计运行条件下持续地执行动态驾驶任务中的车辆横向和纵向运动控制，且具备与所执行的车辆横向或纵向运动控制相适应的部分目标和事件探测与响应的能力
3 级	有条件自动驾驶	驾驶自动化系统在其设计运行条件下持续地执行全部动态驾驶任务
4 级	高度自动驾驶	驾驶自动化系统在其设计运行条件下持续地执行全部动态驾驶任务并自动执行最小风险策略
5 级	完全自动驾驶	驾驶自动化系统在任何可行驶条件下持续地执行全部动态驾驶任务并自动执行最小风险策略

表 1-3　驾驶自动化等级与划分要素的关系

等级	0 级	1 级	2 级	3 级	4 级	5 级
名称	应急辅助	部分驾驶辅助	组合驾驶辅助	有条件自动驾驶	高度自动驾驶	完全自动驾驶
持续车辆横向和纵向运动控制	驾驶员	驾驶员和系统	系统	系统	系统	系统
目标和事件探测与响应	驾驶员及系统	驾驶员及系统	驾驶员及系统	系统	系统	系统
动态驾驶任务接管	驾驶员	驾驶员	驾驶员	动态驾驶任务后援用户（执行接管后成为驾驶员）	系统	系统
设计运行范围	有限制	有限制	有限制	有限制	有限制	无限制

驾驶自动化各等级常见工况场景下的功能举例见表1-4。

表 1-4　驾驶自动化各等级常见工况场景下的功能举例

等级	名称	常见工况场景
0 级	应急辅助	驾驶员疲劳监测（DFM）、驾驶员注意力监测（DAM）、交通标志识别（TSR）、智能限速提示（ISLI）、弯道速度预警（CSW）、抬头显示（HUD）、全景影像监测（AVM）、夜视（NV）、前向车距监测、前向碰撞预警（FCW）、后向碰撞预警（RCW）、车道偏离预警（LDW）、变道碰撞预警（LCW）、盲区监测（BSD）、侧面盲区监测（SBSD）、转向盲区监测（STBSD）、后方交通穿行提示（RCTA）、前方交通穿行提示（FCTA）、车门开启预警（DOW）、倒车辅助（RCA）、低速行车辅助（MALSO）、自动紧急制动（AEB）、自动紧急转向（AES）、自适应远光灯（ADB）、自适应前照灯（AFL）
1 级	部分驾驶辅助	车道保持辅助（LKA）、车道居中控制（LCC）、车道偏离抑制（LPA）、自适应巡航控制（ACC）、全速自适应巡航控制（FSRA）、加速踏板防误踩（AMAP）
2 级	组合驾驶辅助	集成式自适应巡航控制（IACC）、高速公路辅助（HWA）、全自动泊车（APA）、交通拥堵辅助（TJA）
3 级	有条件自动驾驶	高速公路、交通拥堵、商用车队列有条件自动驾驶
4 级	高度自动驾驶	高速公路高度自动驾驶、自主代客泊车（AVP）、无人驾驶出租车（Robo-taxi）
5 级	完全自动驾驶	所有行驶场景

四、驾驶自动化系统硬件系统

　　智能网联汽车的车辆硬件系统可以分为感知、决策和控制 3 部分，其不仅仅考虑车辆系统，还需要考虑人的因素，图 1-4 为驾驶自动化系统的硬件结构。整车在设计和生产上要符合相关车规级标准，如 ISO 26262、AEC-Q 100、TS 16949 等。目前 L2 级及以下的驾驶自动化系统的硬件架构体系和供应链符合车规级要求。

　　感知部分依赖大量的传感器数据，分为车辆运动、环境感知和驾驶人监测。车辆运动传感器方面，速度和角度传感器提供车辆线控系统的相关横向与纵向信息。惯性导航系统和全球定位系统组成组合导航系统，提供横滚、俯仰和航向等车辆全姿态信息参数与高精度定位信息。环境感知设备（激光雷达、摄像头、毫米波雷达、超声波雷达、智能车载终端）采集信号，进行数据融合后提供给计算平台进行算法处理。驾驶人监测传感器分为基于摄像头、毫米波雷达的非接触式和基于生物电传感器的接触式两种。通过转向盘和驾驶座附近区域集成的传感器，将驾驶员的面部细节以及心脏、胸部等部位的数据进行收集，根据数据变化，判断驾驶员是否处于走神和疲劳驾驶状态。

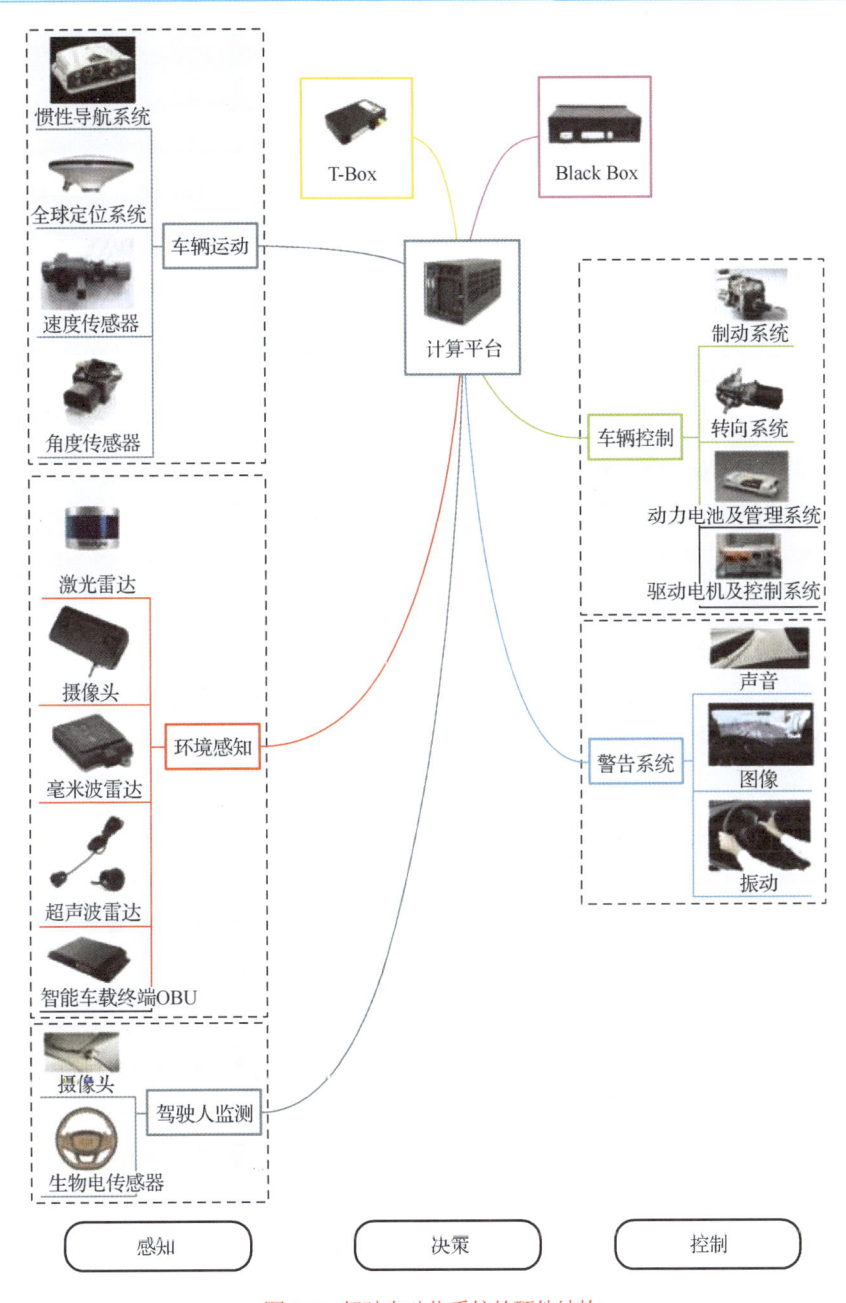

图 1-4　驾驶自动化系统的硬件结构

各类传感器采集的数据统一到计算平台处理，为了保证驾驶自动化的实时性要求，软件响应的最大延迟必须在可接受的范围内。L3级及以上驾驶自动化系统计算平台，目前主要分为图形处理单元（GPU）、现场可编程门阵列（FPGA）、数字信息处理器（DSP）和专用集成电路（ASIC）等流派。T-Box 连接互联网和车辆的 CAN 总线；Black Box 负责记录控制指令和车辆的行驶状态，可用于事故发生后进行事故认定。

车辆控制主要基于线控系统，包括制动系统、转向系统、动力电池及管理系统、驱动电机及控制系统。警告系统包括车机、仪表、HUD 等，与车内驾乘人员实现交互，如导航、接管提醒、语音交互等，通过声音、图像和振动方式提供提示信息。

任务实施与评价

一、任务准备

本次任务所使用的实训设备和资源见表1-5。其中,下载D-KIT Lite S车辆使用手册的网址为:https://apollo.baidu.com/Apollo-Homepage-Document/Apollo_Studio/。

表1-5 实训设备和资源

序号	分类	名称	准备要点	数量	准备情况记录
1	设备	D-KIT Lite S车辆	检查车辆状态: (1)车胎是否损坏、充气压力(正常胎压为2.5~2.6kPa)是否合适,以及胎纹内是否嵌入异物; (2)车辆底部是否有泄漏液体或易燃物	1辆/组	是否正常:是口 否口 ____
2	资源	D-KIT Lite S车辆使用手册	查找使用手册中的"车辆使用说明"	1份/人	是否找到:是口 否口
2	资源	作业记录单	明确工作任务	1份/组	是否明确工作任务: 是口 否口 ____

二、D-KIT Lite S车辆驾驶自动化系统硬件认知

D-KIT Lite S车辆驾驶自动化系统硬件系统的组成如图1-5所示,车体智能感知部分和底盘控制部分的硬件组成如图1-6所示。

图1-5 D-KIT Lite S车辆驾驶自动化系统硬件系统的组成

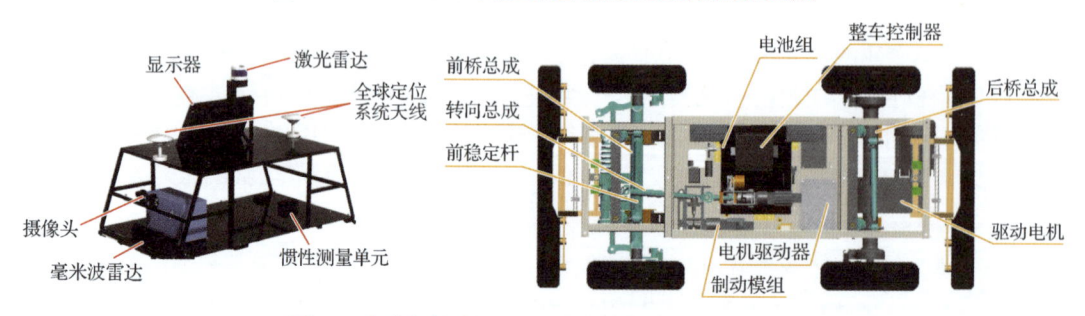

图1-6 车体智能感知部分和底盘控制部分的硬件组成

对照表1-6完成D-KIT Lite S车辆驾驶自动化系统各个硬件组成的安装位置描述,并在实车上

正确查找相应位置。

表 1-6 D-KIT Lite S 车辆驾驶自动化系统各个硬件组成的安装位置

序号	名称	安装位置及组成	操作要点
1	车体智能感知部分	安装于车体上半部分，用于固定智能传感器设备。 组成：激光雷达、全球定位系统天线、摄像头、毫米波雷达、显示器及惯性测量单元等	安装位置和组成描述正确，并能在实车上正确查找相应位置□
2	底盘控制部分	安装于车体下半部分，为底盘控制系统。 组成：前桥总成、转向总成、前稳定杆、制动模组、电机驱动器、驱动电机、后桥总成、整车控制器及电池组	安装位置和组成描述正确，并能在实车上正确查找相应位置□
3	计算平台	安装于车体中心，车辆底盘控制台上。 组成：芯片、模组、接口等硬件以及系统软件、功能软件等软件	安装位置和组成描述正确，并能在实车上正确查找相应位置□

三、Apollo 开放平台驾驶自动化系统硬件认知

Apollo 开放平台驾驶自动化系统的环境感知传感器、组合惯导系统（GPS 天线、GPS 信号接收端和惯性导航系统）和计算平台的安装位置如图 1-7 和图 1-8 所示。

图 1-7 Apollo 开放平台驾驶自动化系统的环境感知传感器、组合惯导系统（GPS 天线、GPS 信号接收端和惯性导航系统）和计算平台的安装位置（侧向）

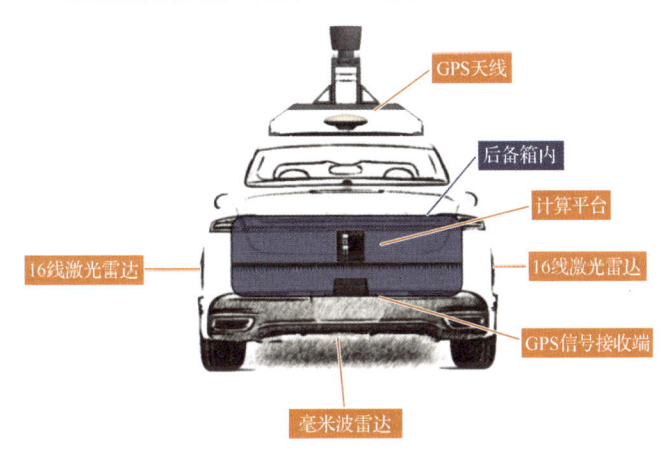

图 1-8 Apollo 开放平台驾驶自动化系统的环境感知传感器、组合惯导系统（GPS 天线、GPS 信号接收端和惯性导航系统）和计算平台的安装位置（后向）

对照表 1-7 完成 Apollo 开放平台车辆驾驶自动化系统各个硬件组成的安装位置描述。

表 1-7　Apollo 开放平台车辆驾驶自动化系统硬件组成及安装位置

序号	名称	组成与安装位置	操作要点
1	环境感知传感器	128 线激光雷：安装于车辆顶部； 16 线激光雷达：共 4 个，1 个安装在车辆进气格栅处，1 个安装在车辆尾部，2 个分别安装在左右后轮的上方； 摄像头：安装于车辆顶部； 毫米波雷达：共 2 个，1 个安装在车辆进气格栅处，1 个安装在车辆尾部	组成与安装位置描述正确□
2	组合惯导系统	GPS 天线：安装于车顶； GPS 信号接收端：安装于后备箱； 惯性导航系统：安装于后备箱	组成与安装位置描述正确□
3	计算平台	计算平台：安装于后备箱	组成与安装位置描述正确□

四、D-KIT Lite S 车辆驾驶自动化系统工作过程

1. 驾驶自动化系统电气工作原理

D-KIT Lite S 车辆驾驶自动化系统的硬件连接框架图如图 1-9 所示。电源管理系统提供 12V 和 24V 两路电源，其中 24V 电源为 8108 工控机（IPC）的供电；12V 电源通过保险盒后，为其他用电设备供电。4G 无线路由器通过网线与工控机、Newton M2 相连。工控机与 Newton M2、Velodyne PUCK（VLP-16）激光雷达、毫米波雷达、2 个摄像头相连接。组合惯导系统主机 Newton M2 通过 GPRMC/PPS/GND 授时线与激光雷达相连接。

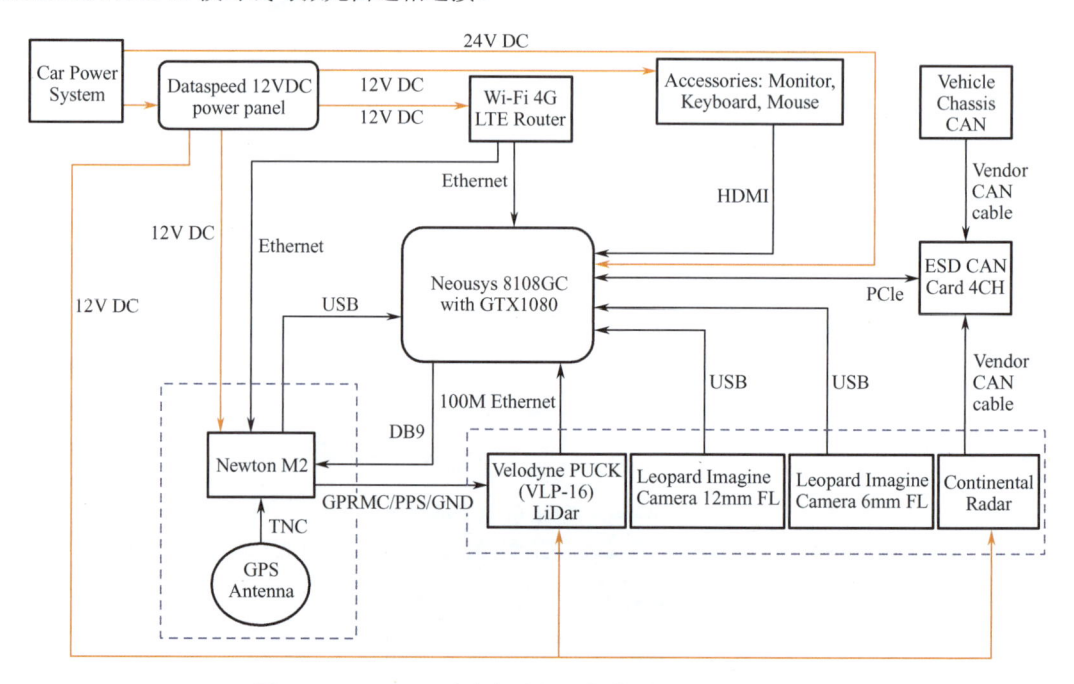

图 1-9　D-KIT Lite S 车辆驾驶自动化系统的硬件连接框架图

2. 驾驶自动化系统工作过程描述

请描述 D-KIT Lite S 车辆驾驶自动化系统中环境感知传感器、4G 路由器、组合惯导系统、计算平台、底盘系统等的工作过程。

能力拓展

能力拓展部分主要讲述了百度 L4 级及以上自动驾驶车辆案例,具体内容扫码即可获得。

任务测评

对任务实施的完成情况进行检查,并将结果填入表 1-8 中。

表 1-8 任务测评表

成绩评定反馈意见表

任务名称:智能网联汽车驾驶自动化系统认知

组号		组员信息:			
序号	项目	子项目	检查规范	结论	得分
1	D-KIT Lite S 车辆驾驶自动化系统硬件认知(30分)	车体智能感知部分的安装位置及组成	安装位置和组成描述正确;在实车上正确查找相应位置		
		底盘控制部分的安装位置及组成			
		计算平台的安装位置及组成			
2	Apollo 开放平台驾驶自动化系统硬件认知(30分)	Apollo 开放平台驾驶自动化系统的硬件组成及安装位置	组成与安装位置描述正确		
3	D-KIT Lite S 车辆驾驶自动化系统工作过程(40分)	驾驶自动化系统的硬件连接框架图识读	工作过程描述正确		
		驾驶自动化系统工作过程描述			
评论摘要:					

分数	等级	总分	评分描述
85~100	优		
75~84	良		
60~74	及格		
<60	未达到		

任务二　驾驶自动化系统设计运行条件

学习目标

【知识目标】

1. 能够正确描述设计运行范围和设计运行条件的定义；
2. 能够正确描述设计运行范围、车辆状态和驾乘人员状态的组成；
3. 能够正确描述设计运行条件的使用原则。

【能力目标】

1. 能够正确解释驾驶自动化系统设计运行条件描述示例；
2. 能够利用使用说明书完成驾驶自动化系统设计运行条件描述。

【素质目标】

1. 能够熟练掌握相关的国家标准、行业规定，掌握绿色生产、环境保护、安全防护、质量管理等相关知识与技能；
2. 能够了解相关产业文化，遵守职业道德准则和行为规范，具备社会责任感和担当精神；
3. 具有探究学习、终身学习的能力，具有整合知识和综合运用知识分析问题与解决问题的能力；
4. 弘扬劳动光荣、技能宝贵、创造伟大的时代精神，热爱劳动人民、珍惜劳动成果、树立劳动观念、积极投身劳动，具备与职业发展相适应的劳动素养、劳动技能。

工作任务

某汽车制造厂正在试制一款面向 L4 级自动驾驶的前装量产车型，需要智能网联汽车系统集成工程师完成基于 Apollo 的该样品车型驾驶自动化系统的软硬件系统集成设计与开发。作为一名辅助工程师，需要会描述驾驶自动化系统设计运行条件相关概念、必要条件及使用原则，能够根据试制车辆预配置的智能网联功能按照示例规范，完成 D-KIT 套件驾驶自动化系统设计运行条件的描述。

相关知识

企业定义驾驶自动化系统的第一步是定义其设计运行条件，即驾驶自动化系统可以启动、安全执行动态驾驶任务的条件。通过定义设计运行条件，明确驾驶自动化系统的功能和局限性，并将该功能和局限传递给驾驶自动化系统或用户。在既定的条件内，可以安全地启动和运行驾驶自动化系统，超过了限定条件，驾驶自动化系统就会存在风险。

一、设计运行条件定义

在国家标准《汽车驾驶自动化分级》中，对驾驶自动化系统设计运行范围和设计运行条件进行了定义。设计运行范围（Operational Design Domain，ODD）：设计驾驶自动化系统时确定的适用于其功能运行的外部环境条件。典型的外部环境条件有道路、交通、天气、光照等。设计运行条件（Operational Design Condition，ODC）：设计驾驶自动化系统时确定的适用于其功能运行的各类条件的总称，包括设计运行范围、车辆状态、驾乘人员状态及其他必要条件，如图 1-10 所示。

1. 设计运行范围

设计运行范围为驾驶自动化系统安全启动和运行的外部环境条件，包括静态实体、环境条件和动态实体，如图 1-11 所示。静态实体由运行环境下状态不改变的实体组成，如道路、交通灯等；环境条件包括天气、光照和连接度；动态实体由运行时间内状态发生变化的实体组成，如交通情况、道路使用者等。实体在一种情况下是静态的，在另一种情况下可能是动态的。例如，一棵树通常是静态实体，但在驾驶自动化系统运行过程中突然倒下的树将会对驾驶自动化系统造成干扰，此刻该倒下的树为动态实体。

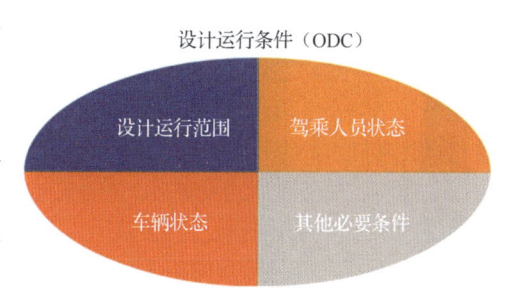

图 1-10　设计运行条件的组成

不同驾驶自动化系统启动、运行的外部适用范围不一样：如同样是高速下的驾驶自动化系统，A 系统只能在白天启动和运行，B 系统能够在白天和晴朗的夜晚启动和运行。驾驶自动化系统在启动时需要判断当前所处的环境，如白天与否，从而判断能否启动该驾驶自动化功能；在运行时需要识别是否超出该设计运行范围，从而判断该驾驶自动化系统能否安全运行。因此，在定义驾驶自动化系统的设计运行条件时，需要明确驾驶自动化系统的设计运行范围。

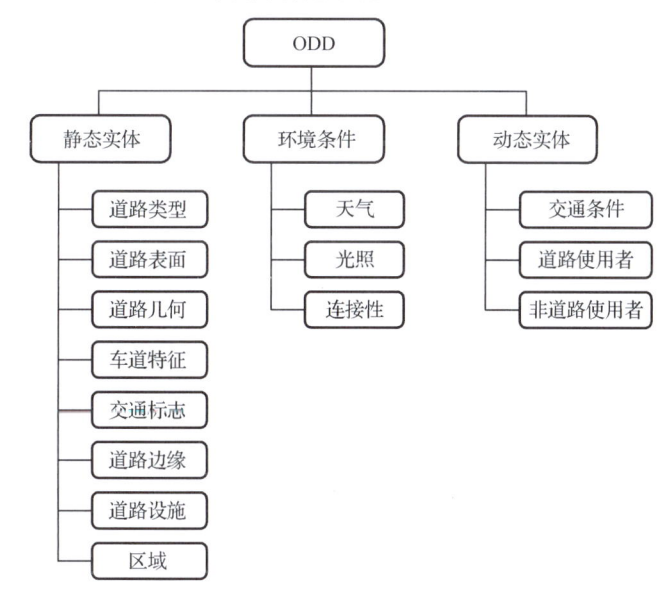

图 1-11　设计运行范围的组成

2. 车辆状态

车辆状态包括车辆速度和功能状态（包括软硬件状态），如图 1-12 所示。车辆速度包括激活速度范围，通过激活速度范围判断此刻驾驶自动化系统是否能够被激活。功能状态为驾驶自动化系统安全启动、运行前需要进行自检的功能模块达到的状态，包括系统的软硬件功能状态、感知功能、定位功能、V2X 功能状态等。只有车辆上述的驾驶自动化功能状态满足系统设计要求时，才能启动和运行驾驶自动化系统。

企业在设计车辆状态条件时可以采取不同的策略，如在功能自检时，企业 A 要求所有硬件和软件功能都达到条件。企业 B 在功能达到要求的条件下，在某个冗余摄像头未达到标准时，设计只要感知功能达到要求即可。

3. 驾乘人员状态

驾乘人员状态包括驾驶员/动态驾驶任务后援用户状态和乘客状态，如图 1-13 所示。《汽车驾驶自动化分级》中对动态驾驶任务后援用户的定义为：当 3 级驾驶自动化系统工作时，可以识别驾驶自动化系统发出的介入请求和明显的动态驾驶任务相关的车辆故障，并执行接管的用户。其适用于 3 级驾驶自动化功能，4 级和 5 级没有这个角色。动态驾驶任务后援用户可以在车内或车外，在执行部分或全部动态驾驶任务时成为驾驶员。乘客的定义为：在车内，但不承担任何动态驾驶任务和接管的用户。

为使驾驶自动化系统及时被接管，需要对动态驾驶任务后援用户进行监测，要求动态驾驶任务后援用户的状态满足接管的条件，如不存在疲劳、注意力分散等状态；为使驾乘人员满足基本的安全要求，需要对驾乘人员进行监测，如安全带监测；为使驾驶自动化系统能够安全运行，需要对乘客抢夺驾驶自动化设备的行为进行监测。

只有当上述设计运行范围、车辆状态、驾乘人员状态等全部条件都满足时，驾驶自动化系统才能正常启动和安全运行。相反，欠缺任何一个前提条件，驾驶自动化系统都有可能无法启动或者无法安全运行（包括运行时功能降级），或者导致动态驾驶任务后援用户因接管不及时而造成危险。

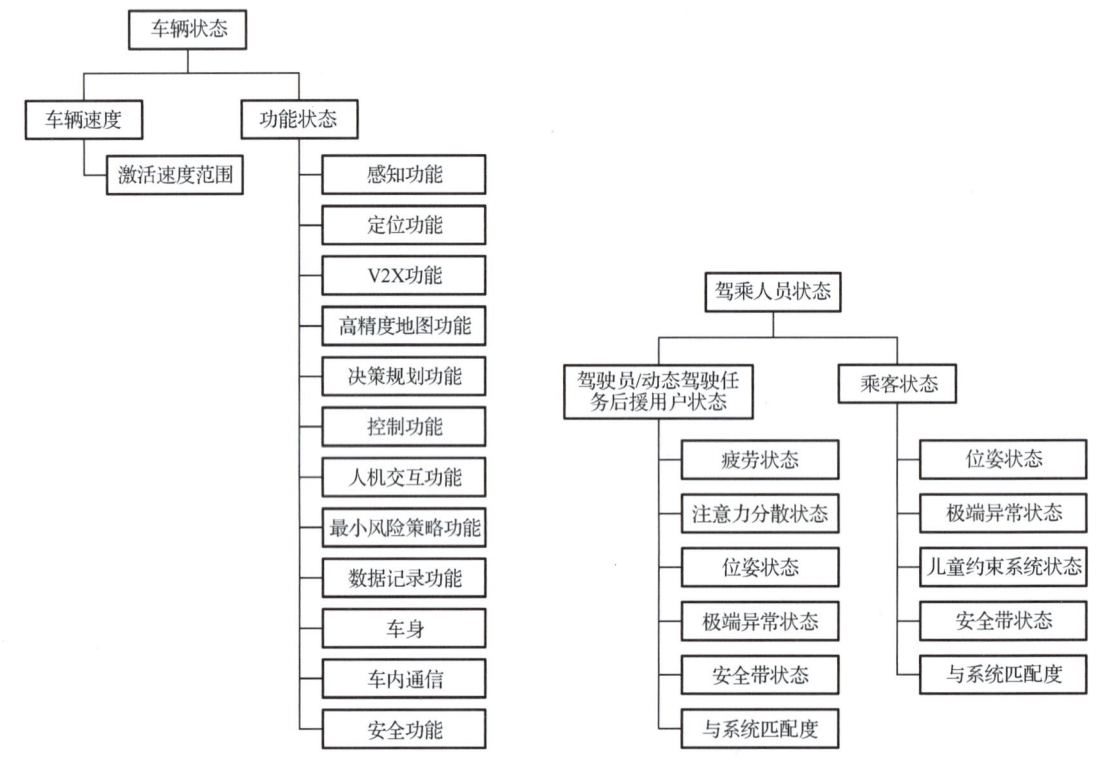

图 1-12 车辆状态的组成

图 1-13 驾乘人员状态的组成

二、设计运行条件的使用原则

1. 设计运行条件元素的相关性描述需要考虑设计运行范围、车辆状态、驾乘人员状态等多个元素的合理组合关系。如在小雨天的时候，只有低速行驶时驾驶自动化系统才能启动运行。可通过"下雨天需低速行驶"的描述，体现"小雨"与"车辆速度"这两个设计运行条件元素的组合关系和约束条件。

2. 驾驶自动化系统或远程调控平台应监控当前的设计运行条件，以使驾驶自动化系统保持在设计和定义的设计运行条件之内。在即将超出设计运行条件边界的情况下，驾驶自动化系统可能会触

发最小风险操作（Minimal Risk Manoeuvre，MRM）以达到最小风险条件（Minimal Risk Condition，MRC）或将运行模式更改为降级模式，或者驾驶自动化系统可以触发接管请求。

任务实施与评价

一、任务准备

本次任务所使用的实训设备和资源见表 1-9。

表 1-9　实训设备和资源

序号	分类	名称	准备要点	数量	准备情况记录
1	设备	D-KIT Lite S 车辆	检查车辆状态 （1）车胎是否损坏、充气压力（正常胎压为 2.5～2.6kPa）是否合适，以及胎纹内是否嵌入异物 （2）车辆底部是否有泄漏液体或易燃物 （3）上电开关接通后是否有异常报警声音 （4）确认电池电量（大于 80%），若电池电量低于 20%，建议充满电后再使用车辆	1 辆/组	是否正常：是□ 否□ _____
2	资源	D-KIT Lite S 车辆使用手册	查找使用手册中的"车辆使用说明"	1 份/人	是否找到：是□ 否□
		作业记录单	明确工作任务	1 份/组	是否明确工作任务： 是□ 否□

二、驾驶自动化系统设计运行条件描述

1. 设计运行条件描述示例

驾驶自动化系统设计运行条件各元素简要的说明见表 1-10。例如，高速运行范围，只须考虑高速的设计运行条件允许和不允许的元素，其他红绿灯信息、城市道路信息可以不进行体现和说明。另外，对于多个元素组成的边界条件，可以"约束条件"的形式进行说明，如小雨（需低速行驶）。

表 1-10　驾驶自动化系统设计运行条件各元素简要的说明

分类			设计运行条件内明确允许的元素	明确超出设计运行条件的元素
ODD	静态实体	道路类型	具有分隔栏的快速路或高速公路	—
		道路表面	道路材质：沥青、混凝土 道路路面：干燥或湿滑，特殊覆盖（减速带等）	积水/积雪/结冰/油污路等损坏严重的路面
		道路几何	平面：直线、曲线、加宽、超高 纵断面：上坡、下坡、平面 横断面：分离，道路边缘屏障	不分离道路，人行道
		车道特征	标线清晰 车道宽度：≥3.5m 车道方向：靠右行驶	模糊/临时/可变车道线等其他车道类型
		交通标志	固定标志，所有状态	临时标志，信号
		道路边缘	路肩，屏障，边界线清晰	临时/无边界线
		道路设施	固定设施 特殊设施：收费站/桥/隧道	临时设施；铁路交叉口

续表

分类			设计运行条件内明确允许的元素	明确超出设计运行条件的元素
ODD	静态实体	区域	—	学校，交通管理区域
ODD	环境条件	风	不超过 6 级风（≤13.8m/s）	—
ODD	环境条件	能见度	≥2km	—
ODD	环境条件	雨天	小雨：日降雨量≤10mm（需低速行驶）	—
ODD	环境条件	光照度	≥1000lx	—
ODD	环境条件	光照方向	所有方向 光照前侧：隧道口强光除外	—
ODD	环境条件	光照角度	地平线及地平线以上	—
ODD	环境条件	光照来源	太阳光	—
ODD	环境条件	连接性	V2V 通信和 GPS，北斗定位，高精度地图，在长隧道中行驶时需要路测辅助定位设施	—
ODD	动态实体	交通条件	无须前方有车	—
ODD	动态实体	道路使用者	机动车（事故车除外）	行人，非机动车
ODD	动态实体	非道路使用者	—	动物，其他动态障碍物
驾乘人员状态	驾驶员/远程驾驶员/动态驾驶任务后援用户状态	疲劳状态	非疲劳	—
驾乘人员状态	驾驶员/远程驾驶员/动态驾驶任务后援用户状态	注意力分散状态	注意力无分散	—
驾乘人员状态	驾驶员/远程驾驶员/动态驾驶任务后援用户状态	位姿状态	驾驶姿态正常在驾驶位	—
驾乘人员状态	驾驶员/远程驾驶员/动态驾驶任务后援用户状态	极端异常状态	无极端异常状态	—
驾乘人员状态	驾驶员/远程驾驶员/动态驾驶任务后援用户状态	安全带状态	安全带系上	—
驾乘人员状态	乘客状态	位姿状态	无抢夺驾驶设备行为	—
驾乘人员状态	乘客状态	极端异常状态	无极端异常状态	—
驾乘人员状态	乘客状态	安全带状态	安全带系上	—
车辆状态	激活速度范围	—	激活速度范围（20～50km/h）	—
车辆状态	功能状态	—	功能状态满足要求	—

2. 设计运行条件描述

请描述驾驶自动化系统设计运行条件中设计运行范围、驾乘人员状态及车辆状态等条件的设计运行条件允许和不允许的元素。

三、D-KIT Lite S 车辆驾驶自动化系统设计运行条件

1. 驾驶自动化系统设计运行条件

D-KIT Lite S 车辆驾驶自动化系统的设计运行条件如表 1-11 所示。

表 1-11　D-KIT Lite S 车辆驾驶自动化系统的设计运行条件

分类			设计运行条件内明确允许的元素	明确超出设计运行条件的元素
ODD	静态实体	运行区域	封闭区域运行	公共道路、机动车道或高速公路行驶
ODD	静态实体	道路	1. 水平（坡度小于 1%）、干燥、具有良好附着力的混凝土或沥青路面； 2. 宽度不低于 3.2m，最大曲率半径不低于 1/0.172m	—
ODD	静态实体	交通元素	—	任何交通元素（不支持识别红绿灯、人行道、停止线等）

续表

分类			设计运行条件内明确允许的元素	明确超出设计运行条件的元素
ODD	静态实体	特殊障碍物	—	1. 低矮障碍物（在车辆前方1m内的30cm以下的障碍物）； 2. 悬空障碍物（悬空细长型或镂空形的障碍物）； 3. 悬空离地2m以下的障碍物
	环境条件 环境条件	使用温度	−10~50℃的温度范围	—
		天气	无降水	雨、雨夹雪、雪等
		风速	<7.9m/s	—
		能见度	>500m	—
		光照	白天（光照度≥2000lx）	傍晚、夜晚行车
	动态实体	交通参与者	周围的行人、机动车、非机动车的数量和行为可控	1. 道路上出现动物、垃圾、建筑设备等情况下，使用车辆； 2. 突然横穿马路，快速奔跑，试探自动驾驶车辆等危险行为
车辆状态	驾驶操作限制		1. 遥控驾驶时，建议车速在10km/h以下； 2. 自动驾驶模式下，出厂默认最大车速为1km/h	
	功能状态		1. 车胎完好、充气胎压为2.5~2.6kPa，胎纹内无嵌入异物； 2. 车辆底部无泄漏液体或易燃物； 3. 车辆上电开关接通时，各项指示灯的工作状况正常； 4. 车辆上电后，动力电池电量（SOC值大于80%）正常； 5. 控制遥控器及紧急遥控器正常工作	1. 在胎压过低甚至轮胎漏气的情况下启动车辆； 2. 电池电量低于20%时，使用车辆
	通信信号		1. 开机启动区域内卫星定位信号良好； 2. 4G/5G通信信号稳定、良好（网络延时低于150ms，上传文件速度>1MB/s）	频繁断网
驾乘人员状态	—		1. 演示车辆自动驾驶能力时，确保至少2人配合操作。1人操作驾驶自动化系统；1人操作遥控器，作为安全员，做好随时接管或紧急制动准备； 2. 正常测试时，控制遥控器和紧急遥控器应由专人负责	1. 在完全脱离人员监管的情况下使用； 2. 在正常运行的过程中，任何人员进入车辆行驶前方15m内的区域

2. 驾驶自动化系统设计运行条件描述

请描述D-KIT Lite S车辆驾驶自动化系统设计运行条件中设计运行范围、车辆状态及驾乘人员状态等条件的设计运行条件允许和不允许的元素。

能力拓展

能力拓展部分主要包括3部分内容：底盘电气控制面板和遥控器、开启D-KIT Lite S车辆的操作步骤、关闭D-KIT Lite S车辆的操作步骤。

任务测评

对任务实施的完成情况进行检查，并将结果填入表 1-12 中。

表 1-12 任务测评表

成绩评定反馈意见表					
任务名称：驾驶自动化系统设计运行条件					
组号		组员信息：			
序号	项目	子项目	检查规范	结论	得分
1	驾驶自动化系统设计运行条件描述（50分）	设计运行条件描述示例	设计运行条件描述正确规范		
		设计运行条件描述			
2	D-KIT Lite S 车辆驾驶自动化系统设计运行条件（50分）	D-KIT Lite S 车辆驾驶自动化系统设计运行条件	D-KIT Lite S 车辆驾驶自动化系统设计运行条件描述正确规范		
		D-KIT Lite S 车辆驾驶自动化系统设计运行条件描述			
评论摘要：					
分数	等级		总分	评分描述	
85~100	优				
75~84	良				
60~74	及格				
<60	未达到				

任务三 车辆线控系统通信协议接口设计

学习目标

【知识目标】
1. 能够正确描述汽车驾驶自动化系统集成的条件；
2. 能够正确描述车辆适配器的功能；
3. 能够正确描述线控转向系统、线控驱动系统、线控制动系统的组成及工作原理；
4. 能够正确列举常见的车载总线开发工具及其功能。

【能力目标】
1. 能够利用操作手册制定 Apollo 平台车辆驾驶自动化系统集成与测试步骤；
2. 能够利用操作手册绘制 Apollo 平台车辆线控执行系统的工作原理图；
3. 能够查阅技术文件解读 Apollo 平台车辆线控功能信号的性能要求；
4. 能够利用 DBC 转化代码工具得到初版 Canbus 底层适配代码；
5. 能够利用车载总线开发工具完成 DBC 内定义的信号测试。

【素质目标】

1．能够熟练掌握相关的国家标准、行业规定，掌握绿色生产、环境保护、安全防护、质量管理等相关知识与技能；

2．能够了解相关产业文化，遵守职业道德准则和行为规范，具备社会责任感和担当精神；

3．具有探究学习、终身学习的能力，具有整合知识和综合运用知识分析问题与解决问题的能力；

4．弘扬劳动光荣、技能宝贵、创造伟大的时代精神，热爱劳动人民、珍惜劳动成果、树立劳动观念、积极投身劳动，具备与职业发展相适应的劳动素养、劳动技能。

工作任务

某汽车制造厂正在试制一款面向 L4 级自动驾驶的前装量产车型，需要智能网联汽车系统集成工程师完成基于 Apollo 的该样品车型驾驶自动化系统的软硬件系统集成设计与开发。

作为一名辅助工程师，需要能够描述驾驶自动化系统集成条件、线控执行系统的组成和工作原理，了解集成与测试流程，描述样品车型线控执行系统的工作过程，查阅技术文件解读符合 Apollo 平台车辆线控功能信号的性能要求列表，了解构建车辆底盘信号 DBC 文件的工作过程，能够通过 Canbus 调试工具对信号进行调试和验证，确保车辆的底盘信号与计算平台上层通信无问题。

相关知识

一、汽车驾驶自动化系统集成基础

1. 汽车驾驶自动化系统集成条件

车辆首先需要支持线控系统，通常情况下包括线控驱动、线控制动、线控转向等系统，而线控系统是通过 Canbus 协议进行控制的，如果控制车辆的 Canbus 协议开放，就可以改装车辆驾驶自动化系统，如图 1-14 所示为线控系统与计算平台通信图。车辆改装其驾驶自动化系统需要的条件是：

（1）支持线控系统的车辆，并且控制命令的 Canbus 协议开放。

（2）配置 Canbus 卡和 Canbus 驱动，用于控制驾驶自动化系统的计算平台发送 Canbus 命令。

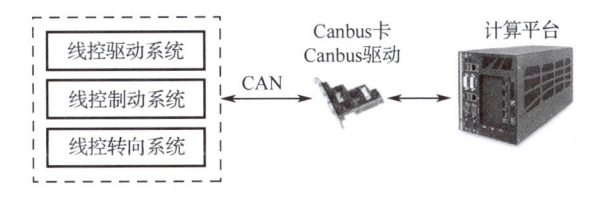

图 1-14　线控系统与计算平台通信图

2. 车辆适配器

车辆除了必须有线控系统，还需要能够给出车辆是否处于自动驾驶状态，以避免和人类抢夺驾驶权；车辆底盘也需要反馈一些车辆状态（如当前的里程、电量、轮速），以及上述控制装置的状态（如制动百分比、油门百分比、转向盘转角等）；也需要自动控制一些智能辅助功能，如远光灯、近光灯、转向灯、雨刷和喇叭等功能。

除了上述功能需求，每个汽车厂家生产的汽车还有一些自己独有的功能，有些需要提供定制按钮的功能。这些具体的功能，体现到 Canbus 协议上，各个厂家的控制命令也各不相同，如大众的 Canbus 油门控制命令是 0x401，而吉利的油门控制命令是 0x230，需要根据不同汽车厂家提供的 Canbus 命令手册来确定。而车辆的 Canbus 协议一般有保密的需求，避免被黑客攻击，不会轻易给出。

因此通常驾驶自动化系统会通过适配器将控制命令转换为车辆加密的 Canbus 命令，避免暴露车辆底层的 Canbus 协议，而且更加灵活、同样的适配器可以适配到多个车型，如图 1-15 所示为适配器与驾驶自动化系统通信图。

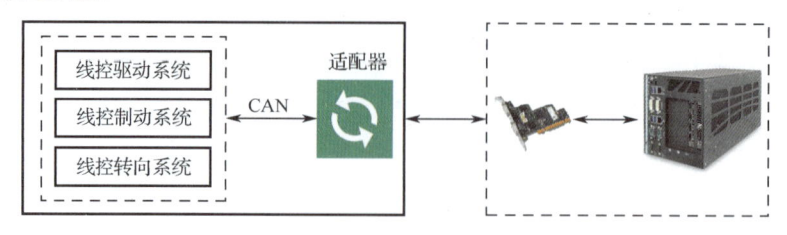

图 1-15　适配器与驾驶自动化系统通信图

二、车辆线控执行系统认知

车辆线控技术是指用电子信号代替机械、液压或气动系统的连接部分，如换挡连杆、加速踏板连线、转向器传动机构、制动油路等。线控技术不仅改变了系统的连接方式，还改变了操纵机构和操纵方式，以及促进了执行机构的电气化。线控系统要求网络的实时性好、可靠性高，而且一些线控部分要求功能实现冗余，以保证在车辆发生一定的故障时仍可以实现装置的基本功能。

车辆的驾驶自动化系统通过传感器采集实际道路的交通信息，由计算平台统一处理并进行路径规划等驾驶决策，由于都是通过电信号执行决策，所以需要对传统车辆的底盘进行线控改造以适用于驾驶自动化功能。线控底盘主要包含 5 大系统，分别为线控转向系统、线控制动系统、线控换挡系统、线控驱动系统、线控悬架系统，其中线控转向系统、线控制动系统、线控驱动系统为智能网联汽车驾驶自动化系统执行端最核心的部分。

在自动驾驶模式下，底盘线控系统的工作原理如图 1-16 所示。计算平台接收激光雷达、摄像头等环境感知传感器和组合惯导发送的信息，对这些信息进行计算处理后，其通过驱动将处理后的信息发送给整车控制器（VCU），实现对车辆线控转向、制动和驱动等的控制。

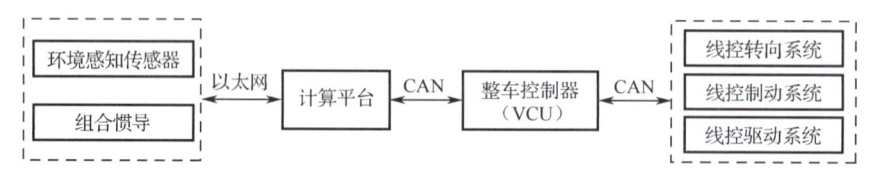

图 1-16　底盘线控系统的工作原理

1. 线控转向系统

线控转向（Steer By Wire，SBW）系统通过传感器采集驾驶人的转向意图和车辆的行驶状况，并将其传递给线控转向电控单元，线控转向电控单元根据接收到的信息做出判断并控制液压或电动促动器提供相应的转向力，使转向轮偏转相应角度实现转向。

线控转向系统的工作原理如图 1-17 所示。传统的转向机构被布置在车辆前轴上的转向执行总成所代替，线控转向控制器从转向盘转角传感器获取驾驶人的意图，通过车速、横摆角速度传感器等得到车辆的行驶信息，输出控制信号使转向执行总成驱动车辆前轮偏转，并根据相关车载传感器实时监控车辆的行驶状态。同时，该系统还利用路感反馈总成中的电动机对转向盘施加反馈力矩以向驾驶人提供路面信息。

在自动驾驶模式下，线控转向系统的工作原理是计算平台将转向意图发送给 VCU，VCU 计算转向盘的旋转方向和角度等，发送给线控转向系统 ECU，控制转向电机的旋转方向和角度、转矩大小，使车辆沿着预设的轨迹行驶。

2. 线控驱动系统

线控驱动系统主要由加速踏板、加速踏板位移传感器、挡位选择单元、MCU 和驱动电机组成。如图 1-18 所示，VCU 接收车速、加速信号、制动信号，以及高电压蓄电池信息和电机&HSG 信息，计算转矩需求并实现转矩分配，发送转矩命令给电机控制单元（MCU）。电机控制单元接收到 VCU 的转矩需求后进行电机转矩的控制，实现实时响应 VCU 的转矩需求。

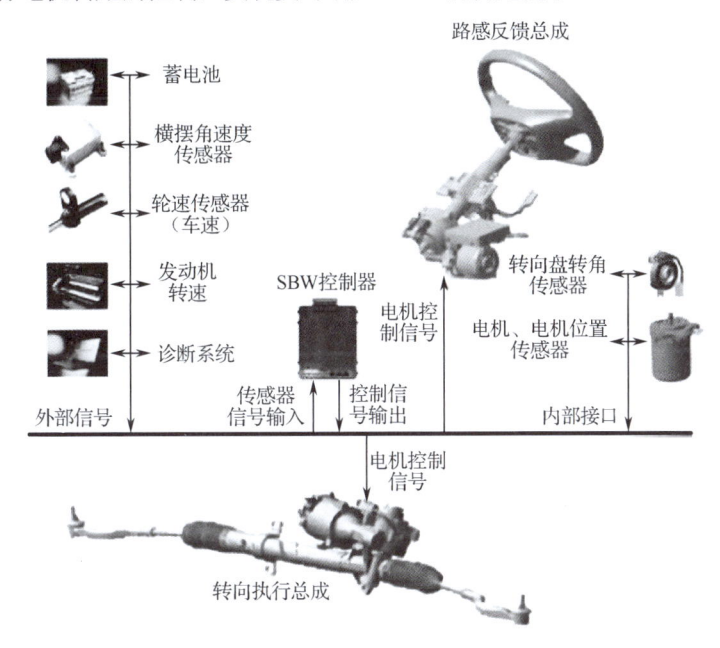

图 1-17　线控转向系统的工作原理

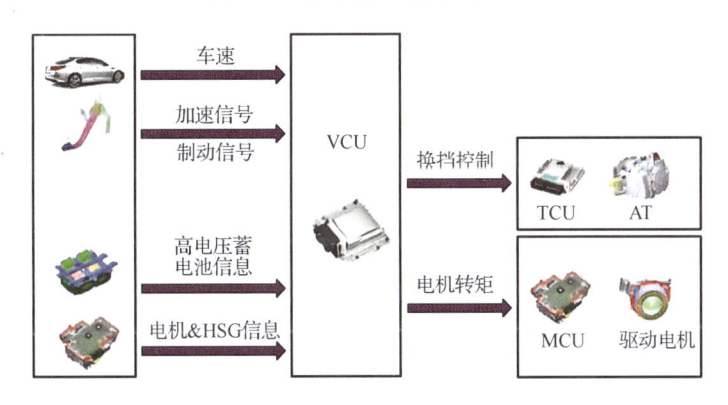

图 1-18　线控驱动系统的工作原理图

在自动驾驶模式下，线控转向系统的工作原理是计算平台将速度、挡位等驱动意图发送给 VCU，VCU 计算车速、挡位等，再将相应的命令发送给电机控制单元，驱动电机使车辆沿着预设的方向和速度行驶。

3. 线控制动系统

线控制动系统主要有电子液压制动（EHB）系统和电子机械制动（EMB）系统两种。如图 1-19 所示，EHB 系统主要由制动踏板、电控单元（ECU）、液压力控制单元（HCU）、液压驱动单元及各种传感器组成。其中，ECU 采集踏板行程传感器、轮速传感器、压力传感器、转向盘转角传感器、横摆角速度传感器、侧向加速度传感器信号，处理并逻辑分析识别驾驶员制动意图，计算出车轮的参考速度、参考滑移率和加减速度，发出控制信号给液压驱动单元、踏板模拟器上的电磁阀驱动模

21

块，以及制动钳液压通路上的电磁阀驱动模块等执行机构，以满足不同工况制动的要求。

典型的 EMB 系统主要由电子制动踏板、制动力分配单元、制动力控制单元、制动执行模块和轮速传感器等监测车辆运行状态的传感器组成，如图 1-20 所示。电子制动踏板识别驾驶者的制动意图并产生适当的制动反力，模拟真实的路感。制动力分配单元根据电子制动踏板传来的制动信号和车身传感器传递过来的车辆运行状况信息，分析并还原驾驶者的制动意图，为各个车轮单独分配所需要的制动力，通过 CAN 总线传递到各个制动力控制单元。制动力控制单元根据制动力分配单元分配的制动力，驱动制动执行模块将车轮制动力控制在要求的范围，最大化利用地面附着系数，实现最佳的制动效果。

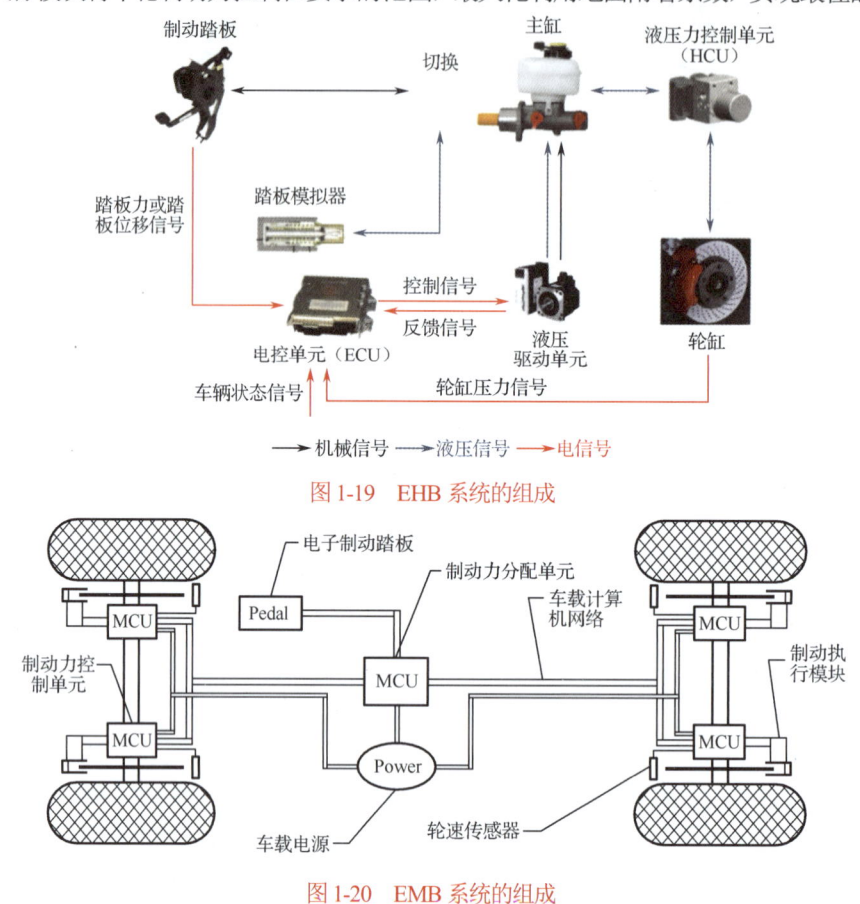

图 1-19 EHB 系统的组成

图 1-20 EMB 系统的组成

在自动驾驶模式下，线控制动系统的工作原理是计算平台将制动意图发送给 VCU，VCU 计算制动行程、制动压力等，然后将计算后的信息发送给 ECU，ECU 根据接收到信息控制制动执行机构实现车辆制动。

三、车载总线开发工具

车载总线的开发需要相应的开发工具支持，常见的车载总线开发工具有：恒润的 VBA 总线分析工具和 OBT（ODX Based Teater）诊断工具产品，以及 VECTOR 公司的 CANoe 和 CAN 总线协议分析仪产品等。下面以 VECTOR 公司的 CANoe 和 CAN 总线协议分析仪为例，使用 CANoe 的 CANdb++ 编辑器建立数据库 DBC 文件，使用 CAN 总线协议分析仪进行数据的接收和发送等功能介绍。

1. 建立数据库

DBC 文件描述了一个网络内所有 ECU 间的 CAN 通信。若要描述汽车内的多路 CAN 总线，则每路 CAN 总线需要单独的 DBC 文件进行描述。DBC 文件可以通过属性来描述任何附加的信息。

CANdb++ 编辑器用于分析和调整现有的 DBC 数据库，也可以创建较小的数据库。以 CANdb++ 3.1 SP1 版本为例，创建 DBC 文件的步骤见表 1-13。

表 1-13 创建 DBC 文件的步骤

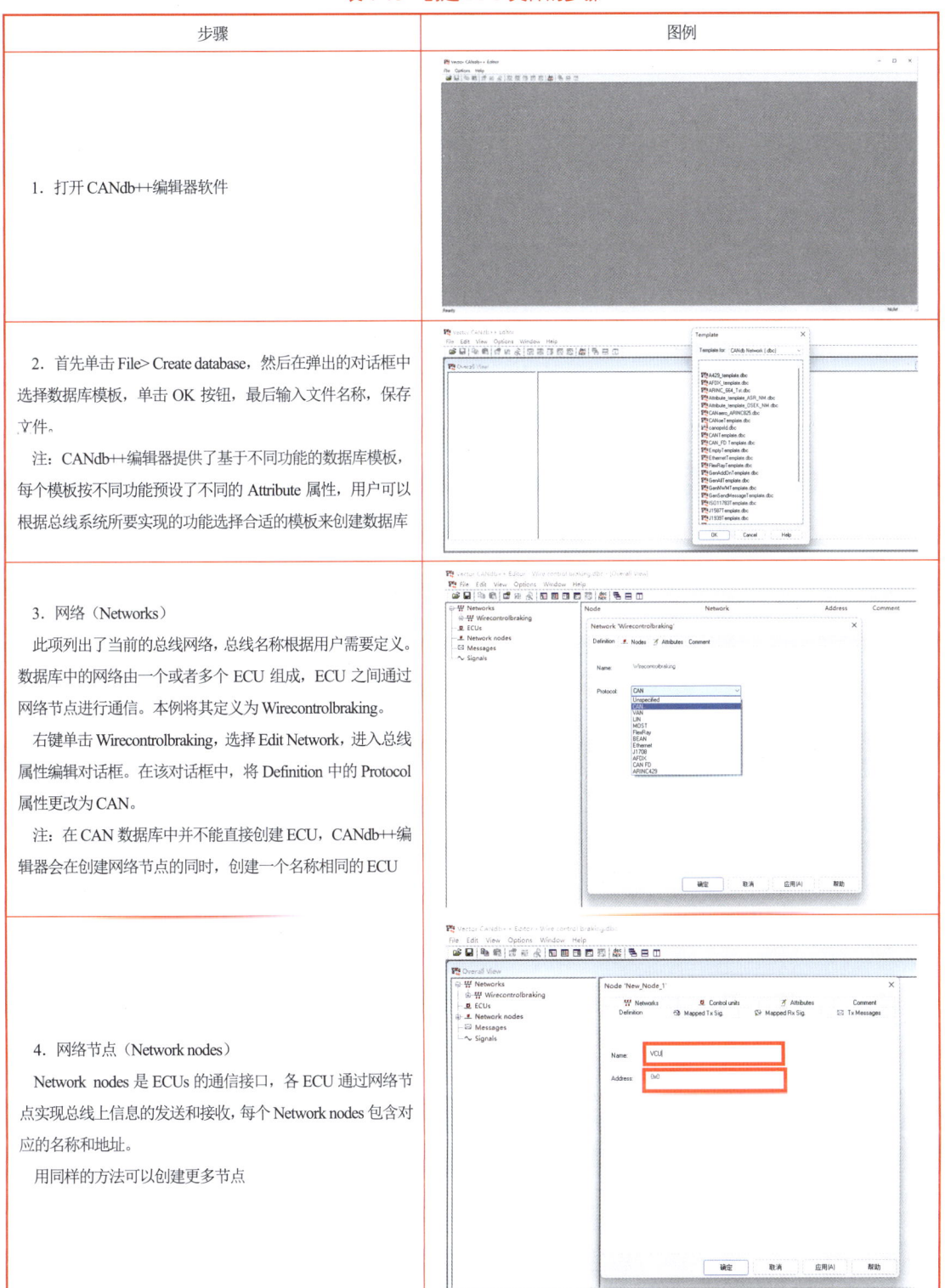

步骤	图例
1. 打开 CANdb++ 编辑器软件	
2. 首先单击 File> Create database，然后在弹出的对话框中选择数据库模板，单击 OK 按钮，最后输入文件名称，保存文件。 注：CANdb++ 编辑器提供了基于不同功能的数据库模板，每个模板按不同功能预设了不同的 Attribute 属性，用户可以根据总线系统所要实现的功能选择合适的模板来创建数据库	
3. 网络（Networks） 此项列出了当前的总线网络，总线名称根据用户需要定义。数据库中的网络由一个或者多个 ECU 组成，ECU 之间通过网络节点进行通信。本例将其定义为 Wirecontrolbraking。 右键单击 Wirecontrolbraking，选择 Edit Network，进入总线属性编辑对话框。在该对话框中，将 Definition 中的 Protocol 属性更改为 CAN。 注：在 CAN 数据库中并不能直接创建 ECU，CANdb++ 编辑器会在创建网络节点的同时，创建一个名称相同的 ECU	
4. 网络节点（Network nodes） Network nodes 是 ECUs 的通信接口，各 ECU 通过网络节点实现总线上信息的发送和接收，每个 Network nodes 包含对应的名称和地址。 用同样的方法可以创建更多节点	

续表

步骤	图例
4. 网络节点（Network nodes） Network nodes 是 ECUs 的通信接口，各 ECU 通过网络节点实现总线上信息的发送和接收，每个 Network nodes 包含对应的名称和地址。 用同样的方法可以创建更多节点	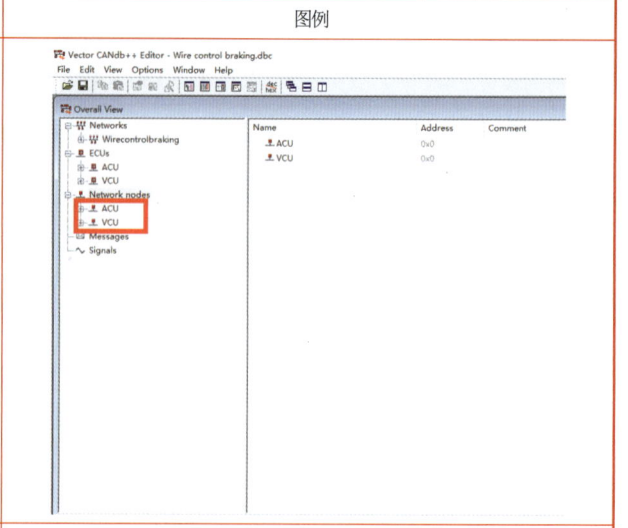
5. 报文（Messages） Messages 是总线上节点相互通信的数据，报文有以下属性：Name（报文名称）、Type（传输类型）、ID（CAN 标识符）、DLC（数据长度）、Cycle Time（周期）、Signals（信号）、Transmitters（发送节点）、Receivers（接收节点）、Layout（布局）、Attributes（通用属性）、Comments（说明）。 右键单击 New，创建报文制动请求（Brakerequest），Definition 项可以设置该报文 CAN 的帧格式（标准或扩展）、地址以及数据长度	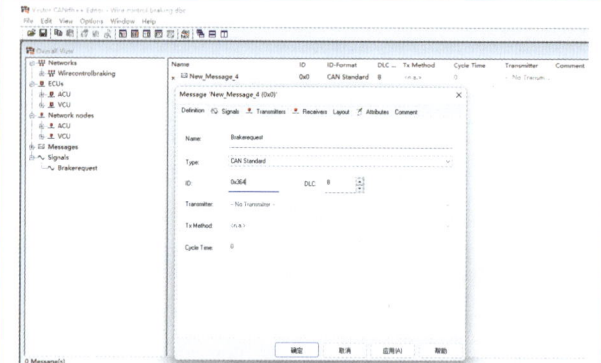
6. 信号（Signals） Signals 是总线通信的最小单元，数据库中一个信号有以下属性：Name（名称）、Length（长度，单位为 bit）、Byte Order（字节顺序，分为 Motoral 和 Intel 方式）、Unit(单位，如 km/h)、Value Type（数据类型）、Init.Valus（初始值）、Factor（系数）、Offset（偏移量）、Minimum（最小值）、Maximum（最大值）、Receivers（接收节点）、Attributes（通用属性）、Comments（说明）。 右键单击 New，创建信号制动请求（Brakerequest）。 单击报文 Brakerequest，选择 Edit Message，在 Signals 选项卡中单击 Add 按钮，在弹出的对话框中选择 Brakerequest，将信号关联到报文	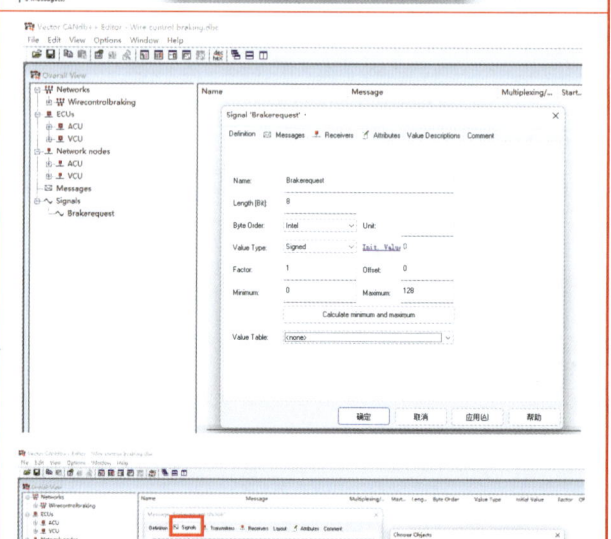 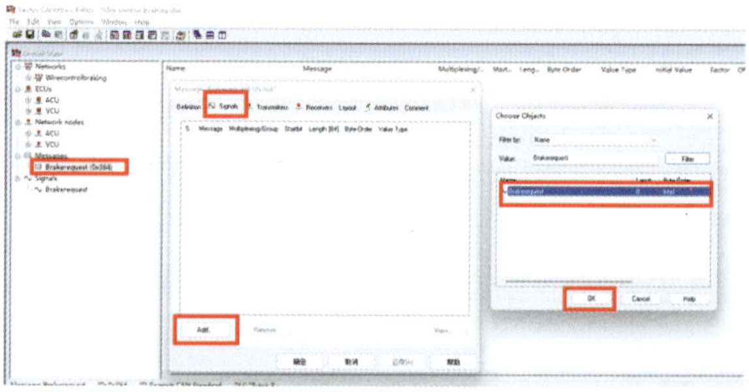

24

续表

步骤	图例
7. 右键单击网络节点 ACU，选择 Edit Node，在 Tx Messages 选项卡中单击 Add 按钮，在弹出的对话框中选择 Brakerequest，设置此报文的发送网络节点为 ACU	

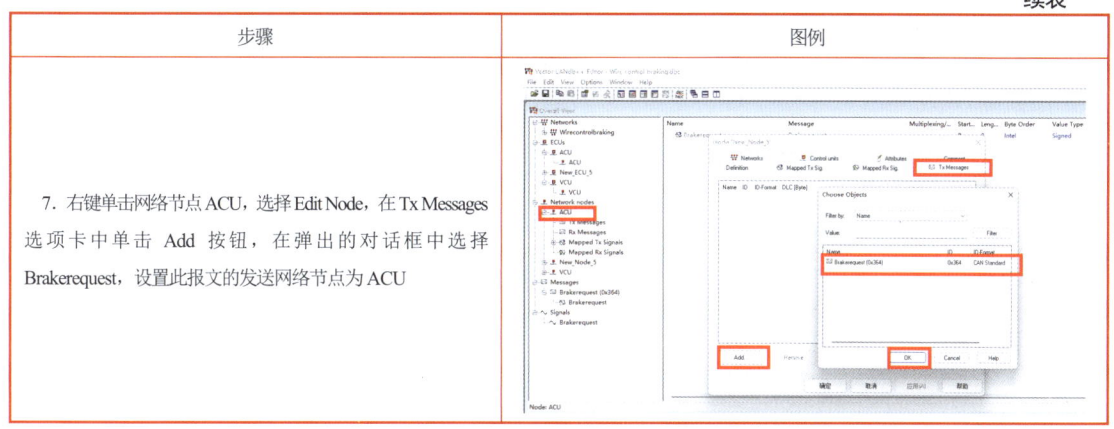

2. CAN 总线数据收发

CAN 总线协议分析仪是一种用于监控 Canbus 网络的硬件工具，其专用软件 ECANTools 是标准的 WIN XP/WIN7/WIN8/WIN10 下的 32/64bit 应用程序，能够处理 11 位标识符模式（CAN2.0A 协议）和 29 位标识符模式（CAN2.0B 协议）的 CAN 报文。常用功能为：基于 USB 接口的 CAN 总线报文发送与接收、自动识别未知 CAN 总线波特率、读取车辆 OBD 实时车辆信息、CANopen 主站管理、多段滤波与 ID 屏蔽、实时保存与数据回放、总线错误信息管理、CAN 报文保存和回放功能等。

1）安装和启动

（1）启动 ECanTools，单击安装程序，运行安装程序，根据提示即可完成安装。

（2）安装完成后插入 USBCAN 设备，系统会自动识别设备。

2）软件使用

（1）设置界面：软件设置界面如图 1-21 所示，通过界面可选择设备类型、打开设备、显示设备、选择通道、选择工作模式和波特率等功能。

注意：

若显示"USB 设备打开错误！"，请检查选择的设备是否正确和设备管理器中的驱动是否安装正确。

波特率对于 CAN 总线的通信至关重要，通信前需要确定目标设备或目标总线的波特率，必须将设备的波特率设置成与目标设备的波特率一样，这样才可以正常工作。若不清楚目标总线或设备的波特率，则可以选择"自动识别波特率"，自动识别成功的条件为被测设备上电且 CAN 端为活动状态。

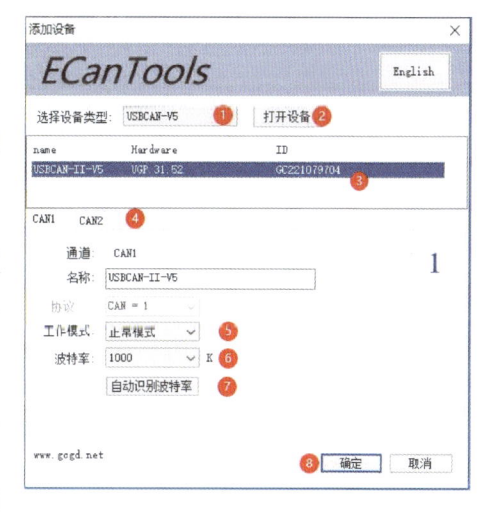

图 1-21 软件设置界面

如果硬件正确启动，SYS 指示灯会由常亮变为闪烁状态。连接成功后的界面显示如图 1-22 所示。

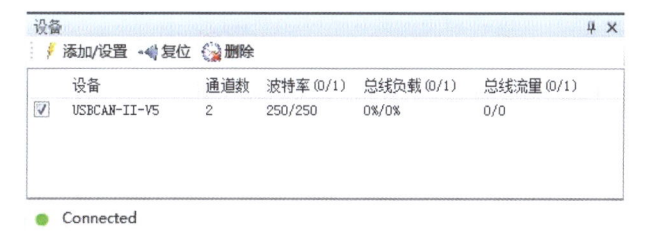

图 1-22 连接成功后的界面显示

（2）数据接收功能：设备参数设置好后，软件就进入工作状态，如果总线上有数据，接收数据窗口就会有数据显示。接收数据窗口如图 1-23 所示，在该窗口中可以保存数据、暂停显示、选择显示模式和进行滤波设置等。显示模式包括滚动模式和统计模式，如图 1-24 所示。在滚动模式下，接收到的数据在接收列表中不停地向下滚动，当前窗口显示最新的数据；在统计模式下，按设置好的规则分类显示，如可设置同一ID 的数据包显示统计在一起，后面有统计包数量，可方便抓取总线上新产生的或有变化的数据。滤波设置可设置滤波 ID 或 ID 段，如设置滤波，软件会只显示被设置的滤波 ID（段），不在滤波范围内的 ID 将会被过滤掉。

图 1-23　接收数据窗口

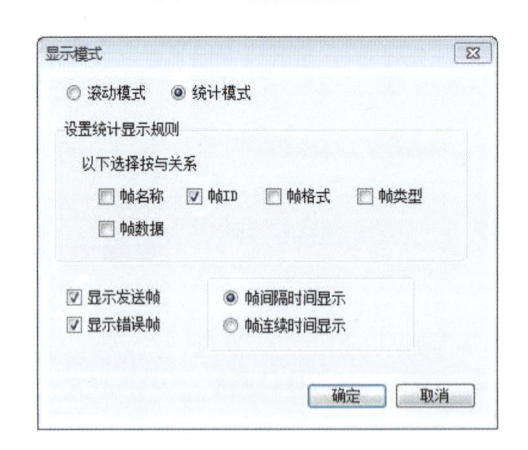

图 1-24　显示模式设置界面

（3）数据发送功能：数据发送功能可以非常直观地编辑要发送的帧数据，可设置循环发送等特殊功能。在数据发送编辑界面中可设置帧 ID（HEX）、帧类型、帧格式、每次发送间隔、发送次数等数据。在数据发送编辑界面中，单击"发送"按钮，即可发送数据，如图 1-25 所示。

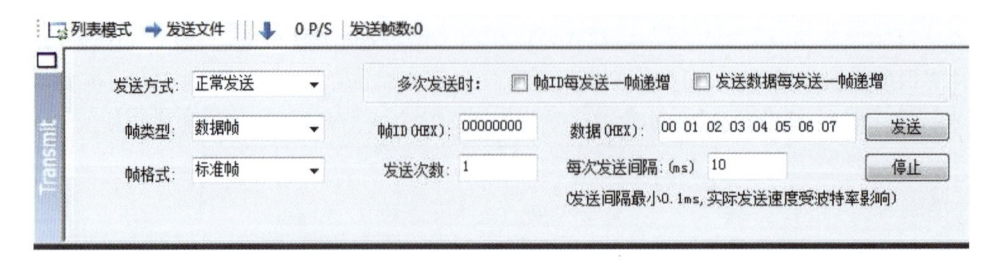

图 1-25　数据发送编辑界面

任务实施与评价

一、任务准备

本次任务所使用的实训设备和资源见表1-14。

表1-14 实训设备和资源

序号	分类	名称	准备要点	数量	准备情况记录
1	设备	D-KIT Lite S 车辆	检查车辆状态： （1）车胎是否损坏、充气压力（正常胎压为2.5~2.6kPa）是否合适，以及胎纹内是否嵌入异物； （2）车辆底部是否有泄漏液体或易燃物； （3）上电开关接通后是否有异常报警声音； （4）确认电池电量（大于80%），若电池电量低于20%，建议充满电后再使用车辆	1辆/组	是否正常：是□ 否□ _____
2	资源	D-KIT Lite S 车辆使用手册	查找使用手册中的"车辆使用说明"	1份/人	是否找到：是□ 否□
		作业记录单	明确工作任务	1份/组	是否明确工作任务：是□ 否□ _____

二、驾驶自动化系统集成与测试过程

1. Apollo 开放平台车辆驾驶自动化系统集成与测试过程

对于一辆具备线控系统的车辆，有意愿适配 Apollo 代码进行驾驶自动化系统集成与测试的过程如图1-26所示。智能网联汽车驾驶自动化系统的集成与测试包括三个环节：硬件系统集成与测试、车控操作系统集成与测试和标准法规符合测试。图1-26中的中间列列出了每一个环节对应的主要工作任务，所列各项工作任务的顺序不代表实际集成工作的步骤，实际的集成过程根据车辆的情况进行设计。测试过程伴随驾驶自动化系统集成全流程，包括仿真测试、封闭场地系统性能测试、封闭场地标准法规测试和开放道路测试。

2. 驾驶自动化系统集成与测试过程描述

在自动驾驶领域，NVIDIA、百度、瑞萨、Udacity、Voyage、Pony.ai、JingChi.ai、Plus.ai、Roadstar.ai 等许多公司都预定了林肯 MKZ 作为自动驾驶样车。林肯 MKZ 量产车采用线控节气门、线控制动和线控转向系统，具有进行驾驶自动化系统改装的基础。美国 Dataspeed 公司集合了在车辆软件、硬件、机械和算法等方面都具有丰富经验的工程师，将 MKZ 的 CAN 总线协议破解并封装成 ADAS Kit，以编程方式控制车辆发送转向、加速、制动等命令，方便开发者可以较容易地将该套装安装在林肯 MKZ 车型上；具有丰富的各类传感器定制化改装经验的 AutonomouStuff 公司负责线控改装及系统集成，最终实现林肯 MKZ 的驾驶自动化。

请描述 D-KIT Lite S 车辆驾驶自动化系统集成与测试流程。

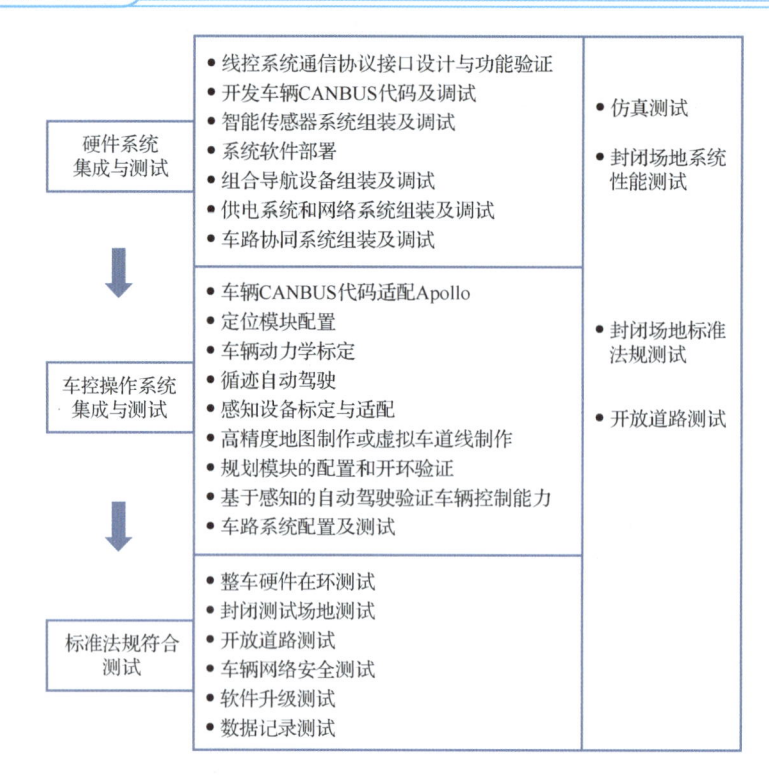

```
┌─────────────┐      • 线控系统通信协议接口设计与功能验证
│             │      • 开发车辆CANBUS代码及调试           • 仿真测试
│  硬件系统   │      • 智能传感器系统组装及调试
│  集成与测试 │ ───▶ • 系统软件部署                       • 封闭场地系统
│             │      • 组合导航设备组装及调试               性能测试
└─────────────┘      • 供电系统和网络系统组装及调试
                     • 车路协同系统组装及调试
      │
      ▼
┌─────────────┐      • 车辆CANBUS代码适配Apollo
│             │      • 定位模块配置                       • 封闭场地标准
│             │      • 车辆动力学标定                       法规测试
│  车控操作系统│      • 循迹自动驾驶
│  集成与测试 │ ───▶ • 感知设备标定与适配                  • 开放道路测试
│             │      • 高精度地图制作或虚拟车道线制作
│             │      • 规划模块的配置和开环验证
│             │      • 基于感知的自动驾驶验证车辆控制能力
│             │      • 车路系统配置及测试
└─────────────┘
      │
      ▼
┌─────────────┐      • 整车硬件在环测试
│             │      • 封闭测试场地测试
│  标准法规符合│      • 开放道路测试
│     测试    │      • 车辆网络安全测试
│             │      • 软件升级测试
│             │      • 数据记录测试
└─────────────┘
```

图 1-26　Apollo 开放平台车辆驾驶自动化系统集成与测试过程图

三、D-KIT Lite S 车辆线控执行系统

1. 线控转向系统

线控转向系统的工作原理如图 1-27 所示，其有手动控制、自动驾驶和被人工接管三种模式。当手动控制或被人工接管控制转向时，计算平台将转向控制信号转变成电信号输入 VCU，VCU 控制伺服电机控制器，然后伺服电机控制器控制转向伺服电机的转矩，通过减速器、齿轮、齿条、左右横拉杆等机械转向装置把电机的旋转力矩转换为水平移动力矩，进而使转向轮实现期望转角。同时，车辆行驶的转速、转角等信息，通过位置传感器转换成转向反馈信号反馈给伺服电机控制器，进而反馈给 VCU。

在自动驾驶模式下，计算平台根据环境感知传感器的信号、预置的行驶轨迹等，通过 CAN 总线向 VCU 发送转向意图的转向控制信号，VCU 通过 CAN 总线控制伺服电机控制器，然后伺服电机控制器控制转向伺服电机的转矩，进而使转向轮实现期望转角。

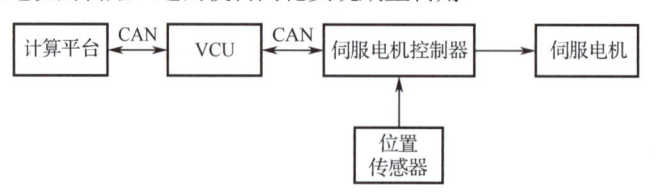

```
┌────────┐  CAN  ┌─────┐  CAN  ┌──────────────┐      ┌────────┐
│ 计算平台│◀────▶│ VCU │◀────▶│ 伺服电机控制器│─────▶│伺服电机│
└────────┘       └─────┘       └──────────────┘      └────────┘
                                       ▲
                                       │
                                 ┌──────────┐
                                 │   位置   │
                                 │  传感器  │
                                 └──────────┘
```

图 1-27　线控转向系统的工作原理

2. 线控驱动系统

线控驱动系统的工作原理如图 1-28 所示，其有手动控制、自动驾驶和被人工接管三种模式。当手动控制或被人工接管控制驱动系统时，计算平台将驱动控制信号转变成电信号输入 VCU，VCU 控制驱动电机控制器，然后驱动电机控制器控制驱动电机的转矩，通过机械传动的形式驱动车轮实

现相应的功能。同时，车辆行驶的速度信息，通过轮速传感器转换成反馈信号反馈给 VCU。

在自动驾驶模式下，计算平台根据环境感知传感器的信号、预置的行驶轨迹等，通过 CAN 总线向 VCU 发送加速意图的驱动控制信号，VCU 通过 CAN 总线控制驱动电机控制器，然后驱动电机控制器控制驱动电机的转矩，进而使车辆实现期望车速。

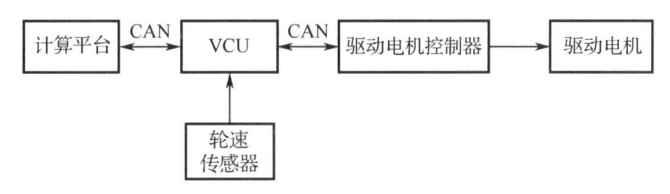

图 1-28　线控驱动系统的工作原理

3. 线控制动系统

线控制动系统的工作原理如图 1-29 所示，其有手动控制、自动驾驶和被人工接管三种模式。当手动控制或被人工接管控制制动系统时，计算平台将制动控制信号转变成电信号输入 VCU，VCU 控制制动电机控制器，然后制动电机控制器控制制动伺服电机的转矩，通过蜗轮、蜗杆和滚珠丝杠机构把电机的旋转力矩转换为水平移动力矩，进而推动制动主缸产生制动压力，制动器分泵在液压作用下推动摩擦片夹紧制动盘产生制动力，实现车轮的制动。同时，车辆行驶的速度信息和制动压力，通过轮速传感器和油压传感器转换成反馈信号反馈给 VCU。

在自动驾驶模式下，计算平台根据环境感知传感器的信号、预置的行驶轨迹等，通过 CAN 总线向 VCU 发送制动意图的制动控制信号，VCU 通过 CAN 总线控制制动电机控制器，然后制动电机控制器控制制动伺服电机的转矩，进而使车辆实现期望车速。

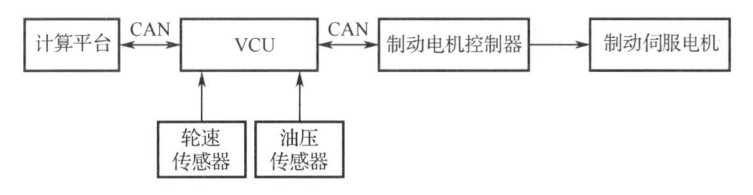

图 1-29　线控制动系统的工作原理

4. D-KIT Lite S 车辆线控执行系统工作原理描述

请描述 D-KIT Lite S 车辆开启自动驾驶功能后，线控转向系统、线控驱动系统及线控制动系统的工作原理。

四、Apollo 开放平台车辆线控功能信号性能要求

Apollo 开放平台车辆线控标准规定了车辆线控信号功能和性能的需求、每一帧控制信号的响应时间要求。

1. 车辆 VIN 码

VIN 码一般为 17 位，按照 ASCII 码格式，每一个 ASCII 占 1 字节，需要 3 帧报文连续发出，但是 VIN 码不需要实时更新。在系统请求进入自动驾驶时，VIN 码通过 CAN 总线发出，并一直保持该值不再更新，减少总线的负载。

2. 线控转向功能信号性能要求

线控转向功能信号性能要求见表 1-15，线控转向信号要求命令周期在 20ms 内、响应时间在 100ms 内。

表 1-15 线控转向功能信号性能要求

功能	信号	性能要求	信号分辨率	说明
转向控制	使能	—	—	(1) 目标角度 θ_{target} 是指通过 CAN 总线发送的转角命令,以正负号区分左转还是右转; (2) 目标转角角速度 θ'_{target} 是指通过 CAN 总线发送的转动角速度命令,以正负号区分左转还是右转; (3) 实际反馈角度 θ_{real} 是指转向盘上(或转向传动装置上)安装的转角传感器测量并通过 CAN 总线反馈的转向盘转动角度; (4) 最大超调角 $\Delta\theta_1$ 是指转向盘转动过程中实际反馈角度超过目标角度的最大角度值; (5) 最大角度误差 $\Delta\theta_2$ 是指转向盘转动实际角度达到目标角度时允许存在的最大误差; (6) 转动响应延迟时间 ΔT_1 是指 CAN 总线上开始发出目标角度命令的时刻到接收到实际反馈角度开始产生变化的时刻之间的时间差; (7) 转动执行时间 ΔT_2 是指实际反馈角度开始产生变化的时刻与反馈角度第一次达到目标角度时刻之间的时间差; (8) 超调时间 ΔT_3 是指反馈角度第一次达到目标角度时刻与反馈角度第一次达到最大角度误差要求时刻之间的时间差
	目标转向盘转角	(1) 最大转动角度设置范围 θ_{max}:视车而定 (2) 最大超调角 $\Delta\theta_1$: ① [0,6]:0.6; ② (6,66]: min[2, $\theta_{target}\times10\%$]; ③ (66, θ_{max}]: min[3, $\theta_{target}\times3\%$]; (3) 最大角度误差 $\Delta\theta_2$: 0.6deg (4) 转动执行时间 ΔT_2: max(200, $1.25\times\theta_{target}/\theta'_{target}$) ms 超调时间 ΔT_3: <200ms	1deg	
	目标转向盘转速	转动速率设置范围: 0~500deg/s	1deg/s	

3. 线控驱动功能信号性能要求

线控驱动功能信号性能要求见表 1-16,线控驱动信号要求命令周期在 20ms 内、响应延迟在 500ms 内。

表 1-16 线控驱动功能信号性能要求

功能	信号	性能要求	信号分辨率	说明
驱动控制	使能	—	—	(1) 最大驱动加速度指的是车辆可以达到的最大加速度值; (2) 驱动响应延迟时间是发送命令到开始执行命令的时间; (3) 最大超调是指油门调节的过程中,目标值与实际值之间的最大误差; (4) 对应执行时间是驱动开始响应到响应到目标加速度的值
	目标加速踏板位置	首选目标车辆加速度(m/s²): 最大驱动加速度 $A_{max}\geq3m/s^2$;	1%	
	车辆目标纵向加速度	响应延时:<300ms 最大超调:[0,3]: min(0.3,target×10%); 对应执行时间:<500ms [3, A_{max}]: min(0.4,target×10%); 对应执行时间:<800ms	0.1m/s²	
	车辆目标驱动转矩	备选目标加速踏板位置(%): 范围:0~100,对应最大加速度 $A_{max}\geq3m/s^2$; 响应延时:<300ms 最大超调: 对应加速度:[0,3]: min(0.3, target×10%); 对应执行时间:<500ms[3, A_{max}]: min(0.4,target×10%); 对应执行时间:<800ms	1NM	
驱动反馈	驾驶模式	—	—	
	加速踏板位置	—	1%	
	纵向加速度	—	0.1m/s²	
	车速	0.1km/h	0.1km/s	
	轮速	1%	—	
	发动机/电机转速	1%	—	
	故障信息	—	—	

4. 线控制动功能信号性能要求

线控制动功能信号性能要求见表 1-17，线控制动信号要求命令周期在 20ms 内、响应延迟在 100ms 内。

表 1-17 线控制动功能信号性能要求

功能	信号	性能要求	信号分辨率	说明
制动控制	使能	—	—	（1）最大驱动减速度指的是车辆可以达到的最大减速度值； （2）驱动响应延迟时间是发送命令到开始执行命令的时间； （3）最大超调是指制动调节的过程中，目标值与实际值之间的最大误差； （4）对应执行时间是制动开始响应到响应到目标减速度的值
制动控制	制动踏板目标位置	首选目标车辆减速度（m/s²）： 最大减速度 A_{max}：≥7m/s²；	0.10%	
制动控制	目标减速度	响应延迟：<100ms 最大超调：[0,3]：min（0.3,target×10%）； 对应执行时间：<200ms [3,5]：min（0.4,target×10%）； 对应执行时间：<200ms [5, A_{max}]：min（0.5,target×10%）； 对应执行时间：<300ms 备选目标制动踏板位置（%）： 响应延迟：<100ms 范围：0～100，对应最大减速度 A_{max}≥7m/s²； 最大超调：对应减速度：[0,3]：min（0.3,target×10%）； 对应执行时间：<200ms [3,5]：min（0.4,target×10%）； 对应执行时间：<200ms [5, A_{max}]：min（0.5,target×10%）； 对应执行时间：<300ms	0.1m/s²	
制动控制	制动灯控制	—	—	

5. 线控挡位功能信号性能要求

线控挡位功能信号性能要求见表 1-18，线控挡位信号要求命令周期在 100ms 内、响应延迟在 1s 内、挡位反馈信号响应延迟在 100ms 内。

表 1-18 线控挡位功能信号性能要求

功能	信号	性能要求
挡位控制	使能	—
挡位控制	目标挡位	挡位信号必须按照以下顺序： 0x00：N 挡； 0x01：D； 0x02：R； 0x03：P； 0x04：NONE
挡位反馈	挡位信息	反馈顺序与控制挡位信号顺序一致： 0x00：N 挡； 0x01：D； 0x02：R； 0x03：P； 0x04：NONE
挡位反馈	故障信息	—

6. D-KIT Lite S 车辆线控功能信号及性能描述

请描述 D-KIT Lite S 车辆驾驶自动化系统线控转向、线控驱动、线控制动及线控挡位等功能的信号及信号性能。

五、编辑车辆信号 DBC 文件

1. Apollo 开放平台 DBC 文件要求

使用 CANdb++ 编辑器软件设置通信的网络结构，每个信号的初值、符号类型、精度、大小范围、取值等，进而组合成相应的 CAN 通信报文（message）与 Apollo 开放平台进行通信。DBC 文件后期会根据 Apollo 的转译脚本工具，将底盘定义的 CAN 通信报文（message）、信号（signal）转化为 C++ 的程序代码。因此，在编辑 DBC 文件时，对信号的名称定义、注释、赋值等就要符合 C++ 的语言定义规范，以确保在后期调试时不会因为 DBC 文件的问题无法调通 Canbus 通信。

Apollo 开放平台对 DBC 文件编辑的要求见表 1-19 所示。

表 1-19 Apollo 开放平台对 DBC 文件编辑的要求

要求	图例
控制器名称定义为 ACU（Apollo Control Unit）	
CAN 信号 ID 不大于 2048	
转向信号的范围，在定义时要填写准确的取值范围，注意控制转角的精度一般不高于 0.05deg，踏板百分比精度（factor）不高于 0.1。 对于所有报文的 Byte Order，一个 DBC 内的信号只能统一定义，全部是 Motorola 格式或者全部是 Intel 格式	

续表

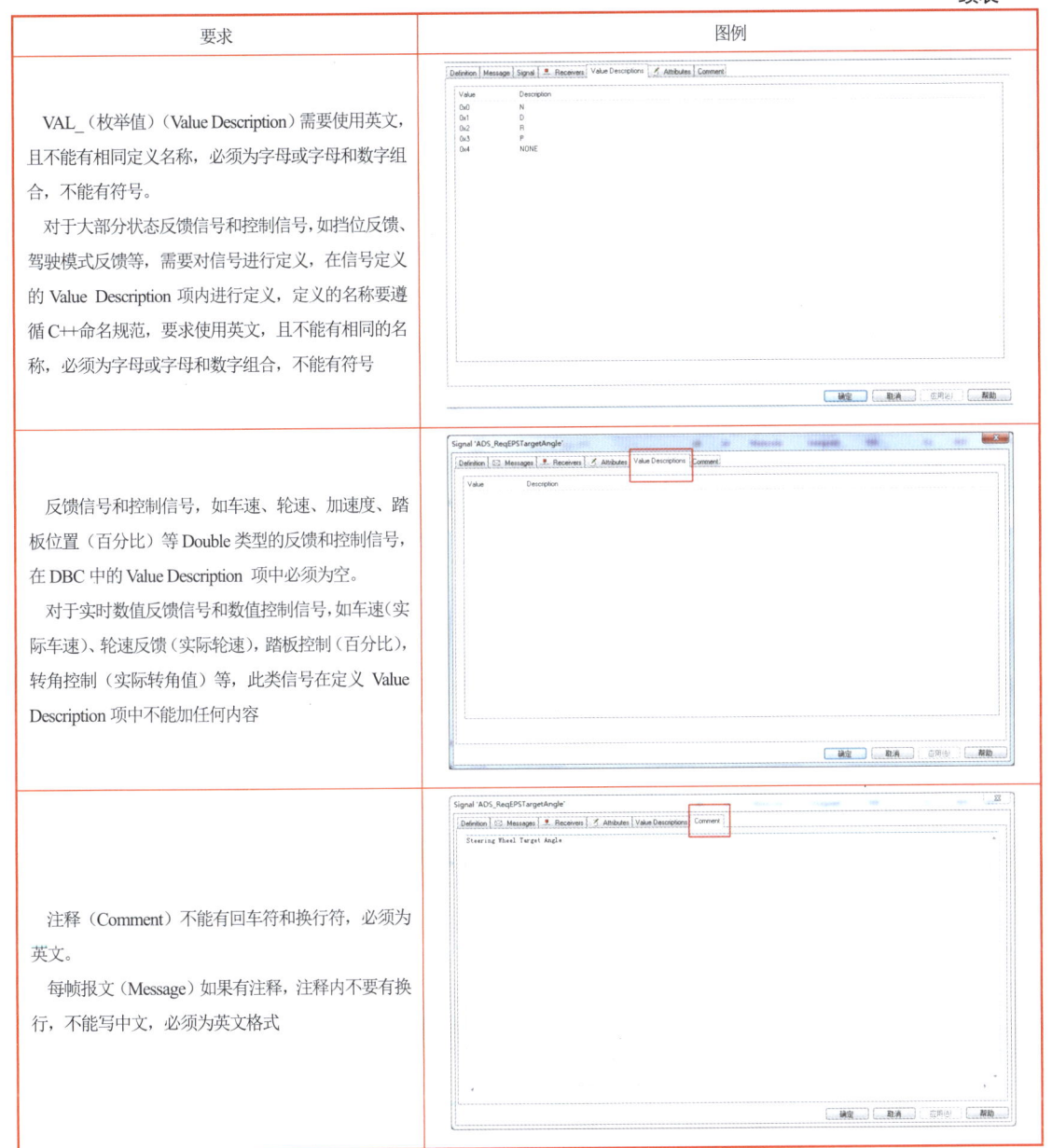

要求	图例
VAL_（枚举值）（Value Description）需要使用英文，且不能有相同定义名称，必须为字母或字母和数字组合，不能有符号。 对于大部分状态反馈信号和控制信号，如挡位反馈、驾驶模式反馈等，需要对信号进行定义，在信号定义的 Value Description 项内进行定义，定义的名称要遵循 C++命名规范，要求使用英文，且不能有相同的名称，必须为字母或字母和数字组合，不能有符号	
反馈信号和控制信号，如车速、轮速、加速度、踏板位置（百分比）等 Double 类型的反馈和控制信号，在 DBC 中的 Value Description 项中必须为空。 对于实时数值反馈信号和数值控制信号，如车速（实际车速）、轮速反馈（实际轮速）、踏板控制（百分比）、转角控制（实际转角值）等，此类信号在定义 Value Description 项中不能加任何内容	
注释（Comment）不能有回车符和换行符，必须为英文。 每帧报文（Message）如果有注释，注释内不要有换行，不能写中文，必须为英文格式	

2. D-KIT Lite S 车辆 DBC 文件编辑要求描述

请描述 D-KIT Lite S 车辆的 DBC 文件编辑要求。

六、测试车辆接口指标

1. 底盘开环测试

确定车辆底盘 DBC 后，利用车载总线开发工具对 DBC 内定义的信号进行开环测试，测试车辆接口指标。通过测试，确认车辆线控信号与车辆的实际功能是否相符，测试车辆的转向、加减速性能响应是否满足车辆的线控需求，测试车辆的接管逻辑是否满足要求。

在底盘的开环测试中，要针对 DBC 中的重点要求进行测试，如车辆横纵向使能独立性，横纵向接管的独立性，每个控制信号是否满足控制要求和控制边界，反馈信号是否反馈正确。在性能上，根据线控需求内的性能要求，对控制信号进行测试，如控制信号的转向和加减速延迟是否满足 Apollo 控制性能要求，超调误差是否在要求范围内。

2. D-KIT Lite S 车辆接口指标描述

请描述 D-KIT Lite S 车辆功能信号和性能信号的测试内容。

能力拓展

能力拓展部分包括 2 部分内容：线控驻车系统功能信号需求、车身控制系统功能信号需求。具体内容扫码即可获得。

任务测评

对任务实施的完成情况进行检查，并将结果填入表 1-20。

表 1-20 任务测评表

成绩评定反馈意见表					
任务名称：底盘线控执行系统认知					
组号		组员信息：			
序号	项目	子项目	检查规范	结论	得分
1	驾驶自动化系统集成与测试过程（20分）	Apollo 开放平台车辆驾驶自动化系统集成与测试过程	驾驶自动化系统集成与测试过程描述正确		
		驾驶自动化系统集成与测试过程描述			
2	D-KIT Lite S 车辆线控执行系统（20分）	线控转向系统	D-KIT Lite S 车辆线控执行系统工作原理描述正确		
		线控驱动系统			
		线控制动系统			
3	Apollo 开放平台车辆线控功能信号性能要求（20分）	车辆 VIN 码	D-KIT Lite S 车辆线控功能信号及性能描述正确		
		线控转向功能信号性能要求			
		线控驱动功能信号性能要求			
		线控制动功能信号性能要求			
		线控挡位功能信号性能要求			
4	编辑车辆信号 DBC 文件（20分）	Apollo 开放平台 DBC 文件要求	D-KIT Lite S 车辆 DBC 文件编辑要求描述正确		
5	测试车辆接口指标（20分）	底盘开环测试	D-KIT Lite S 车辆接口指标描述正确		
评论摘要：					

续表

分数	等级	总分	评分描述
85~100	优		
75~84	良		
60~74	及格		
<60	未达到		

课后习题与参考文献

课后习题

参考文献

项目二
智能网联汽车计算平台集成与测试

导言

随着汽车智能化、网联化发展，汽车电子底层硬件不再是由实现单一功能的单一芯片提供简单的逻辑计算，而是需要提供更为强大的算力支持；软件也不再是基于某一固定硬件开发，而是要具备可移植、可迭代和可拓展等特性。智能化与网联化共同推动了汽车电子电气架构的变革，一方面是车内网络拓扑的优化和实时、高速网络的启用，另一方面是将电子控制单元（ECU）的功能进一步集成到域控制器甚至车载计算机。

智能网联汽车需要集成不同类型的计算模块，以满足应用服务需求。目前，智能网联汽车内部需集成ECU、域控制器等多种计算模块，如自动驾驶和智能座舱计算模块，它们是产业探讨的热点。自动驾驶是智能网联汽车的核心功能，需要满足高安全性、高可靠性等要求，其将会引发汽车产业链和技术链的重构。车载计算平台作为智能网联汽车的"大脑"，是驾驶自动化系统电子电气架构的核心，适应传统电子控制单元向异构高性能处理器转变的趋势，是支撑智能网联汽车驾驶自动化功能实现的软硬件一体化平台，是支撑自动驾驶落地的关键。

思维导图

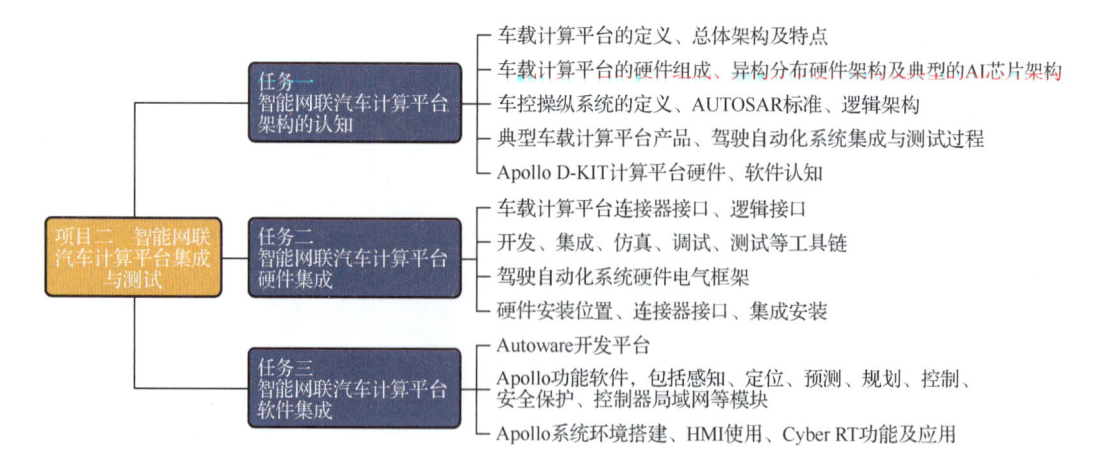

项目二 智能网联汽车计算平台集成与测试

- **任务一 智能网联汽车计算平台架构的认知**
  - 车载计算平台的定义、总体架构及特点
  - 车载计算平台的硬件组成、异构分布硬件架构及典型的AI芯片架构
  - 车控操纵系统的定义、AUTOSAR标准、逻辑架构
  - 典型车载计算平台产品、驾驶自动化系统集成与测试过程
  - Apollo D-KIT计算平台硬件、软件认知

- **任务二 智能网联汽车计算平台硬件集成**
  - 车载计算平台连接器接口、逻辑接口
  - 开发、集成、仿真、调试、测试等工具链
  - 驾驶自动化系统硬件电气框架
  - 硬件安装位置、连接器接口、集成安装

- **任务三 智能网联汽车计算平台软件集成**
  - Autoware开发平台
  - Apollo功能软件，包括感知、定位、预测、规划、控制、安全保护、控制器局域网等模块
  - Apollo系统环境搭建、HMI使用、Cyber RT功能及应用

任务一　智能网联汽车计算平台架构的认知

学习目标

【知识目标】
1. 能正确描述车载计算平台的定义、总体架构及特点；
2. 能正确描述车载计算平台的硬件组成及架构；
3. 能正确描述车控操作系统的定义、架构及 AUTOSAR 标准；
4. 能列举典型的 AI 芯片架构和车载控制系统逻辑架构。

【能力目标】
1. 能正确解释车载计算平台硬件所采用芯片的类型和功能；
2. 能正确分析车载计算平台软件架构和各模块的功用。

【素质目标】
1. 能够熟练掌握相关的国家标准、行业规定，掌握绿色生产、环境保护、安全防护、质量管理等相关知识与技能；
2. 能够了解相关产业文化，遵守职业道德准则和行为规范，具备社会责任感和担当精神；
3. 具有探究学习、终身学习的能力，具有整合知识和综合运用知识分析问题与解决问题的能力；
4. 弘扬劳动光荣、技能宝贵、创造伟大的时代精神，热爱劳动人民、珍惜劳动成果、树立劳动观念、积极投身劳动，具备与职业发展相适应的劳动素养、劳动技能。

工作任务

某汽车制造厂正在试制一款面向 L4 级自动驾驶的前装量产车型，需要智能网联汽车系统集成工程师基于 Apollo 的该样品车型完成计算平台软硬件系统的集成设计和开发。作为一名辅助工程师，首先需要了解智能网联汽车计算平台的定义、总体架构、硬件组成与架构、车控操纵系统及典型车载计算平台产品等相关知识，通过观察和操作，能够利用使用说明书确认计算平台和软件平台的架构，并解释该计算平台相关组成的功能。

相关知识

一、智能网联汽车计算平台概述

1. 车载计算平台定义

《智能网联汽车　术语和定义》（征求意见稿）对车载计算平台（Vehicle Computing Platform）定义为：支撑智能网联汽车驾驶自动化功能实现的软硬件一体化平台，包括芯片、模组、接口等硬件，以及系统软件、功能软件等软件，以适应传统电子控制单元向异构高性能处理器转变的趋势，也被称为车载智能计算基础平台。

车载计算平台与车内其他电子器件和系统的关系如图 2-1 所示。车载计算平台处于核心地位，以环境感知数据、导航定位信息、车辆实时数据、云端平台服务器数据和相关 V2X 交互数据等作为输入，融合处理多源输入数据，基于环境感知定位、智能规划决策和车辆运动控制等核心控制算法，输出驱动、传动、转向和制动等执行控制命令，实现车辆的驾驶自动化功能，并结合具体应用场景

向云端和其他通过 V2X 相连的设备输出有效信息，形成协作。

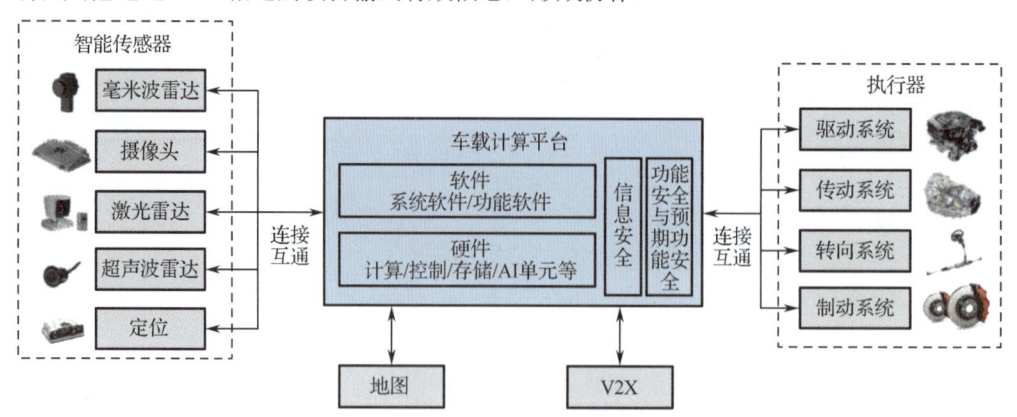

图 2-1 车载计算平台与车内其他电子器件和系统的关系

2. 车载计算平台总体架构

车载计算平台结合车辆平台和传感器等外围硬件，同时采用 CAN/CANFD 总线、以太网和 4G 等网络，通过异构分布的硬件平台，装载运行自动驾驶操作系统的系统软件和功能软件，向上支撑应用软件开发，最终实现整体产品化交付。车载计算平台的总体架构包含异构分布硬件、车控操作系统等几个方面，如图 2-2 所示。车载计算平台具有系统可靠、运行实时、分布弹性、高算力等特点，实现感知、规划、控制、网联、云控等功能，最终完成安全、实时、可扩展的多等级驾驶自动化核心功能。

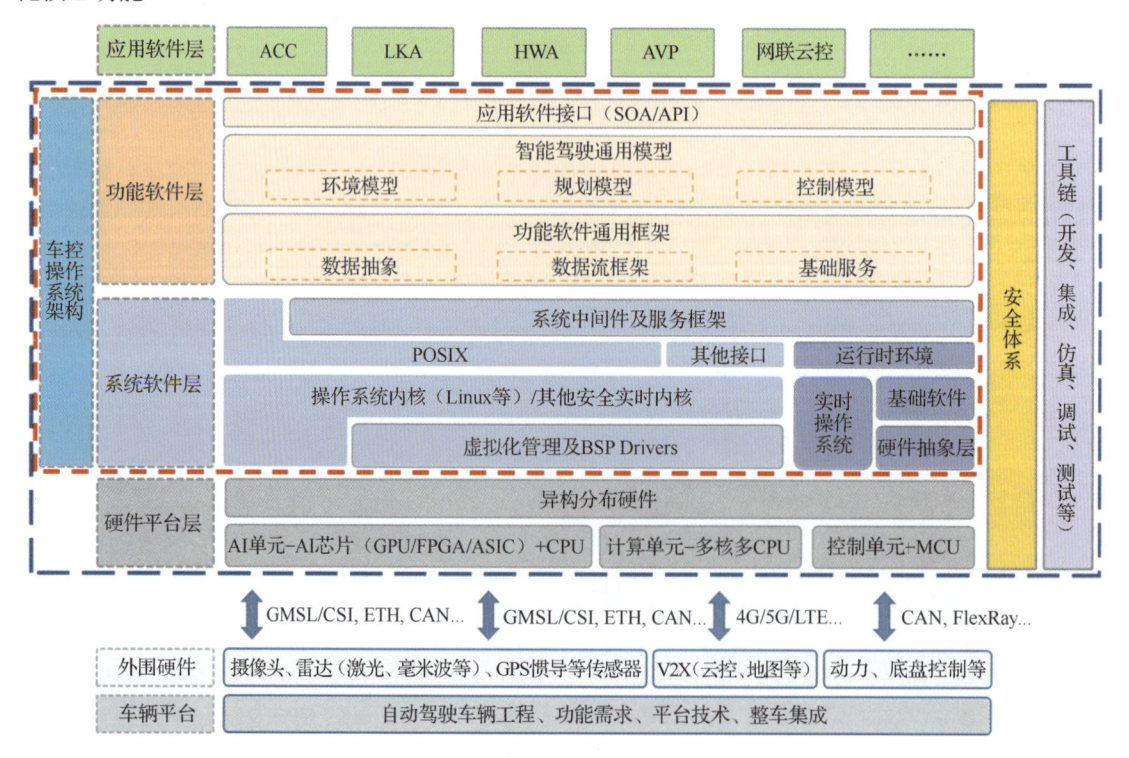

图 2-2 车载计算平台的总体架构

3. 车载计算平台架构特点

（1）异构：智能网联汽车要满足高等级的驾驶自动化功能，其车载计算平台需兼容多类型、多数量传感器，并具备高安全性和高性能。现有单一芯片无法满足诸多接口和算力要求，需采用异构芯片的硬件方案。异构可以体现在单板卡集成多种架构芯片，如奥迪 zFAS 集成微控制器（MCU）、现场可编程门阵列（FPGA）、中央处理器（CPU）等，如图 2-3 所示；也可以体现在功能强大的单芯片 SoC（系统级芯片）同时集成多个架构单元，如英伟达 AGX Xavier 集成图形处理器（GPU）和 CPU 两个异构单元，如图 2-4 所示。现有车载计算平台产品（如奥迪 zFAS、特斯拉 FSD、英伟达 AGX Xavier 等硬件）均主要由人工智能（AI）单元、计算单元和控制单元三部分组成，每个单元完成各自所定位的功能。

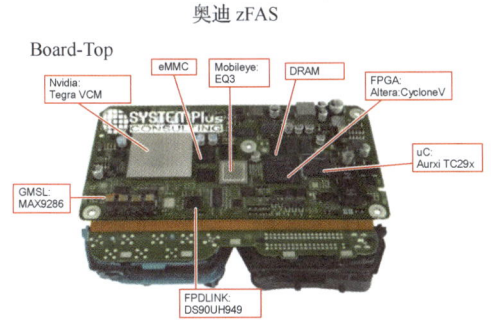

图 2-3　奥迪 zFAS 单板卡集成多种架构芯片图

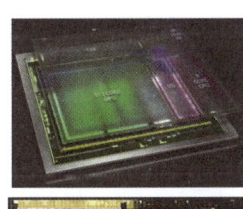

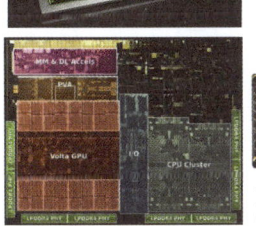

图 2-4　英伟达 AGX Xavier 单芯片集成多个架构单元图

（2）分布弹性：当前汽车电子电气架构正在由众多单功能芯片逐渐向集中于各域控制器发展，高等级驾驶自动化功能要求车载计算平台具备系统冗余、平滑扩展等特点。一方面，考虑到异构架构和系统冗余，利用集成多种架构芯片或单芯片集成多个架构单元实现系统的解耦和备份；另一方面，采用分布扩展的方式，满足驾驶自动化功能高等级算力和接口要求。整体系统在同一个自动驾驶操作系统的统一管理适配下，通过变更硬件驱动、通信服务等进行不同芯片或单元的适配，弹性适配硬件单元，协同实现驾驶自动化功能，达到整体系统提升算力、增加接口、完善功能的目的。

二、硬件架构

1. 组成

车载计算平台的硬件主要包括微处理单元、微控制单元、扩展单元、存储单元和供电单元,具有高性能、低功耗、高可靠性和易扩展等优点,对驾驶自动化应用提供运算支持和安全保障。图 2-5 为车载计算平台硬件架构示例图。

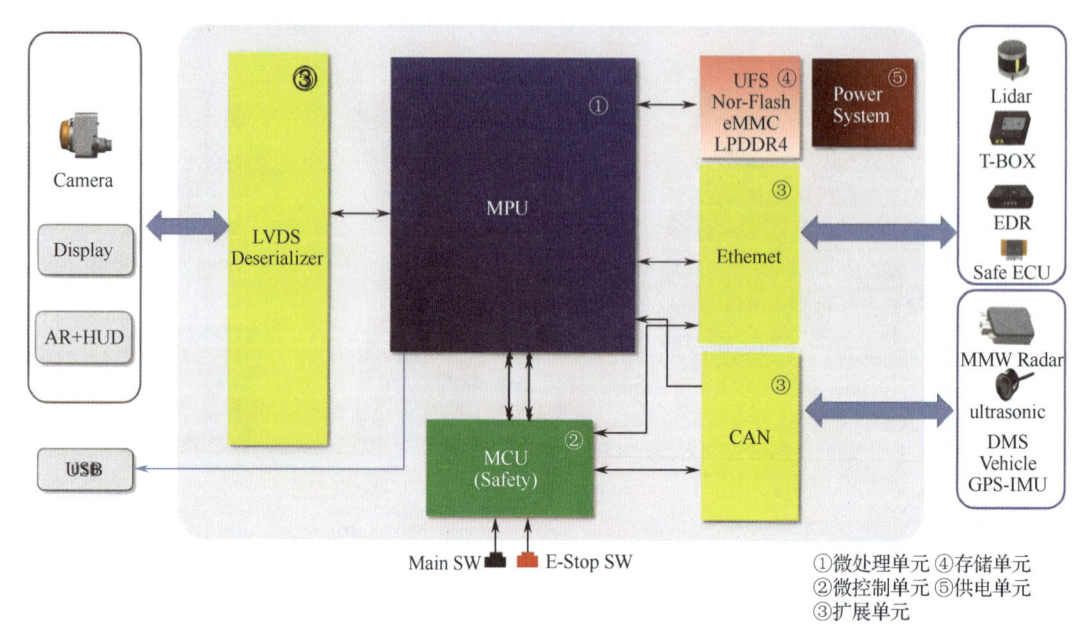

图 2-5　车载计算平台硬件架构示例图

微处理单元一般包含 CPU、AI 处理器(包括 GPU、FPGA、ASIC、DSP)等,具有运算力高、功耗低、可编程等特点,可实现实时的环境感知、路径规划和决策控制等驾驶自动化相关的核心功能。

微控制单元使用性能强大的 MCU 芯片,又称为 Safety MCU,满足功能安全 ASILD(汽车安全集成等级)要求,具有强大的运算能力。微控制单元是控制平台的"大脑",通过监控温度、SoC 芯片工作状态、供电模块状态、通信状态以及交互节点状态,决定车辆横向、纵向控制的最终命令,保证行驶安全。当检测到控制平台或配合模块出现异常时,微控制单元能够及时进入安全状态,并及时告知驾驶员或安全停车。在一些特殊情况下,如 SoC 芯片异常,微控制单元能够根据感知传感器的信号计算出前方障碍物,继续执行辅助驾驶,提高辅助驾驶的舒适性。

扩展单元对系统接口数量进行扩展,实现多路传感器同时接入车载计算平台,如激光雷达、摄像头、毫米波雷达、超声波雷达、惯性测量组合等。微处理单元通过 MIPI CSI、Ethernet、CAN 等扩展单元采集外部传感器数据后,对数据进行融合计算;微控制单元通过 Ethernet、CAN 等扩展单元与外部传感器连接,并接收和发送车身消息,实现与整车其他节点进行交互。

存储单元用于满足应用软件的大数据存储功能,如高精度地图数据、行车录像数据缓存等。存储单元的芯片种类主要包括 DDR、Nor-Flash、eMMC 和 UFS,满足大容量、ECC 保护和 CRC 校验等功能安全要求。

供电单元为整个计算平台提供稳定、可靠的供电网络,满足大功率用电需求。供电单元应满足功能安全需求,通过专用电源管理模块为计算单元供电,并实时监控关键的电源网络,如某路电路出现异常,反馈信号到微处理单元。

2. 异构分布硬件架构

车载计算平台的硬件架构为异构芯片集成化设计，其核心元件微处理单元与微控制单元主要为 AI 单元、计算单元和控制单元，如图 2-6 所示。

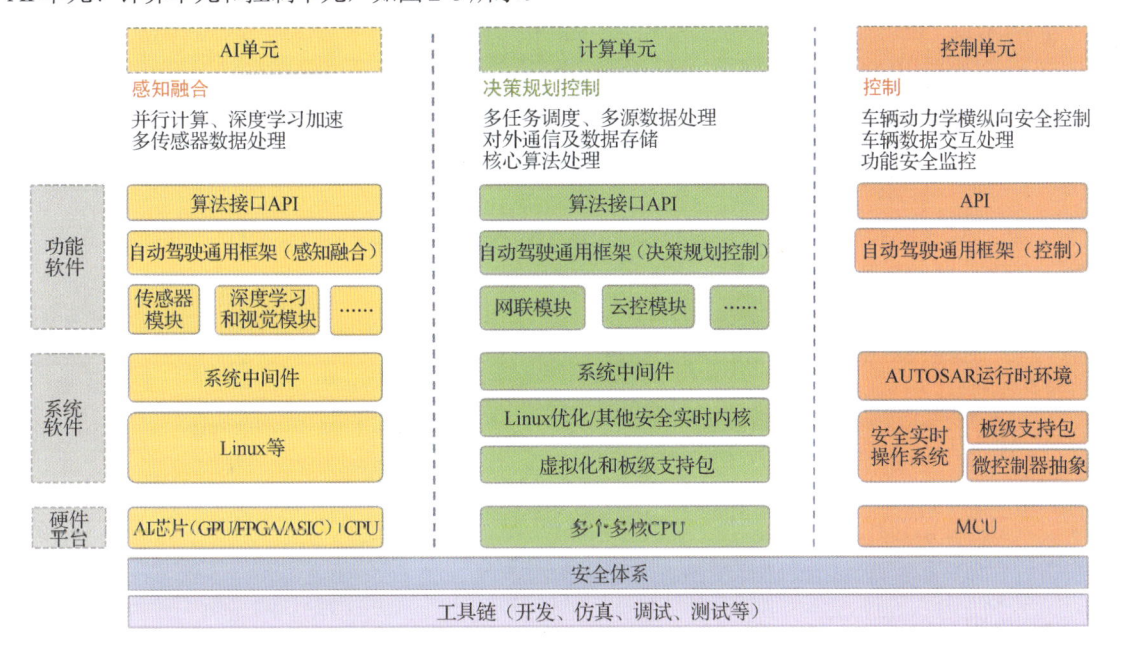

图 2-6 异构分布硬件架构图

AI 单元采用并行计算架构 AI 芯片，并使用多核 CPU 配置 AI 芯片。AI 芯片可选用 GPU、FPGA、ASIC 等。当前完成硬件加速功能的芯片通常依赖内核系统（多用 Linux）进行加速引擎及其他芯片资源的分配与调度。通过加速引擎来实现对多传感器数据的高效处理与融合，获取用于规划及决策的关键信息。AI 单元作为参考架构中算力需求最大的一部分，需要突破成本、功耗和性能的瓶颈以达到产业化要求。

计算单元采用车规级多个多核 CPU 芯片。车规级多核 CPU 芯片，单核主频高，计算能力强，满足相应功能安全要求，装载 Hypervisor、Linux 等内核系统管理软硬件资源、完成任务调度，用于执行自动驾驶大部分相关核心算法，同时整合多源数据完成路径规划、决策控制等功能。

控制单元基于车控 MCU 芯片。加载 Classic AUTOSAR 平台基础软件，通过通信接口与 ECU 相连，实现车辆动力学横纵向控制，并满足功能安全 ASIL D 等级要求。当前 Classic AUTOSAR 平台基础软件产品化较为成熟，可通过预留通信接口与驾驶自动化操作系统集成。

3. 典型的 AI 芯片架构

驾驶自动化系统要实现多种类型、多路传感器接入，完成 360°环境感知、多传感器融合、三维环境建模、定位、预测及语义地图等功能，对车载 AI 计算芯片的算力需求远远超过逻辑计算 2 个数量级以上。目前 AI 芯片的算力正在迅速提升，从几个 TOPS（每秒 10000 亿次运算）的算力向上百个 TOPS 的算力发展，芯片制程也向 7nm 演进，以确保功耗在可接受的范围内，主要车载 AI 芯片公司的芯片算力见表 2-1。国外 AI 芯片的典型产品主要有英伟达的 Xavier、Orin，以及 Mobileye 的 EyeQ5H 等，国内企业（如地平线等）也推出了 ASIC 架构的产品。

表 2-1 主要车载 AI 芯片公司的芯片算力

项目	地平线		特斯拉	Mobileye		英伟达	
芯片	Journey 3	Journey 5	FSD	EyeQ4	EyeQ5H	Xavier	Orin

续表

项目	地平线		特斯拉	Mobileye		英伟达	
工艺/nm	16	7	14	28	7	12	7
AI 算力/TOPS	5	96	72	2.5	24	30	200
摄像头路数/个	6	16	9	8	16	8+	16
功耗/W	2.5	20	72	3	20	20	65
量产时间/年	2020	2021	2019	2018	2021	2020	2021

目前，AI 主流芯片架构主要分为 GPU、FPGA、ASIC 等流派。CPU、GPU、FPGA、ASIC 架构解决方案产品的优缺点见表 2-2。

表 2-2　CPU、GPU、FPGA、ASIC 架构解决方案产品的优缺点

类型	优点	缺点	代表厂商
中央处理器（CPU）	● 通用性好，串行运算能力强； ● 适用于逻辑运算复杂，但量少的场景，具有不可替代性	开发难度大，大量的晶体管用于构建控制电路和高速缓冲存储器，运算单元占比少，架构限制了算力的进一步提升	英特尔：X86 处理器
图像处理器（GPU）	● 多核心、高内存带宽； ● 在自动驾驶领域应用时，使用 GPU 运行深度学习模型，在本地或云端对目标物体进行切割、分类和检测，不仅花费的时间大幅缩减，同时由于其多线程结构，也无须更多的数据处理设备支持，可以拥有较强的并行计算、浮点运算能力，实现比 CPU 更高的应用处理效率； ● 与 FPGA 和 ASIC 相比，通用性更强	价格、功耗等不如 FPGA 和 ASIC，并行运算能力在推理端无法完全发挥，利用率较低	英伟达：Xavier、Orin
现场可编程门阵列（FPGA）	● 不需要介入芯片的布局布线和工艺问题，可编程，自定义芯片内部的电路连接，随时改变其逻辑功能，以实现特定功能，高性能； ● 上市速度快，一次性投入小； ● 功耗远远小于 CPU 和 GPU	硬件编程语言难以掌握，单个单元的计算能力比较弱，硬件成本较高，电子管冗余，功耗可进一步压缩	赛灵思、阿尔特拉（被英特尔收购）、深鉴科技
专用集成电路（ASIC）	可实现 PPA 最优化设计，体积小、功耗低、计算性能和计算效率高，出货量越大，成本会越低	上市速度慢，初始设计投入大，可编程架构设计难度较大；针对性设计会限制芯片的通用性	谷歌、寒武纪、百度

由于 AI 算法的复杂性持续上升，且多种不同算法的融合成为发展趋势，单纯的 GPU 或 ASIC 都较难满足车载 AI 计算的需求。目前的车载 AI 芯片发展趋势是 SoC 化，集成异构计算 IP 组合来满足不同 AI 算法的需求。例如，异构计算组合 CPU+NPU+GPU/DSP，CPU 完成逻辑计算，NPU 完成 CNN（卷积神经网络）计算的加速，GPU/DSP 提供通用算力，可用于实现 NPU 无法实现的计算操作。

三、车控操作系统

1. 定义

《智能网联汽车　术语和定义》（征求意见稿）中对车用操作系统、车控操作系统、车载操作系统分别进行了定义。

车用操作系统：运行于车内的系统程序集合，以实现管理硬件资源、隐藏内部逻辑提供软件平

台、提供用户程序与系统交互接口、为上层应用提供基础服务等功能，包含车控操作系统和车载操作系统。

车控操作系统：运行于车载智能计算基础平台异构硬件之上，支撑智能网联汽车驾驶自动化功能实现和安全可靠运行的软件集合。

车载操作系统：运行于车载芯片上，管理和控制智能网联汽车车载软件、硬件资源的软件集合，为智能网联汽车提供除驾驶自动化功能实现以外的服务，包括车载信息娱乐、网联、导航、多媒体娱乐、语音、辅助驾驶、AI 等服务。

本书主要介绍车控操作系统。2019 年 10 月，全国汽车标准化技术委员会发布的《车用操作系统标准体系》中明确了车控操作系统分类。图 2-7 所示为车用操作系统的组成。

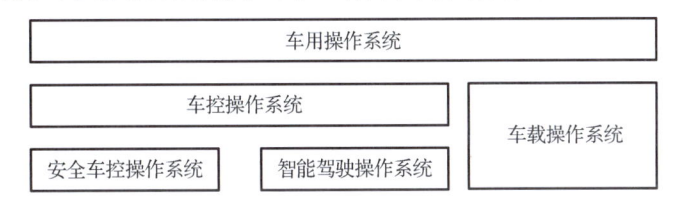

图 2-7 车用操作系统的组成

车控操作系统分为安全车控操作系统和智能驾驶操作系统。安全车控操作系统主要面向车辆控制领域，如动力系统、底盘系统和车身系统等，对实时性和安全性要求极高，生态发展已趋于成熟。智能驾驶操作系统主要面向智能驾驶领域，应用于智能驾驶域控制器，对安全性、可靠性、性能和运算能力要求较高，目前该领域处于研究发展的初期，生态尚未完备。

2. AUTOSAR 标准

2003 年，宝马、博世、大陆等企业作为核心成员，成立了一个汽车开放系统架构组织（简称 AUTOSAR 组织），致力于建立一个标准化平台，独立于硬件的分层软件架构，制定各种车辆应用接口规范和集成标准，为应用开发提供方法论层面的指导，以减少汽车软件设计的复杂度，提高汽车软件的灵活性和开发效率，以及在不同汽车平台上的复用性。截至目前，AUTOSAR 组织已发布 Classic 和 Adaptive 两个平台规范，分别对应安全控制类和自动驾驶的高性能类，已经成为国际主流的标准软件架构。

安全车控操作系统是在经典车辆控制 ECU 的主控 MCU 芯片上装载运行的嵌入式实时操作系统，该系统发展较早，其架构可参考、兼容或直接采纳 Classic AUTOSAR 软件架构，吸收 Classic AUTOSAR 软件架构模块化和分层的思想。智能驾驶操作系统的架构可参考或兼容 Adaptive AUTOSAR，并进行扩展。车控操作系统，既具有安全车控操作系统的功能和特点，还能够提供高性能、高可靠的传感器、分布式通信、自动驾驶通用框架等模块，以支持自动驾驶感知、规划、决策、控制与执行的共性实现。

1）Classic AUTOSAR 平台

Classic AUTOSAR 平台基于 OSEK/VDX（分布式实时控制系统的开放式标准），定义了安全车控操作系统的技术规范，将汽车电子软件架构抽象为四层，由上至下依次为：应用层（Application Layer，AL）、运行时环境（Run Time Environment，RTE）、基础软件层（Basic Software，BSW）以及微控制器（Microcontroller）。应用层完全独立于硬件，只有基础软件层与硬件相关，而 RTE 实现这两者的隔离，如图 2-8 所示。Classic AUTOSAR 平台的主要特点是面向功能的架构（FOA），采用分层设计，实现应用层、基础软件层和硬件的解耦，不仅提高了开发效率，降低了开发成本，同时保障了车辆的安全性与一致性，并满足控制单元内核系统 ASIL D 安全等级应用的设计。

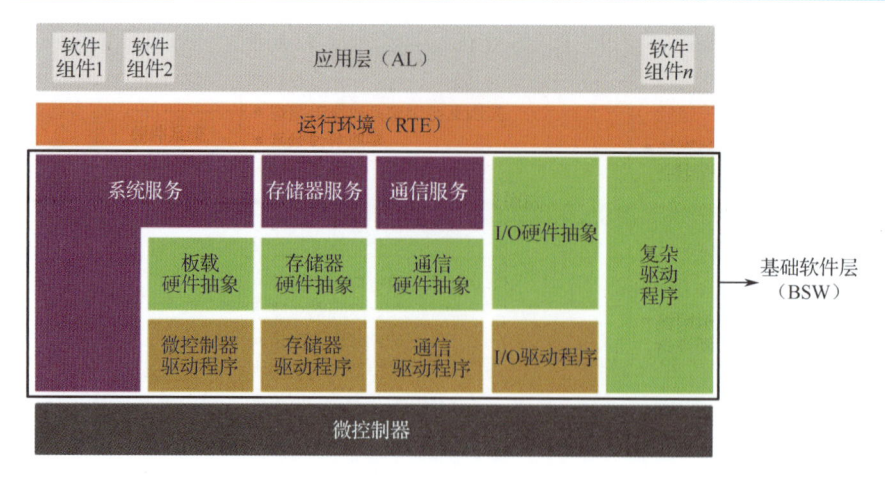

图 2-8　Classic AUTOSAR 软件架构图

2）Adaptive AUTOSAR 平台

Adaptive AUTOSAR 软件架构图如图 2-9 所示，平台没有设计新的操作系统内核，所有符合 POSIX PSE51 接口的操作系统内核都可以使用，其与 Classic AUTOSAR 平台的不同点主要在操作系统内核之上的系统服务中间层，主要分为平台基础功能（自适应平台基础）和平台服务功能（自适应平台服务）两部分。相对于 Classic AUTOSAR，能满足更强大的算力需求，更安全，兼容性好，可进行敏捷开发。

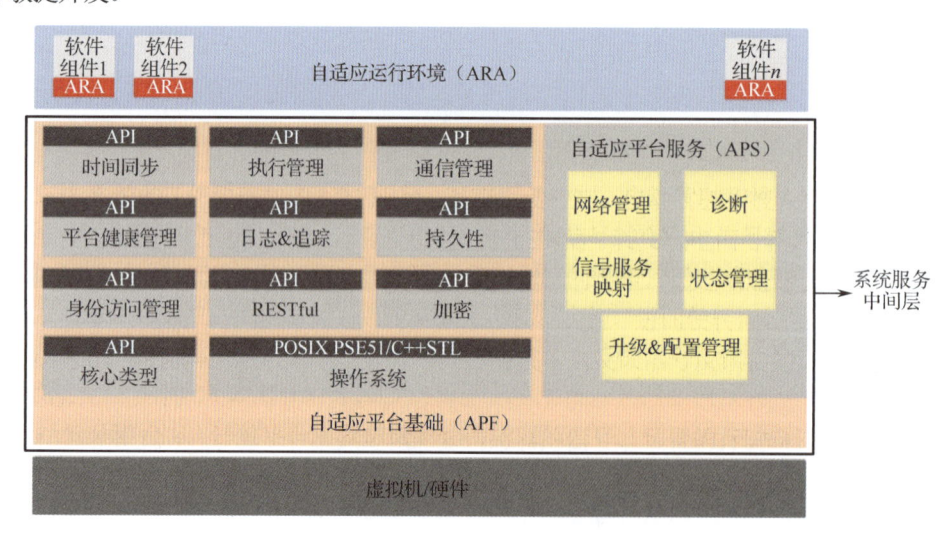

图 2-9　Adaptive AUTOSAR 软件架构图

Adaptive AUTOSAR 主要适应于集中式的高性能计算平台，满足车内部件之间的高速通信需求和智能驾驶的高计算能力需求；采用服务化的架构，由一系列的服务组成，应用和其他软件模块可以根据需求调用其中的一个或者多个服务，而服务可以是平台提供的，也可以是远程部件提供的，方便设备制造商可以按照功能设计需求定义自己的服务组合。

3．逻辑架构

车控操作系统架构特点是纵向分层，以实现层与层之间的解耦，方便快速开发和移植，如图 2-10 所示。

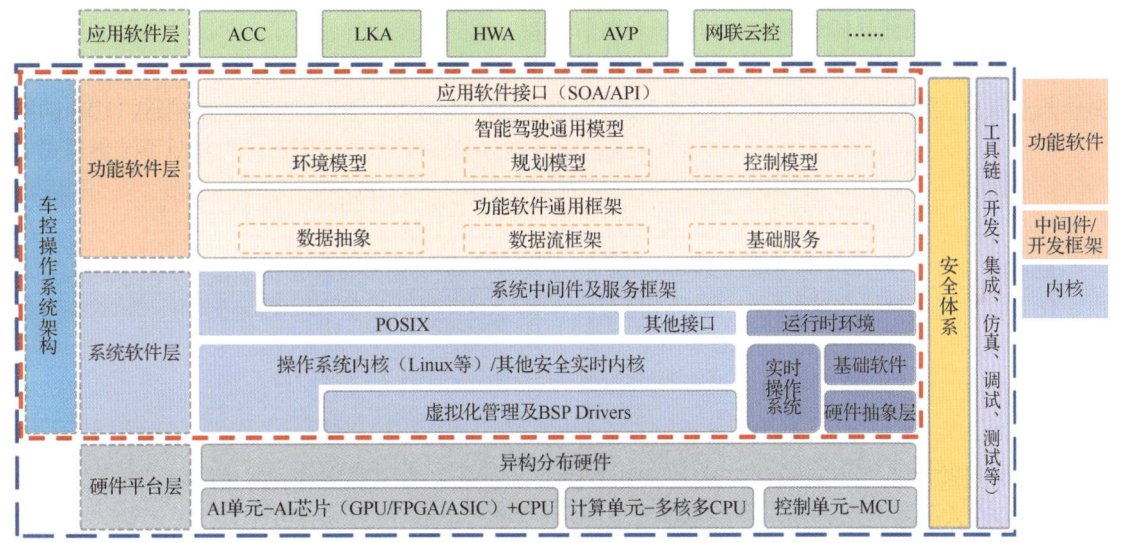

项目二 智能网联汽车计算平台集成与测试

图 2-10 车控操作系统架构的纵向分层示意图

1）系统软件层

系统软件定义为车控操作系统中支撑驾驶自动化功能实现的复杂大规模嵌入式系统运行环境。

（1）操作系统内核。

操作系统内核是一个操作系统的核心，负责管理系统的进程、内存、设备驱动程序、文件等，决定着系统的性能和稳定性，车载计算平台的复杂性也要求内核对功能软件及应用软件的库支持和高度可编程性，考虑到内核的兼容性，智能驾驶车控操作系统内核需要向上层应用提供标准的 POSIX 接口（可移植操作系统应用程序接口）。目前应用在汽车或嵌入式系统中的实时操作系统（RTOS）有 OSEK OS、QNX、Vx Works、Linux 等。其中，QNX 是目前广泛应用的汽车嵌入式 RTOS，其建立在微内核和完全地址空间保护基础之上，实时、稳定、可靠、安全，满足 ASIL D 功能安全等级；Linux 内核紧凑高效，开源灵活，广泛支持芯片和硬件环境及应用层程序，目前也有对 Linux 系统进行定制优化的技术探索，可以实现部分 CPU 和内存资源保护并高效实时的混合系统，进行功能安全增强，以期望达到功能安全等级要求。常见车用操作系统内核比较见表 2-3。

表 2-3 常见车用操作系统内核比较

项目指标	Linux	QNX	其他 RTOS
实时性能	需要进行实时性改造	微秒级延时	微秒级延时
开放性	源代码开放	封闭	商用或开放
许可协议	GPL	商用	N/A
费用	无授权费用（商用收费）	Royalty&License	较低或免费
功能安全	ASIL B 有可能	ASIL D	N/A
软件生态	应用生态链完善	汽车领域应用广泛	有限
优势	技术中立，支撑复杂功能	性能强，安全性高	实时性好，启动快
劣势	系统复杂	进程间通信、系统调用开销等	进程间通信、系统调用开销
主要适用范围	智能座舱、信息娱乐、TBOX、ADAS、某些域控制器等	仪表盘、智能座舱、信息娱乐、导航、ADAS、域控制器等	仪表盘、ADAS、整车控制器等

45

（2）虚拟化管理及 BSP Drivers。

虚拟化带来的好处是软硬件的解耦，这里的软件可以是应用程序、服务，甚至操作系统。虚拟机管理程序通过硬件虚拟化技术，管理并虚拟化硬件资源（如 CPU、内存和外围设备等），提供给运行在程序之上的多个内核系统。车控操作系统基于异构分布硬件，应用程序（如 AI 计算）和实时安全功能可能分别依赖不同的内核环境和驱动，但在物理层面共享 CPU 等。虚拟机管理程序有效实现资源整合和隔离，是实现跨平台应用、提高硬件利用率的重要途径。

Docker 是一个开源应用容器（Container），让开发者可以打包应用和依赖包到一个可移植的容器中，然后发布到任何流行的 Linux 或 Windows 操作系统的机器上，也可以实现虚拟化。容器完全使用沙箱机制，相互之间独立。可以独立开发、安装和运行容器上的服务软件。

（3）中间件/服务框架。

在底层操作系统之上，系统中间件的主要目标是为上层应用提供数据通信、协议对齐、计算调度、模块化封装等常用功能，为应用开发提供标准化、模块化的开发框架，实现模块解耦和代码复用。安全车控操作系统的系统软件兼容国际主流的系统中间件（如 Classic AUTOSAR 标准等）；智能驾驶操作系统的系统软件兼容国际主流的系统中间件（如 Adaptive AUTOSAR 等），满足智能驾驶不同应用所需的功能安全和信息安全等要求。

ROS 作为最早开源的机器人软件中间件，很早就被机器人行业使用，用于很多知名的机器人开源库，如基于 quaternion 的坐标转换、3D 点云处理驱动、定位算法 SLAM 等都是基于 ROS 开发的。百度 Apollo 最初也是使用了 ROS，直至 Apollo 3.5 版本才切换至自研的车载中间件 Cyber RT。

2）功能软件层

功能软件定义为车控操作系统中根据面向服务的架构设计理念，通过提取智能驾驶核心共性需求，形成智能驾驶各共性服务功能模块，高效实现驾驶自动化功能开发的软件模块。

功能软件补充 AUTOSAR 架构在自动驾驶方面的不足，包括功能软件通用框架、智能驾驶通用模型和应用软件接口三层结构。功能软件通用框架是支撑智能驾驶所需的数据抽象、数据处理、算法逻辑处理和运行的主干，包括数据抽象、数据流框架和基础服务。智能驾驶通用模型需要提供智能驾驶所需的感知、融合、定位、规划和控制等算法，以及这些算法所需外部环境和车辆自身数据的抽象化模型。应用软件接口提供统一的开发环境和工具，体现为各种不同形式的软件开发工具包。各个功能软件的详细功能见表 2-4。

表 2-4　各个功能软件的详细功能

功能软件		功能
功能软件通用框架	数据抽象	数据抽象通过对传感器、执行器、自车状态、地图，以及来自云端的接口等不同类型数据源的数据进行统一抽象描述等处理，为上层的智能驾驶通用模型建立异构硬件和驾驶环境的数据抽象，提供上层功能和应用开发的统一数据接口
	数据流框架	数据流框架对智能驾驶算法进行逻辑编排和运行驱动，同时对所需数据进行实时处理和管理。数据流框架需要有高性能计算、统一的模块间接口，使在其框架上运行的算法可以根据不同的驾驶场景进行参数和算法优化或可插扩
	基础服务	基础服务包括智能驾驶平台上必备和通用的功能与服务，如可靠冗余、信息安全、网联云控、数据回传等。基础服务需要满足可配置、可调试、可升级的基本要求，同时还需要做到高效、轻量级，对智能驾驶的实时算法逻辑运行和实时数据处理做到最小影响或干扰
智能驾驶通用模型	环境模型	环境模型对驾驶环境和自车状态的语义信息（如道路、障碍物、天气、行人、交通标志等）进行标准化描述、分类、定义和封装；提供标准化接口给应用软件开发、规划控制算法和处理逻辑

续表

功能软件		功能
智能驾驶通用模型	规划模型	规划模型根据环境模型信息、功能配置输入、车辆状态反馈信息预测未来一段时间内交通参与者的运动状态，并且及时做出正确的行为决策，为运动规划提供行为策略和约束条件，最终输出符合车辆运动学和动力学约束的轨迹，同时满足实时性、安全性、舒适性的要求
	控制模型	控制模型主要承接上游规划决策及环境模型的输入，以及车辆底盘的反馈信息，计算出车辆的横纵向控制量，完成既定的动态驾驶任务，满足安全、舒适、实时、高效的驾驶要求
应用软件接口		应用软件接口提供统一的开发环境和工具，体现为各种不同形式的软件开发工具包，如环境模型、功能配置、各种算法，应用开发所必要的工具链、软件包、开发接口、开发文档、示范应用和配置等软件开发工具包。应用软件接口可以是基于面向服务（SOA）的订阅形式架构，也可以是使用统一开发接口（API）函数调用的形式，实现高效、灵活、敏捷的定制化开发

四、典型车载计算平台产品

1. 英伟达 Drive 系列

英伟达在 GPU 和 AI 芯片领域占据了市场领先地位。从 2015 年开始，英伟达开始进入车载 SoC 和车载计算平台领域，为自动驾驶提供基础计算能力。如图 2-11 所示，英伟达目前已经推出了 4 代产品。

图 2-11 英伟达推出的历代车载 SoC 芯片

英伟达 Drive 系列产品软硬件解决方案，高度解耦，可独立升级，硬件升级路线和软件升级路线分别独立；平台软件层面开放程度较高，可在 DriveWorks（功能软件层）开放 API，也可在 Drive AV 和 Drive IX（应用软件层）开放 API；系统软件层融合了第三方（RTOS+AUTOSAR），设有 Hypervisor 层，第三方量产 RTOS 方案通过 ASIL D 认证。

2. 特斯拉 FSD

特斯拉于 2019 年 4 月发布 FSD 平台（Full Self-Driving Computer）。FSD 板卡上有两颗特斯拉自研 SoC 芯片，每颗 SoC 芯片主要包括 2 颗负责机器学习计算的神经网络处理单元 NPU，运行在 2.2GHz 频率下能提供 36TOPS/颗的处理能力；1 个负责通用数据处理的 CPU，12 核心 ARM A72 架构的 64 位处理器，运行频率为 2.2GHz；1 个负责图形处理的 GPU，提供 0.6TFLOPS 计算能力，运行频率为 1GHz 等。为了提升神经网络处理器的内存存取速度以提升计算能力，每颗 FSD 芯片内部还集成了 32MB 高速缓存。每颗全自动驾驶芯片提供 72TOPS 的算力，FSD 平台的总算力达到 144TOPS，功耗为 200W。FSD 作为特斯拉的 Autopilot HW3.0 的核心部分，已经广泛用于特斯拉的车型。特斯拉第二代 FSD（Autopilot HW 4.0）正处于研发阶段（特斯拉与博通合作设计），芯片采用台积电 7nm 工艺代工。图 2-12、图 2-13 为特斯拉 Autopilot 计算平台的发展过程及 FSD 芯片的结构。

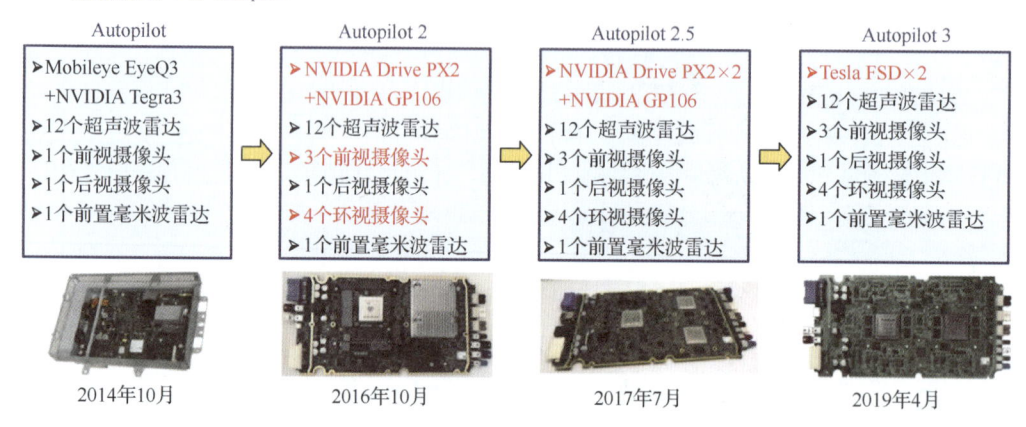

图 2-12 特斯拉 Autopilot 计算平台的发展过程

图 2-13 FSD 芯片的结构

特斯拉 Autopilot 计算平台基于 Ubuntu 进行裁剪，对 Linux 内核进行了实时性改造，并开源在 Github 上，深度学习框架基于 PyTorch，数据的实时处理基于开源流处理平台 Kafka，拥有 48 个独立的神经网络进行多维度数据处理，并且具备强大的 OTA 升级能力。

3. 百度 ACU

百度自主研发的车载计算平台 ACU（Apollo Computing Unit）如图 2-14 所示，基于 CPU、GPU 以及 FPGA 构建的多核异构计算架构，搭载包括激光雷达、高清摄像头、毫米波雷达、超声波雷达，以及高精度定位导航系统等多传感器系统，支持复杂的实时路径规划和控制的算法。其中 CPU 选取了多核架构，以满足低延时的复杂逻辑控制计算需求；兼容多块 GPU 的设计可提供高达 300TOPS 以上的深度学习算力，外加支持多块可配置的 FPGA 芯片的设计，使得整套系统具有强可扩展性。同时，整套系统具有在线升级（OTA）功能，通过安全网关实现安全可靠的 V2X 数据通信，远程车

辆管理和控制，以及数据流水线等云服务。为了提高系统可靠性和安全性，整套系统除了采用了更多的车规级零部件，还针对特定的关键功能采用了符合 ISO 26262 标准的零部件，进行了系统级功能安全设计。

ACU集成处理器

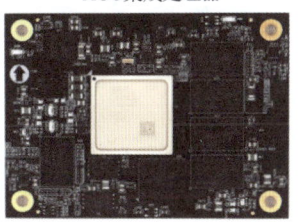

基于Xilinx ZU5（FPGA）设计
适配PaddlePaddle深度学习框架
ASIL-D硬件安全岛设计达到功能安全最高等级

Xilinx ZU5（FPGA）

Aurix TC297 MCU

图 2-14　百度自主研发的车载计算平台 ACU

其中，ACU-Advanced 是行业首创的自主泊车产品 AVP 专用车载计算平台，能够支持 5 个摄像头、12 个超声波雷达，预留毫米波雷达和激光雷达接口。搭载 ACU 车载计算平台车型的落地，能够实现百度 AVP 自主泊车方案，通过手机等移动终端实现远程取还车、自动寻找车位、自主泊车等操作，将解决停车难问题。

任务实施与评价

一、任务准备

本次任务所使用的实训设备和资源见表 2-5。

表 2-5　实训设备和资源

序号	分类	名称	准备要点	数量	准备情况记录
1	设备	D-KIT Lite S 车辆	检查车辆状态 （1）车胎是否损坏、充气压力（正常胎压为 2.5～2.6kPa）是否合适，以及胎纹内是否嵌入异物； （2）车辆底部是否有泄漏液体或易燃物； （3）上电开关接通后是否有异常报警声音； （4）确认电池电量（大于 80%），若电池电量低于 20%，建议充满电后再使用车辆	1 辆/组	是否正常：是□ 否□
2	资源	D-KIT Lite S 车辆使用手册	查找使用手册中"车辆使用说明""Apollo 集成说明"	1 份/人	是否找到：是□ 否□
		作业记录单	明确工作任务	1 份/组	是否明确工作任务：是□ 否□

二、计算平台硬件认知

作为智能网联汽车的"大脑"，计算平台是新型汽车电子电气架构的核心，是支撑自动驾驶落地的关键，硬件计算基础平台需采用异构芯片的硬件方案，具有芯片选型灵活、可配置拓展、算力可堆砌等优点。工业用计算机（IPC，简称计算平台）是计算平台中的一种，如图 2-15 所示是用于 Apollo

D-KIT 的 IPC，其配置为：Nuvo-8108GC、≥32G DDR4、≥512G NVMe 硬盘。D-KIT Lite S 车辆计算平台主要硬件的类型和功用见表 2-6。

图 2-15　用于 Apollo D-KIT 的 IPC

表 2-6　D-KIT Lite S 车辆计算平台主要硬件的类型和功用

序号	芯片	生产公司	处理器类型	功用	操作要点
1	支持英特尔®至强®E 系列或第八/第九代酷睿™ i7/i9 LGA1151 处理器	英特尔	CPU——计算单元	进行任务调度、执行自动驾驶相关的大部分核心算法，同时整合多源数据完成路径规划、决策控制等逻辑运算处理	① D-KIT Lite S 车辆计算平台采用的处理器类型描述正确□
2	250W NVIDIA®高端图形卡	英伟达	GPU——AI 单元	应用于新兴的 GPU 加速边缘计算，如自动驾驶和视觉检测等	② 每个处理器的功用描述正确□

三、计算平台软件认知

Apollo（阿波罗）是一个开放的、完整的、安全的平台，按照其提供的技术要求，可快速搭建一套属于自己的自动驾驶系统。图 2-16 是 Apollo 8.0 架构图，由硬件设备、软件核心、软件应用和云端服务组成。根据提供的 D-KIT 套件或实训车辆，对 Apollo 软件核心平台模块类别、功能及所属操作系统架构的层级进行描述，见表 2-7。

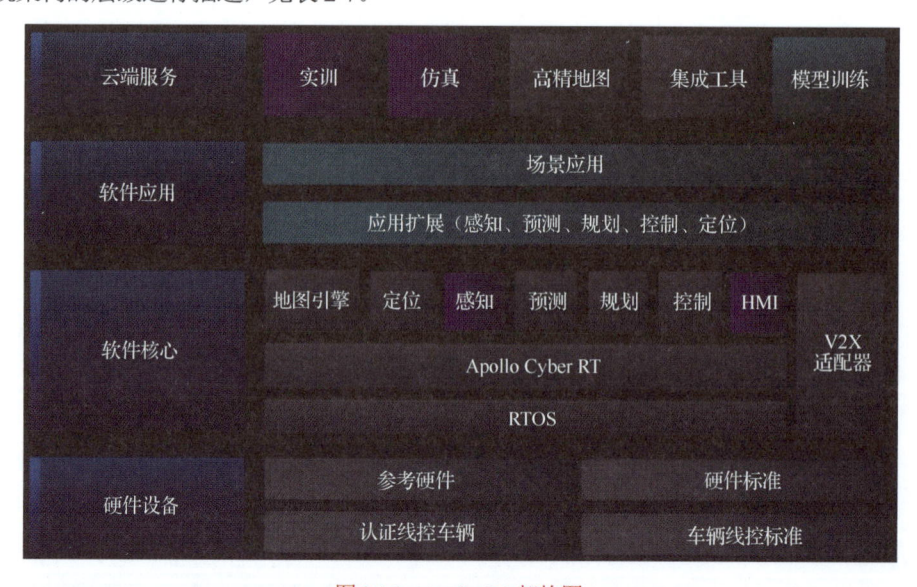

图 2-16　Apollo 8.0 架构图

表2-7 Apollo 开放平台软件核心模块认知

序号	Apollo 软件核心模块	所属类别	功能	车控操作系统架构	操作要点
1	RTOS	操作系统（Linux）	基于 POSIX 的多用户、多任务、支持多线程和多 CPU 的操作系统	系统软件层	① Apollo 开放平台软件核心模块所属类别正确□ _____ ② Apollo 开放平台软件核心模块的功能正确□ _____ ③ Apollo 开放平台软件核心模块属于车控操作系统架构的层级正确□ _____
2	Apollo Cyber RT	中间件	专为自动驾驶场景设计的开源、高性能运行时框架，负责计算任务调度和提供底层通信服务		
3	地图引擎	算法模块	运行高精度地图	功能软件层	
4	定位		定位模块利用 GPS、LiDAR 和 IMU 的各种信息源来定位自动驾驶车辆的位置		
5	感知		识别交通参与者（汽车、自行车、行人等），识别交通信号灯等		
6	预测		对交通参与者的行为进行预测		
7	规划		对主车行为进行决策，实时生成车辆规划线		
8	控制		根据规划线目标，生成控制车辆命令（转角、速度、加速度）		
9	HML		Apollo 中的 HMI 和 DreamView 是一个用于查看车辆状态、测试其他模块以及头时控制车辆功能的模块		

能力拓展

能力拓展部分主要讲述 GPU 卡的基本知识，具体内容扫码即可获得。

任务测评

对任务实施的完成情况进行检查，并将结果填入表 2-8。

表2-8 任务测评表

成绩评定反馈意见表					
任务名称：智能网联汽车计算平台架构的认知					
组号：		组员信息：			
序号	项目	子项目	检查规范	结论	得分
1	计算平台硬件认知（50分）	计算平台硬件配置	D-KIT Lite S 车辆计算平台采用的处理器类型和功用描述正确		
		D-KIT Lite S 车辆计算平台主要硬件的类型和功用			
2	计算平台软件认知（50分）	Apollo 8.0 架构图	Apollo 开放平台软件核心模块所属类别、功能描述正确		
		Apollo 开放平台软件核心模块认知			
评论摘要：					

续表

分数	等级	总分	评分描述
85~100	优		
75~84	良		
60~74	及格		
<60	未达到		

任务二 智能网联汽车计算平台硬件集成

学习目标

【知识目标】

1. 能正确描述车载计算平台连接互通接口的种类；
2. 能正确描述工具链的组成和功用。

【能力目标】

1. 能正确分析实训车辆驾驶自动化系统硬件的电气连接关系；
2. 能按照工艺文件独立确认实训车辆驾驶自动化系统硬件的安装位置和连接器接口；
3. 能按照工艺文件独立完成实训车辆驾驶自动化系统硬件的集成并记录过程中的关键步骤。

【素质目标】

1. 能够熟练掌握相关的国家标准、行业规定，掌握绿色生产、环境保护、安全防护、质量管理等相关知识与技能；
2. 能够了解相关产业文化，遵守职业道德准则和行为规范，具备社会责任感和担当精神；
3. 具有探究学习、终身学习的能力，具有整合知识和综合运用知识分析问题与解决问题的能力；
4. 弘扬劳动光荣、技能宝贵、创造伟大的时代精神，热爱劳动人民、珍惜劳动成果、树立劳动观念、积极投身劳动，具备与职业发展相适应的劳动素养、劳动技能。

工作任务

某汽车制造厂正在试制一款面向 L4 级自动驾驶的前装量产车型，需要智能网联汽车系统集成工程师基于 Apollo 的该样品车型完成计算平台硬件系统的集成与调试。作为一名辅助工程师，首先需要掌握车载计算平台的连接器接口、逻辑接口及工具链；能够按照工艺文件熟悉驾驶自动化系统硬件的电气架构、部件的安装位置和连接器接口，完成驾驶自动化系统硬件的集成。

相关知识

一、车载计算平台连接互通

1. 连接器接口

目前车载计算平台需要支持通用 CPU、GPU、AI 等大算力计算的处理器，支持通用的存储接口（Flash、SSD）、以太网、串口、USB、SPI、CAN/CANFD 总线、I^2C、I^2S、PCI 等，支持未来新技术和接口的扩展，计算平台面向的硬件接口见表 2-9。各功能接口目前无针对标准进行规范，通用型

接口标准有《QC/T 1067 汽车电线束和电器设备用连接器》《QC/T 29106 汽车电线束技术条件》《QC/T 417 车用电线束接插器》《QC/T 29009 汽车用电线接头技术条件》《GMW3191 CONNECTOR TEST AND VALIDATION SPECIFICATION》等，均规定了车用接插件的形式、设计规范及测试标准。

表2-9 计算平台面向的硬件接口

接口类型	连接对象	特点
CAN/CANFD 总线	ECU 之间	符合 ISO 11898 标准； CAN 数据传输速率为1Mb/s时，传输最大距离为40m；CAN 数据传输速率为5kb/s时，传输最大距离为10km，基本站点数为64，8 字节传输，传输媒体是屏蔽双绞线或光纤； CANFD 数据传输速率最高为8Mb/s，一帧最长64 字节传输，速率可变
车载以太网总线	ECU 之间	符合 IEEE 802.1/IEEE 802.3 局域网标准； 面向音频、视频的传输及定时同步等规范时，需支持 IEEE 1722 和 IEEE 1588 等标准；面向服务架构时，需支持 SOME/IP、DoIP、AVB 等协议
USB 总线	ECU 与外部设备，也可以 ECU 之间	符合 USB2.0 及以上标准； 支持高达 480Mb/s 的传输速率
LIN 总线	ECU 之间	符合 ISO 9141 标准； 传输速率最高可达 20kb/s。单主控器/多从设备模式无须仲裁机制，保证信号传输的延迟时间；不需要改变从节点的硬件和软件就可以在网络上增加节点；通常一个网络上的节点数目小于 12 个，共有 64 个标志符
UART 接口	ECU 内部的 MCU 与 MPU	符合 EIA-RS-232C 标准； 数据传输速率从 9600b/s 到 4Mb/s 可设置：对于低于 2Mb/s 的数据传输速率，可使用 Rx、Tx、GND 三根信号线；对于 2Mb/s 以上的数据传输速率，需要增加 CTS/RTS、DTR/DSR 信号线
SPI 接口	主机通常为 FPGA、MCU 或 DSP 等可编程控制器，从机通常为 EPROM、Flash、AD/DA 音视频处理芯片等	采用主从方式工作，最大传输速率由 CPU 处理 SPI 数据的能力所决定，现在已知的可以到 40Mb/s
I^2C 接口	微控制器与外围设备	支持100kb/s 的数据传输速率。其中，在快速模式下，数据传输速率可达400kb/s，在高速模式下，数据传输速率可达3.4Mb/s
I^2S 接口	数字音频设备之间	数据传输速率一般为 32kb/s、44.1kb/s、48kb/s、96kb/s，时钟一般为 128 或 192 或 256 或 384 或 512 倍传输速率
PCI-E 接口	高速闪存卡与 CPU 之间	支持高达 2.5Gb/s 的数据传输速率

2. 逻辑接口

车载计算平台在功能上需要传感器输入数据，需要将车控命令发往底盘执行器（驱动、转向、制动等系统）。因此，车载计算平台与传感器和执行器之间除了有网络连接，还需要定义语义层面的逻辑接口标准，以方便车载计算平台与传感器和执行器的双向兼容，使车载计算平台既能够识别传感器输入的数据和执行器反馈的数据，同时车载计算平台也能够发送控制命令控制不同的传感器和执行器。

二、工具链

智能网联汽车的整个工具链需要支持车规级软件开发、测试和验证，提高整体的软件工程能力，持续集成和交付。工具链可实现以下功能：软件全生命周期的管理（包括需求分析和跟踪）、模型化系统设计、模型化开发、集成测试验证、整车仿真验证、代码生成工具、整车级 IO 端口网络自动化

配置工具、调测工具（如 ISP 工具、日志诊断、性能优化工具等）、整车仿真工具、车云工具链等。

1. 开发工具

可视化开发工具能够显著提高开发人员的工作效率。通过操作图形用户界面上界面元素，可视化开发工具能自动生成应用软件，将大幅度简化编程工作，加快算法的概念验证，提高开发人员的工作效率。可视化开发工具还可以实现多个资源和层次的连接，从而有效管理所有数据。此外，可视化开发工具还提供了功能丰富的可视化组件库，便于开发人员进行组件集合，提升设计对象的可扩展性和可维护性。

2. 集成工具

集成工具实现车载计算平台软硬件单元的系统集成。根据分工、来源的不同，软件代码可以分为第三方工具生成代码、遗留系统代码、手写代码、第三方库文件、AI 相关库文件、基础平台库文件等。为了支持在车载计算平台上运行的软件系统，需要系统集成工具完成软件源码的工程管理，以及软件的编译、链接和发布。

3. 仿真工具

模拟仿真是提高驾驶自动化系统开发迭代效率、丰富测试场景的重要手段。驾驶自动化系统的设计和实现远没有达到成熟，同时理论上其需要经过无限测试场景才能推出车规级产品。因此，模拟仿真是开发与测试阶段提高开发迭代效率、丰富测试场景的重要手段，模型在环（MIL）、软件在环（SIL）、硬件在环（HIL）、车辆在环（VIL）仿真缺一不可。在车载计算平台的研制、评测和定型全过程中，都需要全面地应用仿真技术。

4. 调试工具

调试环境和工具可以加快车载计算平台复杂系统的开发进度。通过系统调试，可以更深刻地理解车载计算平台功能的实现原理。据调查，在车载软件的开发过程中，80%以上的程序员将一半以上的时间用在程序调试上，而系统的开发过程中也往往因为错误的存在出现延期和返工。通过开发运用高效的调试工具，提高车载计算平台调试效率是推进产品研发进度的重要途径。

5. 测试工具

测试是车载计算平台开发的重要阶段，是保证系统质量和可靠性的最后关口。虽然车辆的软件开发流程包括单元测试、软件集成、硬件集成、系统集成等多阶段测试，但考虑车载计算平台的复杂性，仍需要制定和开发具备高质可靠、高效开发、快速迭代产品特质的测试工具、测试方法及测试流程。

任务实施与评价

一、任务准备

本次任务所使用的实训设备和资源见表 2-10。

表 2-10　实训设备和资源

序号	分类	名称	准备要点	数量	准备情况记录
1	设备	D-KIT Lite S 车辆	检查车辆状态： （1）车胎是否损坏、充气压力（正常胎压为 2.5～2.6kPa）是否合适，以及胎纹内是否嵌入异物； （2）车辆底部是否有泄漏液体或易燃物； （3）上电开关接通后是否有异常报警声音； （4）确认电池电量（大于 80%），若电池电量低于 20%，建议充满电后再使用车辆	1 辆/组	是否正常：是□ 否□

续表

1	设备	计算平台系统元件	供电线束（1 捆）、保险丝盒（1 个）、Neousys 8108GC（1 台）、4G 路由器（1 台）、显示器线束（2 根）、键盘和鼠标（1 套）、CAN 卡（1 个）	1 套/组	是否齐全：是□ 否□ _____
2	工具	常用拆装工具套装	十字螺丝刀、一字螺丝刀、内六角扳手、T 形套筒	1 套/组	是否齐全：是□ 否□ _____
3	资源	D-KIT Lite S 车辆使用手册	查找使用手册中"车辆使用说明""Apollo 集成说明"	1 份/人	是否找到：是□ 否□ _____
		作业记录单	明确工作任务	1 份/组	是否明确工作任务：是□ 否□ _____

二、D-KIT Lite S 车辆计算平台电气系统工作原理

1. 计算平台电气系统工作原理图

D-KIT Lite S 车辆计算平台 Neousys 8108GC 电气系统的工作原理如图 2-17 所示。

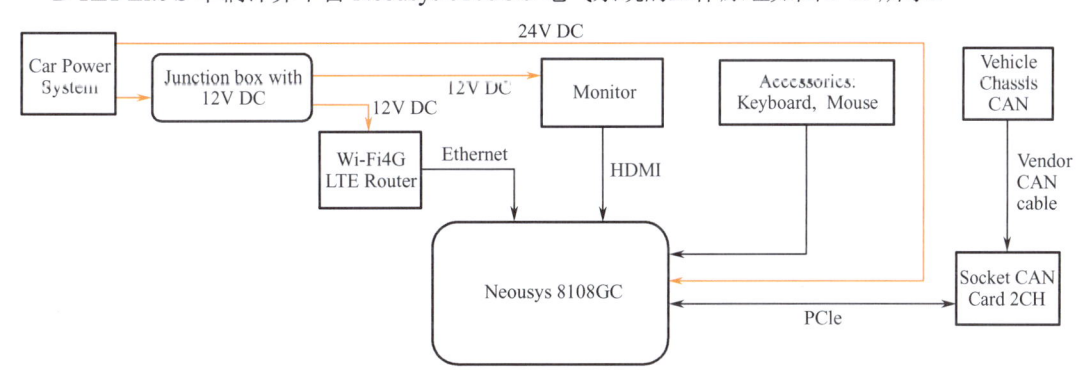

图 2-17　D-KIT-Lite S 车辆计算平台 Neousys 8108GC 电气系统的工作原理

D-KIT Lite S 车辆的供电线路和负极回路都集成于一条线束中。供电线束提供 12V 和 24V 两路电源。其中，24V 电源 8108 计算平台（IPC）供电；12V 电源通过保险盒后，为 4G 无线路由器、显示器等供电。

计算平台与车辆底盘可通过 CAN 通信，自动驾驶系统通过 CAN 对底盘进行线控，包括转向、驱动及制动等，也通过 CAN 获取底盘的数据，包括车速、转向角及驾驶模式等。CAN 卡通过计算平台 PCI-e 接口安装至计算平台的内部。

车辆采用基于 RTK 的 GNSS 定位，需要连接外网接收基站信息，由 4G 无线路由器内插 4G 物联网卡与外网进行通信。4G 无线路由器通过网线与计算平台通信。

2. 计算平台电气系统工作过程描述

请描述 D-KIT Lite S 车辆中电源管理系统、保险丝盒、Neousys 8108GC、4G 路由器、底盘电气、显示器的电气系统工作过程。

三、D-KIT Lite S 计算平台电气系统集成

1. 安装位置

D-KIT Lite S 车辆中的电源管理系统、保险丝盒、计算平台 Neousys 8108GC、4G 路由器、底盘电气控制面板、显示器等部件的安装位置见表 2-11。

表 2-11 D-KIT Lite S 车辆上部分部件的安装位置

序号	部件	安装位置	操作要点
1	电源管理系统	车体一侧的电池安装仓	
2	计算平台	底盘上平面前端	① 根据集成说明书,描述部件名称正确□ ② 描述部件的安装位置正确□
3	保险盒	底盘上平面,计算平台旁的固定支架上	
4	4G 路由器	底盘上平面,计算平台附近	
5	底盘电气控制面板	车辆后方,底盘车辆控制部分	① 根据集成说明书,描述部件名称正确□ ② 描述部件的安装位置正确□
6	显示器	车辆上方传感器支架上	

2. 部件及连接接口

D-KIT Lite S 车辆上的部件及其对应的连接接口见表 2-12。

表2-12　D-KIT Lite S 车辆上的部件及其对应的连接接口

序号	部件名称	连接接口	操作要点
1	计算平台接口	背面 ① 电源负极接口：连接供电线束的负极接口； ② 电源正极接口：连接供电线束的正极接口 正面 ① 底盘 Canbus 接口：与底盘电气控制面板上的 CANBUS 接口相连接； ② 显示器 HDMI 接口：与显示器幕 HDMI 接口相连接； ③ 4G 路由器接口：与 4G 路由器相连接； ④ 无线键鼠收发器接口：插入无线键鼠接收头	① 根据集成说明，描述计算平台各接口名称正确□ ② 描述各接口连接的元件正确□
2	供电线束	① 计算平台电源接口：与计算平台电源接口相连接，分为正极端和负极端； ② 显示器电源接口：与显示器连接，为其供电； ③ 电源管理系统供电接口：与底盘电气控制面板的电源输出接口相连接，将电源管理系统的供电引出； ④ 24V 保险丝座：为底盘提供 24V 电源； ⑤ 12V 供电保险丝盒：为车辆 4G 无线路由器、显示器、智能传感器、组合导航系统等供电	① 根据集成说明书，描述供电线束各接口名称正确□ ② 描述各接口连接的元件正确□

续表

序号	部件名称	连接接口	操作要点
3	底盘电气控制面板接口	线控底盘系统 CAN 接口：与计算平台 CAN 口相连接，为线控底盘控制系统与计算平台之间的数据通信线	描述底盘电气控制面板接口连接的元件正确□ _____
4	底盘 Canbus 线	底盘 Canbus 线：通过 DB9 串口延长线将底盘电气控制面板与计算平台相连	描述底盘 CANBUS 线连接的元件正确□ _____
5	4G 路由器接口	① 电源接口：为路由器提供电源； ② 网络接口：连接到计算平台网口，用于连接外网接收基站信息	① 描述 4G 路由器各接口名称正确□ ② 描述各接口连接的元件正确□ _____
6	显示器接口	① HDMI 接口：与计算平台 HDMI 接口相连接； ② 电源接口：与供电线束上的显示器供电接口相连接	① 根据集成说明书，描述显示器各接口名称正确□ ② 描述各接口连接的元件正确□ _____
7	显示器线束	① 显示器供电线：连接显示器与供电线路中的显示器供电接口，为显示器供电 ② 显示器 HDMI 线：连接显示器和计算平台，将计算平台的数据显示于显示器	① 根据集成说明书，描述显示器线束名称正确□ ② 描述显示器线束接口连接的元件正确□ _____

续表

序号	部件名称	连接接口	操作要点
8	键盘和鼠标接收器	键盘和鼠标接收器：连接计算平台，用于计算平台调试	描述键盘和鼠标接收器连接的元件正确□ _____
9	CAN 卡	CAN 卡：安装至计算平台的内部	描述 CAN 卡连接的元件正确□ _____

3. 计算平台系统电气集成

D-KIT Lite S 车辆计算平台系统的电气集成步骤见表 2-13。

表 2-13　D-KIT Lite S 车辆计算平台系统的电气集成步骤

序号	步骤	操作说明	操作要点
1	CAN 卡安装	将 CAN 卡安装于计算平台内部的 PCI-e 接口	① CAN 卡安装的位置正确□ _____ ② 连接牢固□ _____
2	计算平台安装	① 将计算平台固定于底盘上平面的中心位置处 ② 将供电线上的计算平台供电接口接入计算平台，先插 GND，再插正极，V+和 GND 不能反接，否则会损坏计算平台	① 计算平台安装位置正确□ _____ ② 固定牢固□ _____ ① 供电线束接口选择正确，且与计算平台接口连接正确□ _____ ② 线束连接牢固□ _____

59

续表

序号	步骤	操作说明	操作要点
3	保险丝盒安装	将保险丝盒固定于底盘上平面的支架上	① 保险丝盒安装位置正确□ ② 固定牢固□
4	4G 路由器安装	① 将已经成功开通的 SIM 卡插入 4G 路由器 SIM 接口内	SIM 卡安装位置正确□
		② 将供电线束上的路由供电接口连接到路由器电源接口	① 供电线束接口选择正确，且与路由器接口连接正确□ ② 线束连接牢固□
		③ 通过网线将 4G 路由器网口连接到计算平台的网口上	① 网线与路由器、计算平台的接口连接正确□ ② 网线连接牢固□
5	显示器安装	① 通过显示器电源线将显示器与供电线中的显示器供电接口相连接	① 供电线束接口选择正确□ ② 显示器电源线与显示器接口连接正确□
		② 通过 HDMI 线将显示器与计算平台相连接	① 显示器与计算平台接口选择正确□ ② 线束连接牢固□

续表

序号	步骤	操作说明	操作要点
6	底盘连接	① 通过 DB9 串口延长线将底盘电气控制面板 CAN 接口与计算平台相连接	① DB9 串口延长线与底盘电气控制面板、计算平台的接口连接正确□ ② 连接牢固□
		② 将供电线中的电源管理系统供电接口与底盘电气控制面板接口相连接	① 供电线束接口选择正确，且与底盘电气控制面板接口连接正确□ ② 线束连接牢固□
7	键盘和鼠标安装	将键盘和鼠标接收器连接于计算平台 USB 接口	① 键盘和鼠标接收器与计算平台接口连接正确□ ② 连接牢固□

4．集成注意事项

（1）计算平台电源线束红色为正极，黑色为负极，先插 GND，再插正极，V+和 GND 不能反接，否则会造成计算平台损坏。

（2）严禁带电操作和随意加装、更改电路。

（3）车辆配置了高压动力电池（60V），驱动电机的工作电压也是高压，除上述容许的必要操作外，请勿触摸高压线缆及接插件、随意拆卸或更换驱动电机、高压配电盒等零部件，防止触电。

（4）请勿自行拆卸或更换计算平台部件，否则可能损坏计算平台。

能力拓展

能力拓展部分主要介绍 D-KIT 计算平台各接口应连接的传感器，具体内容扫码即可获得。

任务测评

对任务实施的完成情况进行检查，并将结果填入表 2-14。

表 2-14　任务测评表

成绩评定反馈意见表						
任务名称：智能网联汽车计算平台硬件集成					
组号：		组员信息：			
序号	项目	子项目	检查规范	结论	得分
1	D-KIT Lite S 车辆计算平台电气系统工作原理（40 分）	D-KIT Lite S 车辆计算平台电气系统工作原理图	D-KIT Lite S 车辆计算平台电气系统工作过程描述正确		
		D-KIT Lite S 车辆计算平台电气系统工作过程描述			
2	D-KIT Lite S 车辆计算平台电气系统集成（60 分）	安装位置	描述部件名称正确；描述部件的安装位置正确		
		部件及连接接口	根据集成说明书，描述部件各接口名称正确；线束名称正确；描述各接口连接的部件正确		
		集成	部件安装的位置正确；线束接口选择正确，且与部件连接的接口正确；线束连接牢固		
		集成注意事项	描述集成注意事项正确		
评论摘要：					

分数	等级	总分	评分描述
85～100	优		
75～84	良		
60～74	及格		
<60	未达到		

任务三　智能网联汽车计算平台软件集成

学习目标

【知识目标】
1．能正确描述 Autoware 开发平台系统功能组成；
2．能正确描述 Apollo 功能软件中各模块的工作过程。

【能力目标】
1．能按照工艺文件独立完成 Apollo 系统环境的部署并记录关键步骤；
2．能按照工艺文件独立完成 HMI 的使用并记录关键步骤；
3．能按照工艺文件独立完成 Cyber RT 工具的使用并记录关键步骤。

【素质目标】
1．能够熟练掌握相关的国家标准、行业规定，掌握绿色生产、环境保护、安全防护、质量管理等相关知识与技能；

2. 能够了解相关产业文化，遵守职业道德准则和行为规范，具备社会责任感和担当精神；

3. 具有探究学习、终身学习的能力，具有整合知识和综合运用知识分析问题与解决问题的能力；

4. 弘扬劳动光荣、技能宝贵、创造伟大的时代精神，热爱劳动人民、珍惜劳动成果、树立劳动观念、积极投身劳动，具备与职业发展相适应的劳动素养、劳动技能。

工作任务

某汽车制造厂正在试制一款面向 L4 级自动驾驶的前装量产车型，需要智能网联汽车系统集成工程师基于 Apollo 的该样品车型完成计算平台软件系统的部署与调试。作为一名辅助工程师，首先需要掌握 Autoware 开发平台和 Apollo 开放平台中的功能软件相关知识。能够按照工艺文件搭建 Apollo 系统环境、使用 HMI 人机界面 Dreaview，熟悉 Cyber RT 功能和使用其工具，过程中记录关键步骤。

相关知识

随着自动驾驶技术的快速发展，汽车对软件特别是操作系统的变革需求越来越高，主机厂、Tier1 供应商和自动驾驶软硬件技术方案提供商纷纷投入大量的人力、物力和财力进行车控操作系统的研发，希望在软件定义汽车的时代能够占据一席之地。比如特斯拉 Autopilot 软件平台、大众汽车自主开发汽车操作系统 vw.OS、华为 MDC 计算平台、NVIDIA DRIVE 平台、Autoware 开放平台、Apollo 开放平台。本任务中主要介绍 Autoware 平台和 Apollo 开放平台中的功能软件。

一、Autoware 开发平台介绍

Autoware 由名古屋大学研究小组于 2015 年 8 月正式发布，是世界上第一个用于自动驾驶技术的"多合一"开源软件。AutoWare.ai 基于 ROS 1 构建，并在 Apache 2.0 许可下运行，主要适用于城市道路，但也可以覆盖高速公路。AutoWare.ai 提供了一套丰富的自动驾驶模块，由传感、计算和驱动能力组成，包括定位、映射、目标检测和跟踪、交通灯识别、任务和运动规划、轨迹生成、车道检测和选择、车辆控制、传感器融合、相机、激光雷达、深度学习、基于规则的系统、连接导航、日志记录、虚拟现实等。由于 AutoWare.ai 项目开展于自动驾驶汽车开发初期，在功能安全设计、任务逻辑的调度顺序、模块之间的功能划分等方面存在局限，只适合于封闭场景下的研发和测试使用，所以在 2020 年 12 月更新了 1.15.0 版本后，在 2022 年 12 月停止更新。

Autoware.Auto 在模块化架构中包含自动驾驶所需的所有功能（感知、规划、控制），并具有明确定义的接口和 API。图 2-20 为 Autoware.Auto 系统功能模块架构图。Autoware.Auto 开源软件旨在实现广泛的自主应用程序的可扩展性，并采用最佳实践和标准开发，以在现实世界部署中实现高质量和安全性。Autoware.Auto 项目的发展基于逐步添加针对明确定义的设计运行范围（ODD）的特性和功能，通过越来越复杂的 ODD（如更高的速度、交通密度、行人、天气条件），最终实现在任何运营环境中完成 L4/L5 驾驶自动化功能（如在密集城市环境中运行的 Robo-Taxis）。

地图数据（Map Data）模块负责为系统提供自动驾驶车辆行驶中的静态环境信息。分为两类，即点云地图提供环境相关的几何信息，通常由激光雷达（Lidar）来提供；向量地图提供道路相关的语义信息，使用 lanelet 格式的向量地图。

传感器（Sensing）模块通过多个传感器收集环境信息，感知周围环境，并提供给其他模块使用，其作为硬件和软件系统之间的接口，负责把传感器原始数据转换为系统中其他模块可以使用的 ROS 消息。

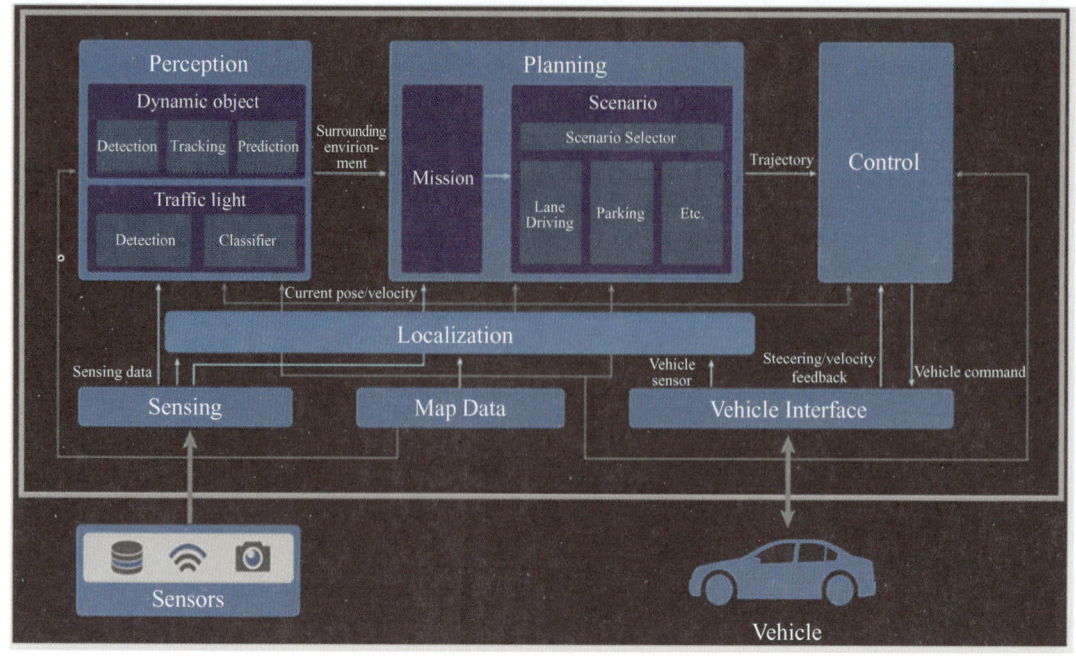

图 2-18 Autoware.Auto 系统功能模块架构图

车辆接口（Vehicle Interface）模块感知车辆自身状态，提供给定位模块和控制模块，并接收控制模块的车辆状态反馈信息。

定位（Localization）模块通过其他传感器的感知信息综合计算当前车辆所处的位置，提供车辆在地图中的实时位置。

感知（Perception）模块识别车辆周围的物体和红绿灯，为路径规划提供有效信息。感知模块目标检测（Dynamic object）分为检测（Detection）、跟踪（Tracking）和预测（Prediction）三个部分；红绿灯检测（Traffic light）分为基于地图的检测（Detection）和对识别结果进行分类（Classifier）两部分。

规划（Planning）模块对车辆从当前起始位置到目的地位置之间可达路径的规划，总体上分为任务规划（Mission）和场景选择（Scenario Selector）两部分。

控制（Control）模块输出控制信号，使车辆在符合车辆动力学要求的情况下按照规划的路径行驶。控制模块输出包括速度、加速度和转向信息。

二、Apollo 开放平台介绍

Apollo 开放平台是百度公司开发的自动驾驶汽车通用性开放平台，具备从算法仿真、模块化功能测试到实车综合路测等多层次的开发学习支持能力。该平台为开发者提供了丰富的车辆、硬件选择，强大的环境感知、高精度定位、路径规划、车辆控制等自动驾驶软件能力，以及高精度地图、仿真、数据流水线等自动驾驶云服务，帮助汽车行业及自动驾驶领域的合作伙伴结合车辆和硬件系统，快速搭建一套属于自己的自动驾驶系统。

从 2017 年 4 月 Apollo 开放计划宣布到现在，历经 3 个阶段，已经发布了 12 个版本，目前为 Apollo 8.0，如图 2-19 所示。第一阶段是从最开始的 Apollo 1.0 封闭场地循迹自动驾驶到 Apollo 2.0 简单城市路况自动驾驶，搭建了自动驾驶基础能力；第二阶段是从 Apollo 2.5 限定区域视觉高速自动驾驶到 Apollo 6.0 EDU 产教融合赋能自动驾驶教育，积累了丰富的场景能力。第三阶段，从 Apollo 7.0 开始，从开发者实际需求出发，专注提升工程易用性，帮助更多开发者更好更快的使用。

图 2-19　Apollo 开放平台的发展历程

1. Apollo 8.0 开放平台架构

Apollo 8.0 开放平台由硬件设备平台、软件核心平台、软件应用平台和云端服务平台组成，如图 2-20 所示。

图 2-20　Apollo 8.0 开放平台的组成

硬件设备平台帮助开发者解决 Apollo 自动驾驶系统搭建过程中的线控车辆，以及传感器等硬件设备问题；对于车辆硬件设备而言，又包括认证线控车辆和车辆线控标准。对于其他硬件设备而言，包括传感器、计算单元等各类参考硬件和硬件标准。

软件核心平台提供了自动驾驶车端软件系统框架与技术栈，包括底层的操作系统（RTOS）、中间层的实时通信框架（Apollo Cyber RT）和上层的自动驾驶模块（如感知、预测、规划、控制、定位等）。

软件应用平台提供了面向不同场景的应用，以及自动驾驶应用模块的应用扩展。通过应用平台层，开发者可以基于 Apollo 各模块能力进行裁剪组合并扩展。

云端服务平台提供了自动驾驶研发过程中的基础设施，通过云端的方式与仿真结合降低了实车测试成本，极大地提升了自动驾驶研发效率。在研发流程上，车端通过数据采集器生成开放的数据集，通过云端大规模集群训练生成各种模型和车辆配置，再通过仿真验证，最后部署到车端。整个过程通过数据来驱动，包含了 2 个迭代循环，一个是模型配置迭代，一个是代码迭代。

2. Apollo 功能软件模块介绍

Apollo 功能软件各模块的关系如图 2-21 所示，各模块的功能见表 2-15。

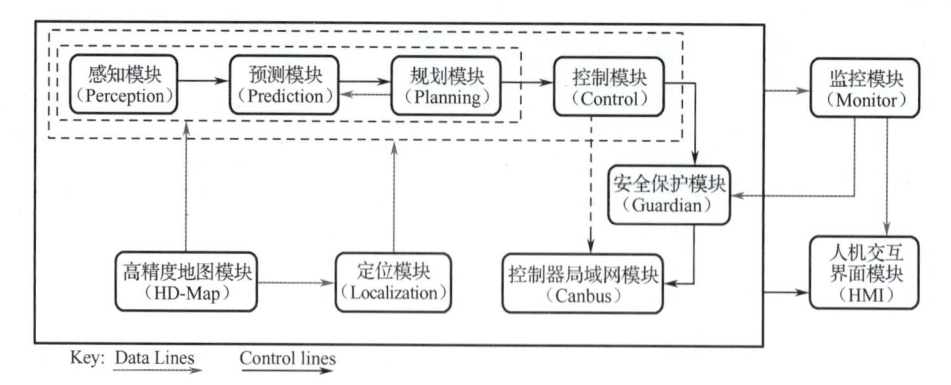

图 2-21 Apollo 功能软件各模块的关系

表 2-15 Apollo 功能软件各模块的功能

模块	名称	功能
Perception	感知模块	识别自动驾驶车辆周围的环境，其内部包含障碍物检测和交通灯检测两个子模块
Prediction	预测模块	用来预测与感知障碍物未来的运动轨迹
Routing	路由模块	从拓扑地图中规划出一条从起点到终点的全局路径
Planning	规划模块	规划自动驾驶车辆的时空轨迹
Canbus	控制器局域网模块	将控制命令传递给车辆硬件的接口，将车载计算平台信息传递给软件系统
Control	控制模块	通过产生油门、制动和转向等控制命令来执行计划的时空轨迹
HD-Map	高精度地图模块	不发布和订阅消息，经常用作查询引擎支持，以提供关于道路的特定结构化信息
Localization	定位模块	利用各种信息源来估计自动驾驶车辆的位置
HMI	人机交互界面模块	用于查看车辆状态、测试其他模块和实时控制车辆功能
Monitor	监控模块	车辆中所有模块（包括硬件）的监控系统
Guardian	安全保护模块	执行操作中心相应的功能并用于干预监控检测到的失败等故障

任务实施与评价

一、任务准备

本次任务所使用的实训设备和资源见表 2-16。

表 2-16 实训设备和资源

序号	分类	名称	准备要点	数量	准备情况记录
1	设备	D-KIT Lite S 车辆	检查车辆状态 （1）车胎是否损坏、充气压力（正常胎压为 2.5~2.6kPa）是否合适，以及胎纹内是否嵌入异物； （2）车辆底部是否有泄漏液体或易燃物； （3）上电开关接通后是否有异常报警声音； （4）确认电池电量（大于 80%），若电池电量低于 20%，建议充满电后再使用车辆； （5）已完成计算平台硬件集成	1 辆/组	① 车辆是否正常：是 □ 否 □_____ ② 已完成计算平台硬件集成：是 □ 否 □
2	资源	D-KIT Lite S 车辆使用手册	查找使用手册中的"车辆使用说明""Apollo 集成说明"	1 份/人	是否找到：是 □ 否 □
		作业记录单	明确工作任务	1 份/组	是否明确工作任务：是 □ 否 □_____

二、Apollo 系统环境部署

在计算平台上配有 GPU 卡、CAN 卡后，对自动驾驶软件进行部署，包括计算机操作系统（Linux）、硬件驱动（GPU、CAN 的驱动）、应用软件（Docker、Git、Apollo 源代码）的安装。Apollo 8.0 版本源码的安装步骤及操作要点见表 2-17。详细步骤内容也可参考 Apollo 开放文档（https://gitee.com/ApolloAuto/apollo/#installation）。

表 2-17　Apollo 8.0 版本源码的安装步骤及操作要点

序号	步骤	操作及说明	操作要点
1	安装 Linux 系统	（1）创建一个可以引导启动的 Ubuntu Linux USB 闪存驱动器，在 Ubuntu 官网下载安装包，建议安装 Ubuntu 18.04+版本，IPC 建议禁用 BIOS 中的快速启动和静默启动，以便了解启动过程中遇到的问题	Ubuntu Linux USB 闪存驱动器创建正确□
		（2）利用 Ubuntu Linux USB 闪存驱动器按照屏幕上的说明安装 Ubuntu 系统。 注意：IPC 必须接入网络才能更新与安装软件	Ubuntu 系统安装完成□
		（3）重启 Ubuntu 系统，选择默认的内核进入系统，并完成最新软件包的更新	Ubuntu 系统最新软件包更新完成□
		（4）安装并降级 GCC 和 G++	GCC 和 G++安装成功□
2	安装 NVIDIA GPU 驱动	（1）在 Ubuntu 上安装 NVIDIA GPU 驱动，对于 Ubuntu 18.04+，只须执行以下命令即可： 　　sudo apt-get update 　　sudo apt-add-repository multiverse 　　sudo apt-get update 　　sudo apt-get install nvidia-driver-455	NVIDIA GPU 驱动安装成功□
		（2）输入 nvidia-smi，校验 NVIDIA GPU 驱动是否在正常运行 注意：可能需要在安装后重启系统以使驱动生效	检查 GPU 驱动的命令正确□
3	安装 Docker	Apollo 8.0 依赖 Docker 19.03+。Ubuntu 上的 Docker-CE 也可以通过 Docker 提供的官方脚本安装： 　　curl https://get.docker.com | sh 　　sudo systemctl start docker && sudo systemctl enable docker	通过终端安装 Docker 成功□
		（1）为了在容器内获得 GPU 支持，在安装完 Docker 后需要安装 NVIDIA Container Toolkit。 运行以下命令安装 NVIDIA Container Toolkit： 　　distribution=$(. /etc/os-release;echo IDVERSION_ID) 　　curl -s -L https://nvidia.github.io/nvidia-docker/gpgkey | sudo apt-key add - 　　curl -s -L https://nvidia.github.io/nvidia-docker/$distribution/nvidia- docker.list | sudo tee /etc/apt/sources.list.d/nvidia-docker.list 　　sudo apt-get -y update 　　sudo apt-get install -y nvidia-docker2	NVIDIA Container Toolkit 安装正确□
		（2）安装完成后，重启 Docker 以使改动生效： 　　sudo systemctl restart docker	Docker 重启成功□
4	安装 NVIDIA Container Toolkit	在 Apollo 容器内输入 nvidia-smi 来校验 NVIDIA GPU 在容器内是否能正常运行	检查 GPU 驱动的命令正确□

续表

序号	步骤	操作及说明	操作要点
5	下载并编译 Apollo 源码	（1）安装 Git 并将下载 Apollo 源码 clone： cd ~/ sudo apt update sudo apt install git -y git init git clone https://github.com/ApolloAuto/apollo.git	Apollo 源码下载成功□ _____
5	下载并编译 Apollo 源码	（2）启动并进入 Docker 容器，在终端输入以下命令： cd ~/apollo bash docker/scripts/dev_start.sh 说明：第一次进入 Docker 时或者 image 镜像有更新时会自动下载 Apollo 所需的 image 镜像文件，下载镜像文件的过程会很长，请耐心等待	Docker 容器启动并进入成功□ _____
		（3）输入以下命令进入 Docker 环境中： bash docker/scripts/dev_into.sh	Docker 环境进入成功□ _____
		（4）在终端输入以下命令，编译 Apollo 源码，等待编译完成： bash apollo.sh build	编译 Apollo 源码正确□ _____

三、人机交互界面的（HMI）使用

智能网联汽车的人机交互界面，是智能网联汽车与用户之间进行交互和信息交换的媒介，用于实现信息的内部形式与人类可以接受的形式之间的转换。Apollo 主要通过 Dreamview 实现人机交互功能，其是一个 web 应用程序，提供如下功能：

（1）可视化显示当前车辆信息。例如，车辆速度、规划路径、车辆定位、周边环境等。

（2）为使用者提供人机交互接口以监测车辆硬件状态，对模块进行开关操作等。

（3）提供调试工具与信息。例如，跟踪模块输出、提示运行错误等。

在 Apollo 系统软件系统环境搭建后，可通过 Dreamview 启动、下载与回放数据包检验 Apollo 系统编译是否成功。运行 Dreamview 的操作步骤及操作要点见表 2-18 所示。

表 2-18　运行 Dreamview 的操作步骤及操作要点

序号	步骤	操作及说明	操作要点
1	进入 Apollo 容器环境	在终端输入以下命令： cd ~/apollo-dkit aem start_gpu aem enter	Apollo 容器环境进入成功□ _____
2	启动 Dreamview	（1）在终端输入以下命令： aem bootstrap	Dreamview 启动成功□ _____
2	启动 Dreamview	（2）在浏览器中输入以下地址访问 Dreamview： http://localhost:8888	Dreamview 界面访问成功□ _____
3	回放数据包	（1）在终端输入以下命令下载数据包： wget -c "https://github.com/ApolloAuto/apollo/releases/download/v3.5.0/demo_3.5.record"	① 下载数据包成功□ _____
3	回放数据包	（2）输入以下命令回放数据包， cyber_recorder play -l -f demo_3.5.record	② 回放数据包成功□ _____

续表

序号	步骤	操作及说明	操作要点
3	回放数据包	（3）在 Dreamview 界面中可以看到回放画面：	③ Dreamview 界面中成功回放画面□

四、Cyber RT 功能及其应用

Cyber RT 是一个运行框架，是百度为解决自动驾驶系统与底层的实时操作系统接口而设计的，介于操作系统与驾驶算法之间，为自动驾驶系统提供可靠的运行平台与方便的接口。Cyber RT 的主要特性是高并发、低延迟与高吞吐，这些特性都为自动驾驶任务所设计。Cyber RT 明确定义了数据与任务接口，提供了高效自适应的消息通信机制、方便的程序调试功能、大量的传感器驱动程序以及一系列开发工具，它部署方便，可移植，依赖少，极大地加速了软件开发进程。

Cyber RT 同时也提供了一系列实用的工具来辅助日常开发，包括可视化工具 cyber_visualizer、命令行工具 cyber_monitor 和回放数据包工具 cyber_recorder 等，这些工具需要运行在 Apollo Docker 环境内。cyber_recorder 是 Apollo Cyber RT 提供的记录/回放工具，提供了记录文件、回放记录文件、拆分记录文件、检查记录文件信息等功能。

1. 命令行工具 cyber_monitor

命令行工具 cyber_monitor 提供了在终端中实时显示通道（Channel）信息列表的功能，其操作步骤及操作要点见表 2-19。

表 2-19　命令行工具 cyber_monitor 的操作步骤及操作要点

序号	步骤	操作说明	操作要点
1	配置 Cyber RT 工具的运行环境	Cyber RT 工具都依赖于 Cyber RT 软件库，所以在使用这些工具之前，通过以下命令来配置 Cyber RT 工具的运行环境：source/apollo/cyber/setup.bash	Cyber RT 工具的运行环境配置正确□
2	运行命令行工具 cyber_monitor	在 Apollo Docker 环境中执行 cyebr_monitor 命令运行命令行工具 cyebr_monitor	cyebr_monitor 工具启动正确□
3	查看 Channel 信息	命令行工具 cyber_monitor 自动从拓扑中收集所有 Channels 的信息并分两列显示（Channel 名称，数据频率），Channel 信息默认显示为红色，当有数据流经 Channel 时，对应的行就会显示成绿色	不同颜色代表的含义表述正确□

2. 可视化工具 cyber_visualizer

cyber_visualizer 是一款用来显示 Channel 信息的可视化工具，如雷达点云、摄像头抓取的图像等，其操作步骤及操作要点见表 2-20。

表 2-20 可视化工具 cyber_visualizer 的操作步骤及操作要点

序号	步骤	操作说明	操作要点
1	运行可视化工具 cyber_visualizer	在 Apollo Docker 环境中执行 cyber_visualizer 命令运行可视化工具 cyebr_visualizer	可视化工具 cyber_visualizer 启动正确□ _____
2	回放录制的数据	使用回放数据包工具 cyber_recorder 在另一个终端回放录制的数据 当有数据流经 Channel 时，在 ChannelNames 下显示 Channel 列表：	回放数据包工具 cyber_recorder 启动正确□ _____ 显示 Channel 列表成功□ _____
3	与可视化工具 cyber_visualizer 交互	单击工具栏中的选项，开启参考网格、显示点云、添加图像或同时显示多个相机数据的功能，查看原始感知数据：	操作工具栏选项正确□ _____

能力拓展

能力拓展部分主要讲述了 D-KIT Lite S 车辆系统检查的更新操作，具体内容扫码即可获得。

任务测评

对任务实施的完成情况进行检查，并将结果填入表 2-21。

表 2-21 任务测评表

成绩评定反馈意见表					
任务名称：智能网联汽车计算平台软件集成					
组号：		组员信息：			
序号	项目	子项目	检查规范	结论	得分
1	Apollo 系统环境的部署（40 分）	安装 Linux 系统	Ubuntu Linux USB 闪存驱动器创建正确；Ubuntu 系统安装成功；GCC 和 G++安装成功		
		安装 NVIDIA GPU 驱动	NVIDIA GPU 驱动安装成功；检查 GPU 驱动的命令正确		
		安装 Docker	通过终端成功安装 Docker；运行 Docker 成功		
		安装 NVIDIA Container Toolkit	通过命令正确安装 NVIDIA Container Toolkit		
		下载并编译 Apollo 源码	通过命令正确下载 Apollo 源码；通过命令正确校验 NVIDIA GPU 在容器内是否能正常运行；通过命令正确编译 Apollo 源码		
2	HMI 的使用（20 分）	进入 Apollo 容器环境	通过命令正确进入 Apollo 容器环境		
		启动 Dreamview	通过命令启动 Dreamview；登录 Dreamview 界面正确		
		回放数据包	通过命令成功下载数据包；通过 cyber_recorder 命令成功回放数据包；可以看到一辆汽车在 Dreamview 里移动		
3	Cyber RT 功能及其应用（40 分）	命令行工具 cyber_monitor 的使用	通过命令正确配置 Cyber RT 工具的运行环境；通过命令正确启动命令行工具 cyebr_monitor；不同颜色代表的含义表述正确		
		可视化工具 cyber_visualizer 的使用	通过命令正确启动可视化工具 cyber_visualizer，通过 cybor_recorder 命令正确回放录制的数据；可视化工具 cyber_visualizer 显示 channel 列表		
评论摘要：					

分数	等级	总分	评分描述
85～100	优		
75～84	良		
60～74	及格		
<60	未达到		

课后习题与参考文献

课后习题

参考文献

项目三
智能网联汽车定位系统与控制系统测试

导　言

在高精度定位方面，我国基于北斗卫星通信的实时动态（RTK）差分定位技术与国际先进水平保持一致。在GNSS+惯性导航融合技术的基础上，增加视觉定位以及地图数据的融合，实现多维数据、多场景判断，可以达到亚米级定位标准，满足低级别的自动驾驶需求。

在控制执行技术方面，我国目前在车辆动力学控制策略、关键执行机构开发等方面取得突破。自动紧急制动（AEB）、自适应巡航（ACC）、车道保持辅助（LKA）等纵横向驾驶辅助控制算法已完成软件开发、实车测试验证，并已实现量产应用。面向停车场、封闭场景的车辆集成控制算法的软件开发与实车测试等取得一定突破。

思维导图

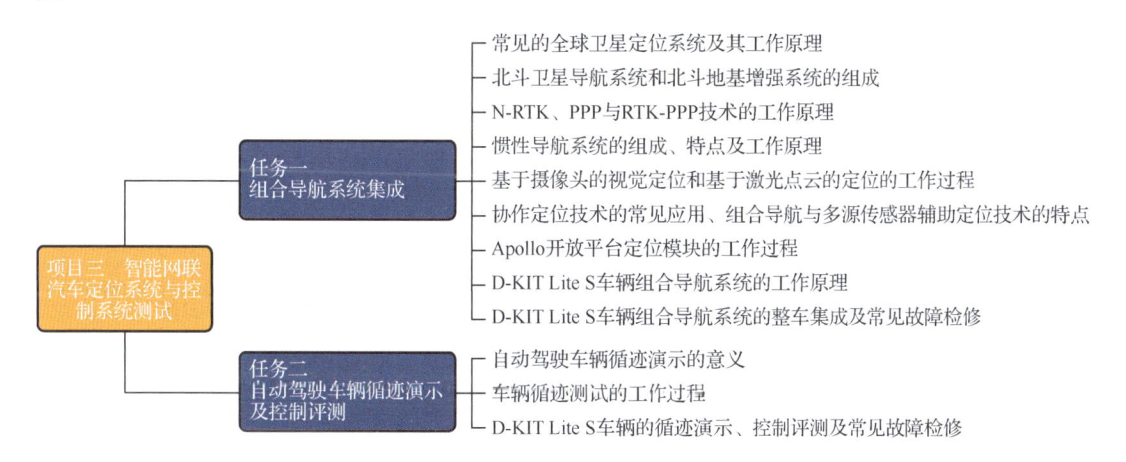

项目三　智能网联汽车定位系统与控制系统测试

- 任务一　组合导航系统集成
  - 常见的全球卫星定位系统及其工作原理
  - 北斗卫星导航系统和北斗地基增强系统的组成
  - N-RTK、PPP与RTK-PPP技术的工作原理
  - 惯性导航系统的组成、特点及工作原理
  - 基于摄像头的视觉定位和基于激光点云的定位的工作过程
  - 协作定位技术的常见应用、组合导航与多源传感器辅助定位技术的特点
  - Apollo开放平台定位模块的工作过程
  - D-KIT Lite S车辆组合导航系统的工作原理
  - D-KIT Lite S车辆组合导航系统的整车集成及常见故障检修

- 任务二　自动驾驶车辆循迹演示及控制评测
  - 自动驾驶车辆循迹演示的意义
  - 车辆循迹测试的工作过程
  - D-KIT Lite S车辆的循迹演示、控制评测及常见故障检修

任务一　组合导航系统集成

学习目标

【知识目标】

1. 能够列举常见的全球卫星定位系统，并描述其工作原理；
2. 能够正确描述北斗卫星导航系统和北斗地基增强系统的组成；
3. 能够准确区分 N-RTK、PPP 与 RTK-PPP 技术，并正确描述其工作原理；
4. 能够正确描述惯性导航系统的组成、特点及工作原理；
5. 能够正确描述基于摄像头的视觉定位和基于激光点云的定位的工作过程；
6. 能够列举协作定位技术的常见应用，并归纳组合导航与多源传感器辅助定位技术的特点；
7. 能够正确描述 D-KIT Lite S 车辆组合导航系统的工作原理；
8. 能够正确描述 Apollo 开放平台定位模块的实现方式。

【能力目标】

1. 能够依据装配工艺文件，使用拆装工具，完成 D-KIT Lite S 车辆组合导航系统的整车装配；
2. 能够依据配置工艺文件，使用 Dreamview 应用程序、cyber_monitor 等软件工具，完成 D-KIT Lite S 车辆组合导航系统的整车参数配置及信号测试；
3. 能够根据故障诊断流程，使用 TCP/IP 网络诊断和 cutecom 等软件工具，完成组合导航系统常见故障的检修。

【素质目标】

1. 能够熟练掌握组合导航系统相关的国家标准、行业标准或企业规范，掌握装配作业中绿色生产、环境保护、安全防护、质量管理等相关知识与技能；
2. 能够了解自动驾驶高精度定位产业的相关现状，遵守职业道德准则和行为规范，具备社会责任感和担当精神；
3. 具有探究学习、终身学习的能力，能够综合运用知识分析和解决组合导航系统装配过程中遇到的问题；
4. 工作过程中，弘扬劳动光荣、技能宝贵、创造伟大的时代精神，热爱劳动人民、珍惜劳动成果、树立劳动观念、积极投身劳动，具备与职业发展相适应的劳动素养、劳动技能。

工作任务

某汽车制造厂正在试制一款面向 L4 级自动驾驶的前装量产车型，需要智能网联汽车系统集成工程师基于 Apollo 的该样品车型完成组合导航系统的设计与开发。作为一名辅助工程师，需要了解常见的全球卫星定位系统和惯性导航系统的组成及工作原理，协作定位技术的常见应用，基于摄像头的视觉定位和基于激光点云的定位的工作过程；依据装配工艺文件，使用拆装和诊断工具，完成车辆组合导航系统的整车集成和常见故障的检修。

相关知识

一、全球卫星导航系统

目前全球卫星导航系统（GNSS）主要包括美国的全球定位系统（GPS）、俄罗斯的格洛纳斯卫星导航系统（GLONASS）、欧洲的伽利略（GALILEO）系统和我国的北斗卫星导航系统（BDS）。如图 3-1 所示，全球定位系统的空间卫星星座由 24 颗卫星组成，其中包括 3 颗备用卫星。工作卫星分布在 6 个轨道面内，每个轨道面上有 4 颗卫星。卫星轨道面相对地球赤道面的倾角为 55°，各轨道平面的升交点的赤经相差 60°。在相邻轨道上，卫星的升交距角相差 30°。轨道平均高度约为 20200km，卫星运行周期为 718min。全球定位系统定位的基础原理为地面接收机可以在任何地点、任何位置、任何气象条件下进行连续观测，并且在时钟的控制下，测出卫星信息到达接收机的时间差，进而确定卫星与接收机之间的距离。因此，当接收机接收到 3 颗及以上卫星信号时，可以通过空间距离后方交会法计算出地面接收机的位置。

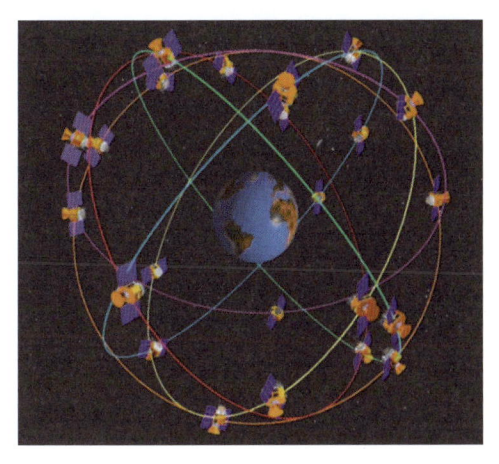

图 3-1 全球定位系统

GALILEO 系统可与美国的 GPS 和俄罗斯的 GLONASS 兼容，但比后两者更安全、更准确。该系统由 30 颗卫星组成，其中 27 颗工作卫星，3 颗备用卫星。卫星分布在 3 个中地球轨道（MEO）上，轨道高度为 23616km，轨道倾角为 56°。每个轨道上部署 9 颗工作卫星和 1 颗备用卫星。

除了上述提到的 4 大全球卫星导航系统，还有区域系统和增强系统，其中区域系统有日本的 QZSS 和印度的 IRNSS，增强系统有美国的 WAAS、日本的 MSAS、欧盟的 EGNOS、印度的 GAGAN 和尼日利亚的 NIG-GOMSAT-1 等。

二、北斗卫星导航系统

北斗卫星导航系统是我国自行研制的全球卫星导航系统，由空间段、地面段和用户段组成。空间段由若干地球静止轨道卫星、倾斜地球同步轨道卫星和中圆地球轨道卫星组成混合导航星座。地面段包括主控站、时间同步/注入站和监测站等若干地面站。用户段包括北斗兼容其他卫星导航系统的芯片、模块、天线等基础产品，以及终端产品、应用系统与应用服务等。

普通的多星（GPS、北斗、伽利略）定位的定位精度为 1～2m，不能满足 L3+级无人驾驶厘米级定位的要求。为了达到更好的定位精度，目前无人驾驶车辆普遍采用实时动态（Real-time Kinematic，RTK）的卫星定位技术。RTK 定位的优点是全球可达、全天候、全天时可用，定位精度高，使用简便等，在空旷无遮挡的区域能够实现对车辆的厘米级定位。但也存在一些问题，如基站布设成本高、易受电磁环境干扰、环境遮挡、信号多径效应、4G/5G/Wi-Fi 网络环境差的影响等，从而影响定位精度和定位系统的可用性。

北斗地基增强系统（也称北斗 CORS 系统）是我国利用多基站网络 RTK 技术建立的连续运行卫星定位服务参考站（CORS）系统。CORS 系统是卫星定位技术、计算机网络技术、数字通信技术等高新科技多方位、深度结晶的产物。CORS 系统由基准站网、数据处理中心、数据传输系统、定位导航数据播发系统和用户应用系统组成。该系统在地面按一定距离建立若干固定北斗基准站接收北斗导航卫星发射的导航信号，经通信网络传输至数据处理中心；数据经处理后产生北斗导航卫星的精密轨道和钟差、电离层修正数、后处理数据产品等信息，通过卫星、数字广播、移动通信方式等实时播发；同时通过互联网提供后处理数据产品的下载服务，满足北斗卫星导航系统服务范围内广域米级和分米级、区域厘米级的实时定位与导航需求，以及后处理毫米级的定位服务需求。

1. N-RTK 技术

网络 RTK（Network RTK，N-RTK）技术可以在一个较大的范围内均匀布设参考站，利用载波

相位动态实时差分算法,尽可能消除系统误差的影响,获得厘米级实时定位结果。N-RTK 技术的工作原理如图 3-2 所示。

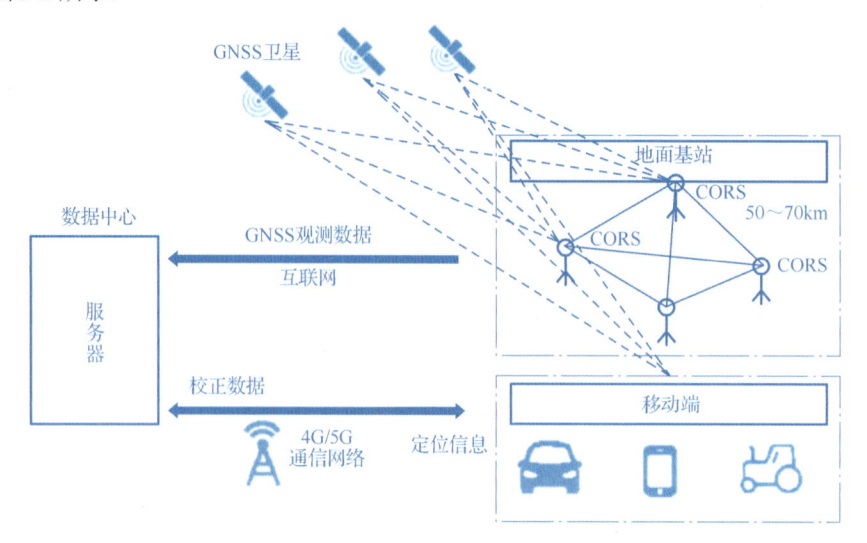

图 3-2 N-RTK 技术的工作原理

2. PPP 技术

精密单点定位(Precise Point Positioning,PPP)技术属于单点定位,也称为绝对定位,是利用载波相位观测值以及由 IGS 等组织提供的高精度的卫星星历及卫星钟差来进行高精度单点定位的方法。但 PPP 技术无法应用到需要实时定位的车辆,主要原因是其应用需要十几分钟到半小时的收敛时间,用户无法等待;无法控制 IGS 参考站形成有效的应用生态闭环。PPP 技术的工作原理如图 3-3 所示。

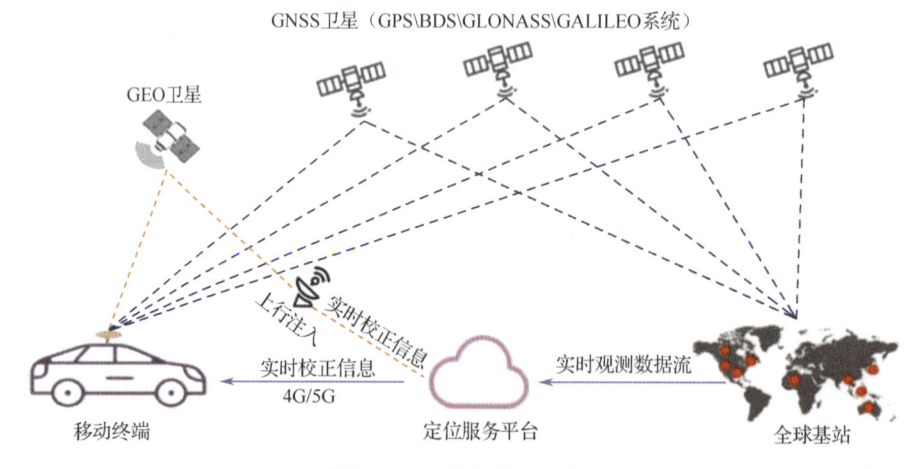

图 3-3 PPP 技术的工作原理

3. RTK-PPP 技术

RTK-PPP 技术可以将定位的收敛时间提高到 60s 内且定位精度达到 2~4cm。RTK-PPP 技术会对卫星钟差、卫星轨道误差、相位偏离、电离层误差、对流层误差以及多路径效应等误差在内的各种主要系统误差源进行优化分析,建立整网的电离层延迟、对流层延迟等误差模型,并将优化后的空间误差发送给移动终端。

RTK-PPP 技术的工作原理如图 3-4 所示。

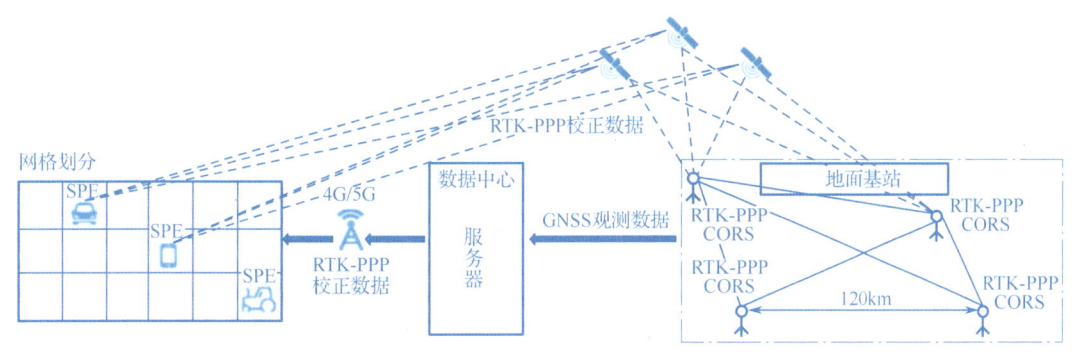

图3-4 RTK-PPP技术的工作原理

N-RTK、PPP、RTK-PPP技术的对比见表3-1。

表3-1 N-RTK、PPP、RTK-PPP技术的对比

对比项目	3种不同技术的指标		
	N-RTK	PPP	RTK-PPP（4G/5G）
定位原理	相对定位	绝对定位	相对定位
通信方式	网络、双向传输	卫星、单向传输	网络/卫星、单向传输
覆盖范围	局域	全球	全国
冷起动时间	<20s	<45min	<60s
热起动时间	—	—	—
实时精度	1～2cm	8～10cm	2～4cm
处理后精度	1～2cm	1～2mm	1～2mm
参考站数量	>2000	<50	1200～1300
握手频率	—	—	—
用户数量	有限制	无限制	无限制
网络依赖	需稳定网络传输	无依赖	需稳定网络传输

三、惯性导航与航迹推算技术

惯性导航系统（Inertial Navigation System，INS，以下简称惯导）是一种不依赖外部信息也不向外部辐射能量的自主式导航系统。惯导的基本工作原理是：以牛顿力学定律为基础，通过测量载体在惯性参考系中的加速度，对它进行时间积分，且将它变换到导航坐标系中，这样即可得到载体在导航坐标系中的速度、偏航角和位置等信息。

惯导属于推算导航方式，即从一已知点的位置根据连续测得的运动体航向角和速度推算出其下一点的位置，从而可连续测出运动体的当前位置。惯导利用惯性测量单元（Inertial Measurement Unit，IMU）进行航位推算。惯性测量单元包含陀螺仪、加速度计、磁力计等传感器，其中陀螺仪用来形成一个导航坐标系，使加速度计的测量轴稳定在该坐标系中，并给出航向和姿态角；加速度计用来测量运动体的加速度，经过对时间的一次积分得到速度，速度再经过对时间的一次积分即可得到位移。当车辆在无法接收GPS/GNSS信号的区域（隧道或地下通道）或发生非常强烈的多径传播（被高层玻璃覆盖的建筑物环绕的区域）中移动时，通过各种传感器（陀螺仪、加速度计等）提供的信息来计算当前位置。基于IMU的航位推算系统如图3-5所示。

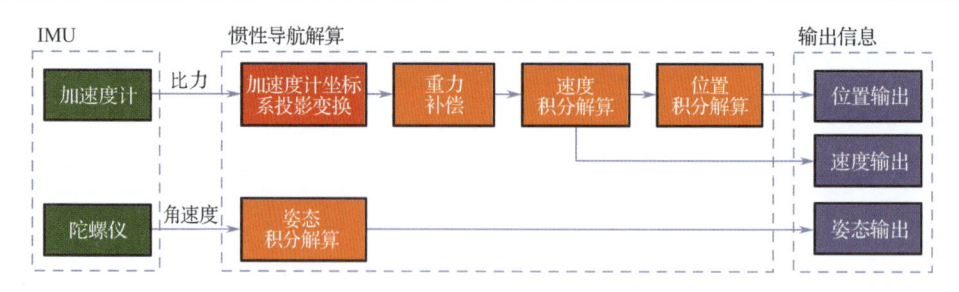

图 3-5　基于 IMU 的航位推算系统

四、高精度特征地图定位技术

环境特征匹配技术通过实时测量提取环境特征，并与预先采集的基准数据进行匹配，从而获取车辆的当前位置。在实际应用中，环境特征的定位系统需要其他定位系统辅助给出初始位置，从而实现在限定区域中匹配环境特征，达到降低计算量、减少特征测量值与预采集基准数据之间可能发生的多重匹配，实现更优的定位结果匹配。在自动驾驶系统中，常用的环境特征匹配定位方案是基于激光点云的定位方案和基于摄像头的视觉定位方案。

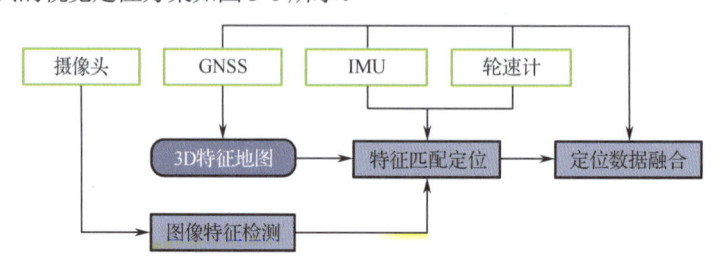

1. 基于摄像头的视觉定位

基于摄像头的视觉定位包括图像获取、图像识别、图像匹配和测距。首先，利用专业摄像头获取包含特定目标（路牌、路牌箭头）的图像。通过深度学习识别图像中的目标信息，如对识别到的目标进行分类，以及通过检测算法得到目标在图像中的位置；其次，结合自车周围的地图信息（路牌、路面箭头的经纬度、目标类别和形状等），通过算法将地图信息从三维坐标系（世界坐标系）转化到二维坐标系（图像坐标）；最后，根据目标检测获取到的坐标和转换得到的坐标以及目标类别进行匹配。匹配成功后，利用算法得到目标与车辆的横向和纵向距离，结合目标的位置反算出自车的位置。基于摄像头的视觉定位方案如图 3-6 所示。

图 3-6　基于摄像头的视觉定位方案

2. 基于激光点云的定位

激光雷达固定在路侧端，可通过多源融合定位技术给车辆提供高精度的定位信息。激光雷达观测视野范围内的自动驾驶车辆，通过边缘云感知、检测、跟踪自动驾驶车辆，并计算自动驾驶车辆精确的位置、速度和姿态信息；同时通过 4G/5G 将位置信息传输至周边的自动驾驶车辆。激光雷达的定位架构如图 3-7 所示。

五、协作定位技术

协作定位技术是指多种定位方式协作，构成全天候室内外无缝的高精度定位系统。全球定位系统、北斗卫星导航系统、惯性导航系统等之间的协作被称为组合导航。此外，随着自动驾驶技术发展，各类传感器也逐渐被用于不同场景下的辅助定位。因此，协作定位技术是组合导航与多源传感器辅助定位的协同与融合，如图 3-8 所示。

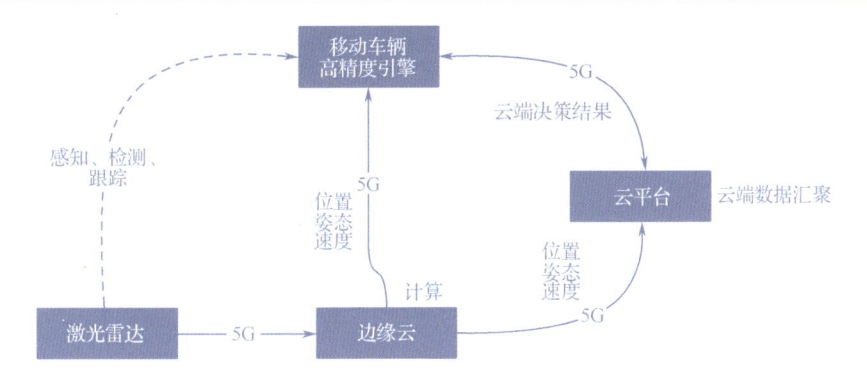

图 3-7　激光雷达的定位架构

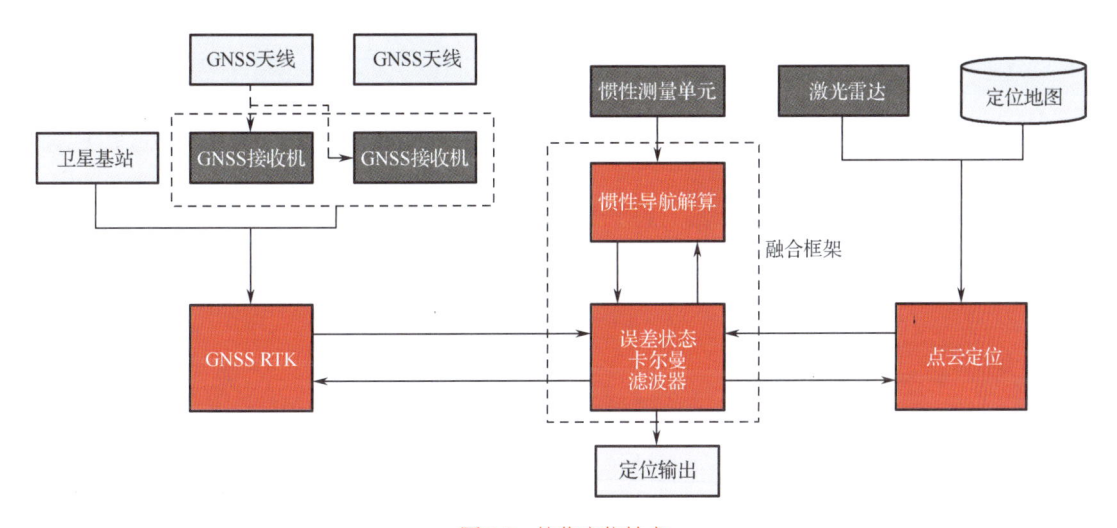

图 3-8　协作定位技术

组合导航是指用无线电导航、天文导航、卫星导航等中的一个或几个与惯导组合在一起形成的综合导航系统。大多数组合导航以惯导为主，其主要原因是惯导能够提供比较多的导航参数，还能够提供全姿态信息参数，这是其他导航系统所不能比拟的。组合导航不影响各自的性能，仅输出数据组合解算的技术称为浅组合；影响系统的工作性能，使其改善性能后输出数据的技术称为深组合。组合导航可以兼取各系统自身的优点，弥补缺点，并提高定位精度和数据冗余度，使导航系统具有更高的可靠性和可信度。

自动驾驶多源传感器辅助定位使用的传感器包括激光雷达、毫米波雷达、摄像头，其充分利用不同时间与空间的多传感器数据资源，采用计算机技术按时间序列获得多传感器的观测数据，在一定准则下进行分析、综合、支配和使用，获得对被测对象的一致性解释与描述，进而实现相应的决策和估计，使系统获得比其各组成部分更为充分的信息。常用的算法有卡尔曼滤波、贝叶斯统计理论、深度学习等。

六、Apollo 开放平台定位模块工作过程

Apollo 开放平台高精度定位系统使用基于 IMU、GPS、激光雷达和高精度地图的多传感器融合定位系统。Apollo 定位模块针对不同的应用需求提供了 3 种不同实现方式，分别是 RTK（Real Time Kinematic）定位方式、NDT（Normal Distribution Transform）定位方式和 MSF（Multi-Sensor Fusion）定位方式。

RTK 定位方式为利用 GPS+IMU 实现的全局定位导航系统，在 GPS 信号良好的情况下可以实现

厘米级定位精度。NDT 定位方式为结合 GPS+IMU+激光雷达实现的简单融合定位系统，其中激光雷达定位采用开源 NDT 算法实现。此系统依赖 GPS 信号，具备简单城市场景下高精度、强健的定位能力。MSF 定位方式以多种传感器数据和离线制作的高精度激光雷达定位地图为输入，其中 GNSS Localization 模块以车端 GPS 信号和基站数据为输入，输出高精度 RTK 定位结果。Lidar Localization 模块以在线激光雷达扫描数据和高精度激光雷达定位地图为输入，提供高精度激光雷达定位结果。SINS 模块利用 IMU 数据进行惯性导航。最终采用 ESKF（Error-State Kalman Filter）融合多种传感器测量信息，输出高精度的车辆位置和姿态。MSF 定位方式的实现原理框图如图 3-9 所示。

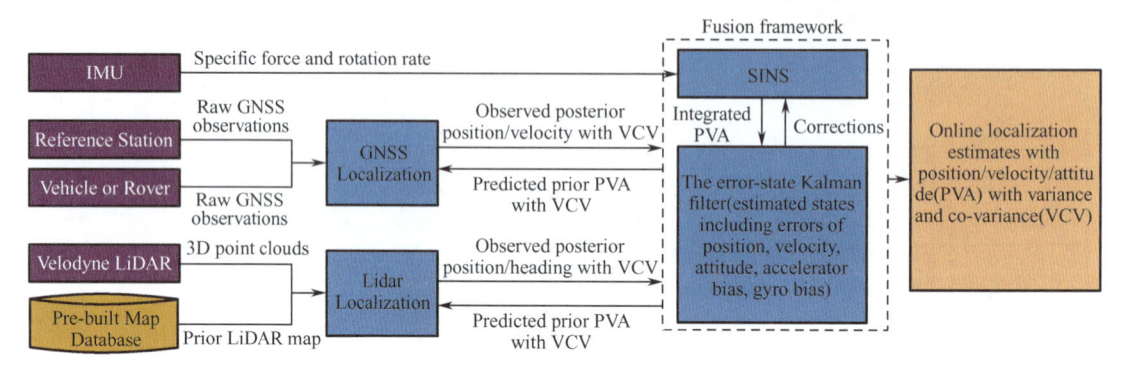

图 3-9 MSF 定位方式的实现原理框图

任务实施与评价

一、任务准备

本次任务所使用的实训设备、工具和资源见表 3-2。

表 3-2 实训设备、工具和资源

序号	分类	名称	准备要点	数量	准备情况记录
1	设备	D-KIT Lite S 车辆	检查车辆状态： （1）车胎是否损坏，充气压力（正常胎压为 2.5~2.6kPa）是否合适，以及胎纹内是否嵌入异物； （2）车辆底部是否有泄漏液体或易燃物； （3）上电开关接通后是否有异常报警声； （4）确认电池电量（大于 80%），若电池电量低于 20%，建议充满电后再使用车辆； （5）已完成计算平台集成	1 辆/组	① 是否正常：是□ 否□ ② 已完成计算平台集成：是□ 否□
		组合导航系统组件	组合导航主机 M2（1 个）、卫星天线（2 个）、数据/电源线缆（1 捆）、射频连接线（2 根）	1 套/组	是否齐全：是□ 否□
2	工具	常用拆装工具套装	十字螺丝刀、一字螺丝刀、内六角扳手、T 型套筒	1 套/组	是否齐全：是□ 否□
		测量工具	卷尺或激光测距仪	1 把/组或 1 台/组	是否齐全：是□ 否□
		cyber_monitor	输入以下命令，启动 cyber_monitor： source /apollo/cyber/setup.bash cyber_monitor	1 个/组	是否完成安装：是□ 否□

序号	分类	名称	准备要点	数量	准备情况记录
3	资源	D-KIT Lite S 车辆使用手册	查找使用手册中的"车辆使用说明""Apollo 集成说明"	1 份/人	是否找到：是□ 否□ _____
		配置文件 gnss_conf.pb.txt 和 localization.conf	复制至计算平台~/apollo/modules/calibration/data/dev_kit/目录下	1 份/组	是否复制完成：是□ 否□ _____
		作业记录单	明确工作任务	1 份/组	是否明确工作任务：是□ 否□ _____

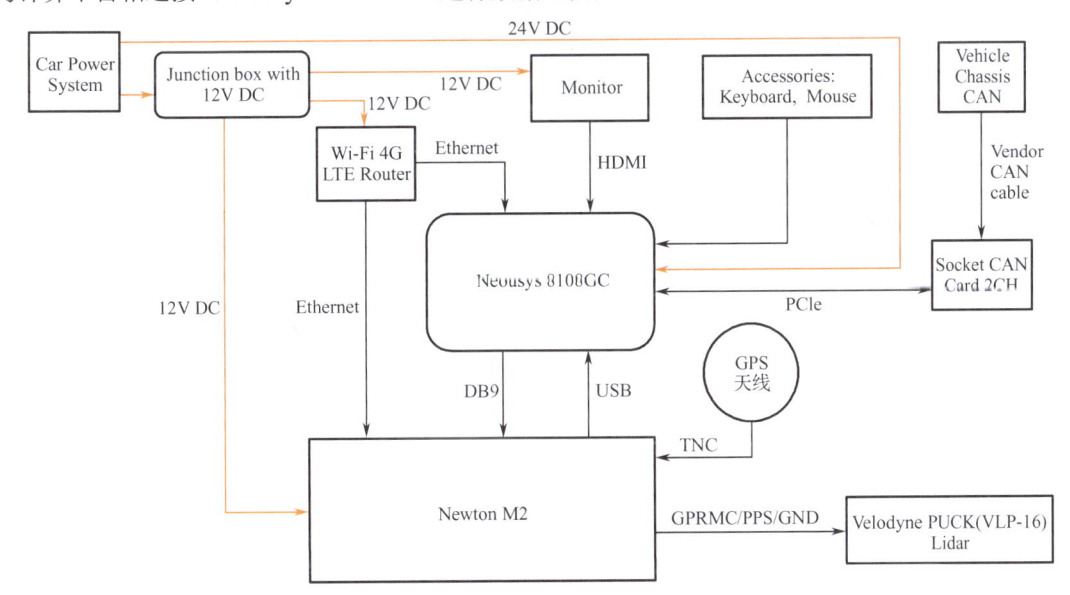

二、D-KIT Lite S 车辆组合导航系统的工作原理

1. 组合导航系统的工作原理图

D-KIT Lite S 车辆的组合导航系统采用 RTK 定位技术获取自动驾驶车辆的位置、运动加速度以及航行等信息，该组合导航系统使用 Newton M2（以下简称 M2），由高精度测绘级卫星接收板卡、三轴 MEMS 陀螺仪、三轴 MEMS 加速度计组成，可在星况良好的环境下提供厘米级定位精度，并在卫星信号遮挡、多路径等环境下长时间保持位置、速度、姿态的精度。

D-KIT Lite S 车辆组合导航系统的工作原理如图 3-10 所示。M2 通过射频线 TNC 与 GPS 天线相连；通过 GPRMC/PPS/GND 授时线与激光雷达线束的授时接口相连接；通过 DB9 串口线和 USB 线与计算平台相连接（Neousys 8108GC），进行数据通信；通过网线与 4G 无线路由器相连接。

图 3-10　D-KIT Lite S 车辆组合导航系统的工作原理

2. 组合导航系统的工作过程描述

请描述 D-KIT Lite S 车辆组合导航系统中 M2、GPS 天线、激光雷达、计算平台、4G 无线路由器等的工作过程。

三、D-KIT Lite S 车辆组合导航系统的安装

1. 安装位置

D-KIT Lite S 车辆组合导航系统中组成元件的安装位置见表 3-3。

表 3-3　D-KIT Lite S 车辆组合导航系统中组成元件的安装位置

序号	元件	安装位置	操作要点
1	M2	车辆后轴中心处：	① 根据集成说明书，描述部件名称正确□ _____ ② 描述部件的安装位置正确□ _____
2	卫星天线	车辆智能传感器支架前后两端，前天线（Secondary）与摄像头、毫米波雷达同侧；后天线（Primary）与显示器同侧：	

2. 元件及连接器接口

D-KIT Lite S 车辆组合导航系统的组成元件及连接器接口见表 3-4。

表 3-4　D-KIT Lite S 车辆组合导航系统的组成元件及连接器接口

序号	元件名称	连接器接口	操作要点
1	M2	① 前天线（Secondary）接口：连接车辆前天线； ② 后天线（Primary）接口：连接车辆后天线； ③ 31 芯矩形连接器接口：为 31PIN 锁紧组件连接器，用于电源、导航数据输出、PPS 输出、EVENTMARK 和里程计信息输入等	① 根据集成说明，描述 M2 各接口名称正确□ _____ ② 描述各接口连接的元件正确□ _____
2	卫星天线	卫星天线 TNC 接口：通过射频线与 M2 相连接	描述卫星天线接口连接的元件正确□ _____

续表

序号	元件名称	连接器接口	操作要点
3	数据/电源线束	（DB9串口、31PIN母座、USB接口、RJ45网口（母）、CAN接口（预留）、电源接口、授时接口） 1拖6数据/电源线束：1为31PIN母座，与M2连接；6为电源接口（为M2供电）、RJ45网口（以太网）、USB接口（数据通信）、授时接口（GPS授时）、DB9串口（设备配置或升级口）以及预留的CAN接口	① 根据集成说明，描述数据/电源线束各个接口的名称正确□ ② 描述接口连接的元件正确□
4	射频连接线	（TNC公头、SMA公头） ① TNC公头：与卫星天线TNC母口相连接； ② SMA公头：与M2相连接	① 根据集成说明，描述射频线各个接口的名称正确□ ② 描述接口连接的元件正确□

3. 组合导航系统集成

D-KIT Lite S 车辆组合导航系统的集成操作步骤见表3-5。

表3-5　D-KIT Lite S 车辆组合导航系统的集成操作步骤

序号	步骤	操作说明	操作要点
1	安装卫星天线	（1）将两根卫星天线分别安装于车辆智能传感器支架头尾预留的安装座上； （图示：激光雷达、全球定位系统天线、摄像头、惯性测量单元、显示器、毫米波雷达） 注意： ① 卫星天线尽可能安装于车辆的最高处以保证能够接收到良好的 GNSS 信号； ② 卫星天线应尽量与车体坐标系 Y 轴平行； ③ 车尾天线为后天线（Primary），位于 Y 轴负方向上	① 卫星天线安装位置正确□ ② 固定牢固□

续表

序号	步骤	操作说明	操作要点
1	安装卫星天线	（2）卫星天线的 TNC 母口与 1 根射频线的 TNC 公头相连接；对另一根卫星天线的操作相同：	① 射频线接口选择正确□ ② 连接牢固□
2	安装 M2	（1）使用 M6 螺栓将 M2 固定到车辆的后轴中心位置处： 4×M6螺栓+弹垫平垫螺母组合 注意： ① M2 壳体所示坐标系与车体坐标系平行，并保持各轴向一致； ② Y 轴的正向保持与车体的前进方向一致； ③ M2 必须与车体固连	① M2 安装位置正确□ ② M2 安装方向正确□ ③ 固定牢固□
		（2）后天线射频线的 SMA 母口与 M2 的后天线接口连接；前天线射频线的 SMA 母口与 M2 的前天线接口连接：	① 前后天线射频线束与 M2 接口连接正确□ ② 线束连接牢固□
		（3）数据/电源线束的 31PIN 母座插入 M2 的 POWER/DATA 接口，并用螺丝刀将螺丝锁紧：	① 数据/电源线束接口选择正确，且与 M2 接口连接正确□ ② 线束连接牢固□

续表

序号	步骤	操作说明	操作要点
2	安装 M2	（4）数据/电源线束的电源接口与供电线中的组合导航电源接口相连接：	① 数据/电源线束接口选择正确，且与供电线束接口连接正确□ ② 线束连接牢固□
		（5）数据/电源线束的 DB9 串口与计算平台的串口 COM1 连接，此线若过短，则使用串口延长线： IMU配置线连接该接口	① 数据/电源线束接口选择正确，且与计算平台的接口连接正确□ ② 线束连接牢固□
		（6）数据/电源线束的 USB 接口与计算平台的 USB 接口连接：	① 数据/电源线束接口选择正确，且与计算平台的接口连接正确□ ② 线束连接牢固□
		（7）电源/数据线束的授时接口与激光雷达数据线束的授时口相连接：	① 数据/电源线束接口选择正确，且与激光雷达数据线束的接口连接正确□ ② 线束连接牢固□

序号	步骤	操作说明	操作要点
2	安装 M2	（8）数据/电源线束的网线母头通过有线网的水晶头与路由器 LAN 口相连接：	① 数据/电源线束接口选择正确，且与路由器的接口连接正确□ ② 线束连接牢固□

4．集成注意事项

（1）M2 线束电源输入口为白色 2PIN 插头，红色为 12V 正极，蓝色为 12V 负极；供电线束上的 M2 供电插头为蓝色 2PIN 插头，红色为 12V 正极，黑色为 12V 负极，对插后红色对红色，黑色对蓝色。

（2）严禁带电操作和随意加装更改电路。

（3）车辆配置了高压动力电池（60V），驱动电机的工作电压也是高压，除上述容许的必要操作外，请勿触摸高压线缆及接插件、随意拆卸或更换驱动电机、高压配电盒等零部件，防止触电。

（4）请勿自行拆卸或更换组合导航系统的组合元件，否则可能影响定位精度。

四、测量卫星天线杆臂值

卫星天线杆臂值是指后天线（Primary）的几何中心位置相对于 M2 的几何中心位置在直角坐标系内 x、y、z 方向的位置差。

1．M2 坐标系说明

根据 M2 壳体上标注的坐标系，确定坐标轴的正方向，如图 3-11 所示：

x 轴—指向壳体右向，垂直于 z、y 方向；

y 轴—壳体无插头的方向；

z 轴—垂直于上壳体，沿壳体指向天向。

2．卫星天线杆臂值测量

x_offset：在直角坐标系内的 x 方向上后天线（Primary）与 M2 的几何中心位置差，单位为米（m）。如果后天线（Primary）在 M2 的 x 轴正方向，则 x_offset 为正值；如果在 x 轴负方向，则 x_offset 为负值。

图 3-11 M2 实物及壳体标注坐标系图

y_offset、z_offset 的定义与 x_offset 一致。

M2 布置在车辆的后轴中心位置处，M2 的 y 轴正方向与车辆的前进方向一致，如图 3-12 所示。后天线（Primary）与前天线（Secondary）分别安装在车辆的车尾与车头处，后天线布置在 M2 的 x 轴上，故 x 轴偏移（x_offset）的值为 0；后天线在 M2 的 y 轴负半轴 0.1m 处，故 y 轴偏移（y_offset）

的值为-0.1；后天线在 M2 z 轴的正半轴 0.6m 处，故 z 轴偏移（z_offset）的值为+0.6，则杆臂值为 (0,-0.1,0.6)，填入表 3-6 中。

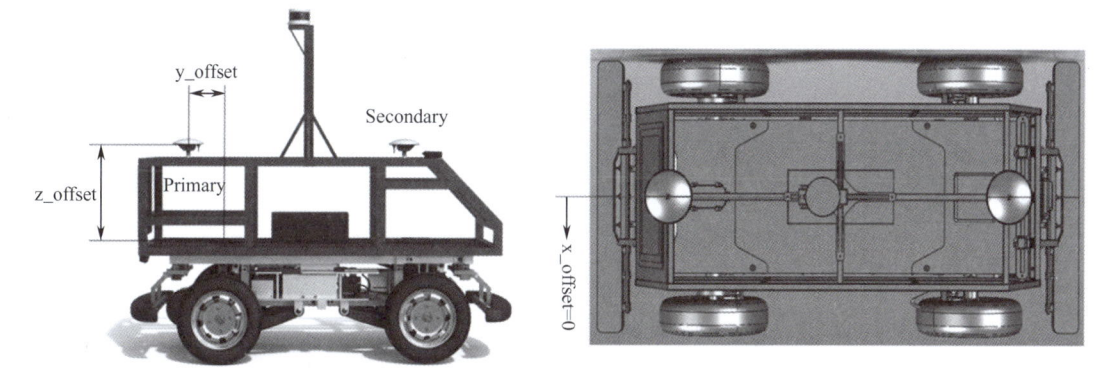

图 3-12　M2 的安装位置

表 3-6　组合导航系统卫星天线杆臂值

卫星天线杆臂值	操作要点
$cmd,set,leverarm,gnss,_____,_____,_____ *ff	① 测量方法正确□ _____ ② 数据记录规范、正确□ _____

五、组合导航系统配置效果验证

配置完组合导航系统的 IMU 参数后，需要检查组合导航系统是否输出了差分定位，一般先对车辆的配置文件进行修改，然后启动 Apollo 系统的 GPS、Localization 模块进行查验，具体操作步骤见表 3-7。

表 3-7　D-KIT Lite S 车辆组合导航系统配置效果验证操作步骤

序号	步骤	操作说明	操作要点
1	整车上电并启动计算平台	将电池组装入底盘电池舱，拉开电源总开关，按下启/停按钮，全车上电；打开计算平台开关，启动计算平台：	计算平台启动成功□ _____

87

续表

序号	步骤	操作说明	操作要点
2	修改配置文件	（1）将 ~/apollo/modules/calibration/data/dev_kit/gnss_conf/gnss_conf.pb.txt 文件中的"proj4_text: '+proj=utm +zone=50 +ellps=WGS84 +towgs84=0,0,0,0,0,0,0 +units=m +no_defs'"中的 50 修改为车辆所在城市的 utm_zone 数值： （2）对 ~/apollo/modules/calibration/data/dev_kit/localization_conf/localization.conf 文件中的参数进行配置： | 参数	说明	 |---|---| | lidar_height_default	将该参数值修改为激光雷达的中心到地面的距离，单位为米（m）	 | local_utm_zone_id	查询车辆所在地区的 utm_zone 数值，并进行修改。例如，北京地区的 utm_zone 数值为 50	 | imu_to_ant_offset_x	x 轴方向杆臂值，单位为米（m），将该参数值修改为该车杆臂值 x	 | imu_to_ant_offset_y	y 轴方向杆臂值，单位为米（m），将该参数值修改为该车杆臂值 y	 | imu_to_ant_offset_z	z 轴方向杆臂值，单位为米（m），将该参数值修改为该车杆臂值 z	 | enable_lidar_localization=true	将该参数值修改为 enable_lidar_localization=false		gnss_conf.pb.txt 文件中 utm_zone 的数值修改正确□ _____ localization.conf 文件中的参数配置正确□ _____
3	启动 Apollo Docker 环境	将车辆移至平坦开阔的室外，使用快捷键 Ctrl+Alt+T 启动命令行终端（Terminal），切换路径到 Apollo，并输入以下命令，进入 Apollo Docker 环境： cd ~/apollo-dkit aem start_gpu aem enter 见到提示，说明启动容器成功 通过输入此命令进入容器 看到此提示，说明进入容器成功	Apollo Docker 环境启动成功□ _____

续表

序号	步骤	操作说明	操作要点

4	启动 Dreamview 并选择模式和车型	（1）输入以下命令，启动 Dreamview 界面：
		
		    aem bootstrap
		
		注意：如果启动 Dreamview 界面时提示 Fail to start Dreamview，请执行以下命令：
		
		    aem bootstrap restart
			Dreamview 界面启动成功□
			
			_____

		（2）在浏览器中输入"http://localhost:8888"，打开 Dreamview 界面：	Dreamview 界面成功打开□ _____
		（3）选择模式和车型： ① 在--setup mode--内，选择 Vehicle Calibration 选项； ② 在--vehicle--内，选择车型 Dev Kit	模式和车型选择正确□ _____

续表

序号	步骤	操作说明	操作要点
5	启动 GPS、Localization 模块	在 Dreamview 界面中选择 Module Controller 标签，在主界面中开启 GPS、Localization 模块：	GPS、Localization 模块开启正确□
6	验证 GPS 模块	（1）在终端窗口中输入以下命令启动 cyber_monitor 工具，并查看是否启动成功： 　　cyber_monitor （2）GPS 模块对应的 Channel 信息 apollo/sensor/gnss/best_pose，颜色为绿色，帧率为 1Hz 左右，初步判断启动正常 对应GPS模块 （3）使用上下方向键选择/apollo/sensor/gnss/best_post，按右方向键查看此 Channel 信息：查看 sol_type 项是否为 NARROW_INT，若为 NARROW_INT，则表示 GPS 信号良好，符合定位要求；若不是 NARROW_INT，则使用遥控器移动车辆，直到出现 NARROW_INT 为止 必须是NARROW_INT	cyber_monitor 工具启动成功□ ① GPS 模块启动状态验证方法正确□ ② GPS 模块启动成功□

续表

序号	步骤	操作说明	操作要点
6	验证GPS模块	（4）选择/apollo/sensor/gnss/imu，按右方向键查看此Channel信息：确认IMU有数据刷新，表明GPS模块配置成功	
7	验证Localization模块	（1）Localization模块对应的Channel信息/apollo/localization/pose，颜色为绿色，帧率为100Hz左右，表示Localization模块启动成功： 注意：Localization模块启动后，移动车辆数米，需要等1~2min，/apollo/localization/pose才会有数据输出 （2）选择/apollo/localization/pose，按右方向键查看此Channel信息： （3）按Ctrl+C组合键退出cyber_monitor	① Localization模块启动状态验证方法正确□ ② Localization模块启动成功□ cyber_monitor退出成功□
8	整车断电	关闭计算平台，车辆断电	车辆断电操作规范□

能力拓展

能力拓展部分主要讲述常见故障的诊断，详细内容扫码即可获得。

任务测评

对任务实施的完成情况进行检查，并将结果填入表3-8。

表3-8 任务测评表

成绩评定反馈意见表					
课程名称：组合导航系统集成					
组号		组员信息：			
序号	项目	子项目	检查规范	结论	得分
1	D-KIT Lite S 车辆组合导航系统的工作原理（10分）	D-KIT Lite S 车辆组合导航系统的工作原理图	D-KIT Lite S 车辆组合导航系统的工作过程描述正确		
		D-KIT Lite S 车辆组合导航系统的工作过程描述			
2	D-KIT Lite S 车辆组合导航系统的安装（40分）	安装位置	描述元件名称正确；描述元件的安装位置正确		
		元件及连接器接口	根据集成说明书，描述元件各接口名称正确；线束名称正确；描述各接口连接的元件正确		
		集成	元件安装的位置正确；线束接口选择正确，且与元件连接的接口正确；线束连接牢固		
		集成注意事项	描述集成注意事项正确		
3	测量卫星天线杆臂值（10分）	M2 坐标系	M2 坐标系描述正确；卫星天线杆臂值测量方法正确；数据记录规范、正确		
		卫星天线杆臂值测量			
4	组合导航系统配置效果验证（40分）	修改配置文件	gnss_conf.pb.txt 文件中的数值修改正确；localization.conf 文件中的参数配置正确		
		启动 Apollo Docker 环境	Apollo Docker 环境启动成功		
		启动 Dreamview 并选择模式和车型	Dreamview 界面启动成功；Dreamview 界面成功打开；模式和车型选择正确		
		启动 GPS、Localization 模块	GPS、Localization 模块开启正确		
		验证 GPS 模块	cyber_monitor 工具启动成功；GPS 模块启动状态验证方法正确；GPS 模块启动成功		
		验证 Localization 模块	Localization 模块启动状态验证方法正确；GPS 模块启动成功		
		整车断电	cyber_monitor 退出成功；车辆断电操作规范		
评论摘要：					

续表

分数	等级	总分	评分描述
85~100	优		
75~84	良		
60~74	及格		
<60	未达到		

任务二　自动驾驶车辆循迹演示及控制评测

学习目标

【知识目标】

1. 能够描述自动驾驶车辆循迹演示及控制测试的意义；
2. 能够描述车辆的循迹测试工作过程。

【能力目标】

1. 能够依据测试工艺文件，搭建循迹场景，使用 Dreamview 应用程序、cyber_monitor 和 Fuel 云平台等软件工具，完成 D-KIT Lite S 车辆的循迹演示和控制评测；
2. 能够根据故障诊断流程，使用 Dreamview 应用程序、cyber_monitor、TCP/IP 网络诊断和 canbus_teleop 等软件工具，完成循迹演示和控制评测过程中常见故障的检修。

【素质目标】

1. 能够熟练掌握自动驾驶车辆循迹演示及控制评测相关的国家标准、行业标准或企业规范，掌握车辆循迹演示及控制评测作业中绿色生产、环境保护、安全防护、质量管理等相关知识与技能；
2. 具有探究学习、终身学习的能力，能够综合运用知识分析和解决车辆循迹演示及控制评测过程中遇到的问题；
3. 在工作过程中弘扬劳动光荣、技能宝贵、创造伟大的时代精神，热爱劳动人民、珍惜劳动成果、树立劳动观念、积极投身劳动，具备与职业发展相适应的劳动素养、劳动技能。

工作任务

某汽车制造厂正在试制一款面向 L4 级自动驾驶的前装量产车型，需要智能网联汽车系统集成工程师基于 Apollo 的该样品车型完成车辆的循迹演示及控制评测。作为一名辅助工程师，需要能够描述自动驾驶车辆循迹演示、控制测试的意义及工作过程；依据测试工艺文件，搭建循迹场景，使用 Dreamview 应用程序、cyber_monitor 和 Fuel 云平台等软件工具，完成车辆循迹演示、控制评测和常见故障的检修。

相关知识

一、车辆循迹测试的意义

车辆循迹是指让车辆按照录制好的轨迹进行自动驾驶，其涉及驾驶自动化系统中最基本的底盘线控模块、定位模块和控制模块，是驾驶自动化系统的一个最小闭环子集。通过车辆循迹，可以验

证底盘线控模块和控制模块的车辆控制效果,并可以直观地感受车辆的自动驾驶。

二、车辆循迹测试工作过程

在车辆的循迹测试过程中,首先需要录制一条行驶轨迹,生成包含轨迹信息的文件,执行车辆循迹测试,车辆按照循迹轨迹文件中的信息进行自动驾驶。车辆的循迹测试需要启动的模块有Canbus、Control、GPS、Localization。循迹轨迹文件中包含轨迹定位信息、车速、加速度、曲率、动作信息(油门/制动踏板反馈、挡位、转向盘转角)等,如图 3-13 所示。

图 3-13 循迹轨迹文件中的信息

任务实施与评价

一、任务准备

本次任务所使用的实训设备和资源见表 3-9。

表 3-9 实训设备和资源

序号	分类	名称	准备要点	数量	准备情况记录
1	设备	D-KIT Lite S 车辆	检查车辆状态: (1)车胎是否损坏、充气压力(正常胎压为2.5~2.6kPa)是否合适,以及胎纹内是否嵌入异物; (2)车辆底部是否有泄漏液体或易燃物; (3)上电开关接通后是否有异常报警声; (4)确认电池电量(大于80%),若电池电量低于20%,建议充满电后再使用车辆; (5)已完成计算平台集成、组合导航系统集成、车辆动力学标定	1辆/组	① 是否正常:是□ 否□ _____ ② 已完成计算平台集成、组合导航系统集成和车辆动力学标定:是□ 否□
2	资源	D-KIT Lite S 车辆使用手册	查找使用手册中的"车辆使用说明""Apollo 集成说明"	1份/人	是否找到:是□ 否□ _____
		作业记录单	明确工作任务	1份/组	是否明确工作任务:是□ 否□ _____

二、场景搭建

进行车辆的循迹测试时,选取平坦的道路路段,并且路段内无其他道路参与者,如图 3-14 所示。

图 3-14　车辆的循迹测试场景

三、录制轨迹

（1）整车上电并启动计算平台；
（2）启动 CAN 卡；
（3）启动 Apollo Docker 环境；
（4）启动 Dreamview，选择 RTK 模式和 Dev Kit 车型；
（5）启动 Canbus、GPS、Localization 模块并验证模块能否正常输出数据。

以上步骤的操作说明和操作要点参照表 3-7。接下来进行录制循迹驾驶数据操作，操作步骤见表 3-10。

表 3-10　录制循迹驾驶数据的操作步骤

序号	步骤	操作说明	操作要点
1	录制循迹驾驶数据准备	将车辆置于遥控器驾驶模式，遥控至录制循迹轨迹的起点，标记此时车辆的车头方向和车辆位置，可在车辆左前轮处画一个十字符号用以标记：	① 车辆驾驶模式选择正确□ ② 循迹轨迹起点和车头方向标记正确□
2	启动循迹录制	在 Dreamview 界面中选择 Module Controller 标签，单击 RTK Recorder 按钮，启动循迹录制：	循迹录制启动成功□
3	操作车辆行驶，形成轨迹	使用遥控器操作车辆行驶，到达期望的终点。 注意：建议走直线；同一段循迹轨迹中不能出现倒车	按照规范操作车辆行驶至期望的终点□

续表

序号	步骤	操作说明	操作要点
4	关闭循迹数据的录制	车辆到达期望的终点后，在 Dreamview 界面中单击 RTK Recorder 按钮，关闭循迹数据的录制： 注意： ① 如不单击 RTK Recorder 按钮，可能会导致后续循迹回放无法进行； ② 请务必在车辆到达终点后快速单击 RTK Recorder 按钮，否则可能会记录多余且无用的数据	循迹数据录制关闭成功□ ————————
5	查看录制的数据文件	结束录制循迹轨迹后，会生成 garage.csv 和 garage_x_x_x.csv（xxx 表示时间戳，精确到秒。例如，garage_2021-11-24-11-22-14.csv）文件。 录制的循迹数据在~/apollo-dkit/data/log/garage.csv 文件中，文件内包含了车辆的轨迹、速度、加速度、曲率、挡位、油门踏板量、制动踏板量、转向盘转角等信息：	录制的循迹数据存放位置查找准确□ ————————

四、车辆循迹演示与数据采集

车辆循迹演示与数据采集的操作步骤见表 3-11。

表 3-11　车辆循迹演示与数据采集的操作步骤

序号	步骤	操作说明	操作要点
1	移动车辆至起点	将车辆移动至循迹录制时标记的起点，遥控器切换到自动驾驶模式： 注意：车辆的起点位置和车头朝向都尽量与循迹录制时的起点保持一致	①车辆移动位置准确□ ———————— ② 车辆模式选择正确□ ————————

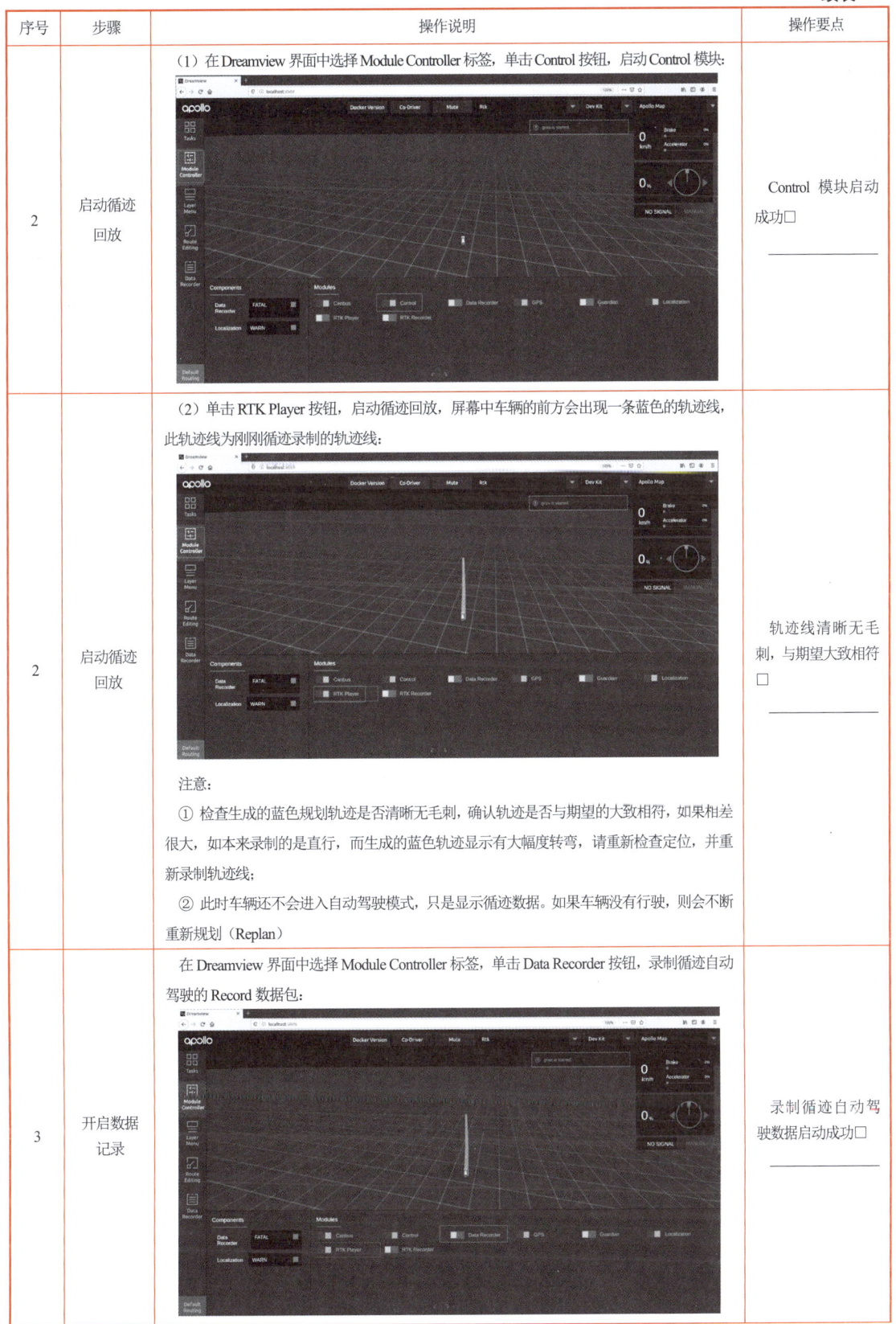

项目三 智能网联汽车定位系统与控制系统测试

续表

序号	步骤	操作说明	操作要点
2	启动循迹回放	（1）在 Dreamview 界面中选择 Module Controller 标签，单击 Control 按钮，启动 Control 模块：	Control 模块启动成功□
2	启动循迹回放	（2）单击 RTK Player 按钮，启动循迹回放，屏幕中车辆的前方会出现一条蓝色的轨迹线，此轨迹线为刚刚循迹录制的轨迹线： 注意： ① 检查生成的蓝色规划轨迹是否清晰无毛刺，确认轨迹是否与期望的大致相符，如果相差很大，如本来录制的是直行，而生成的蓝色轨迹显示有大幅度转弯，请重新检查定位，并重新录制轨迹线； ② 此时车辆还不会进入自动驾驶模式，只是显示循迹数据。如果车辆没有行驶，则会不断重新规划（Replan）	轨迹线清晰无毛刺，与期望大致相符□
3	开启数据记录	在 Dreamview 界面中选择 Module Controller 标签，单击 Data Recorder 按钮，录制循迹自动驾驶的 Record 数据包：	录制循迹自动驾驶数据启动成功□

97

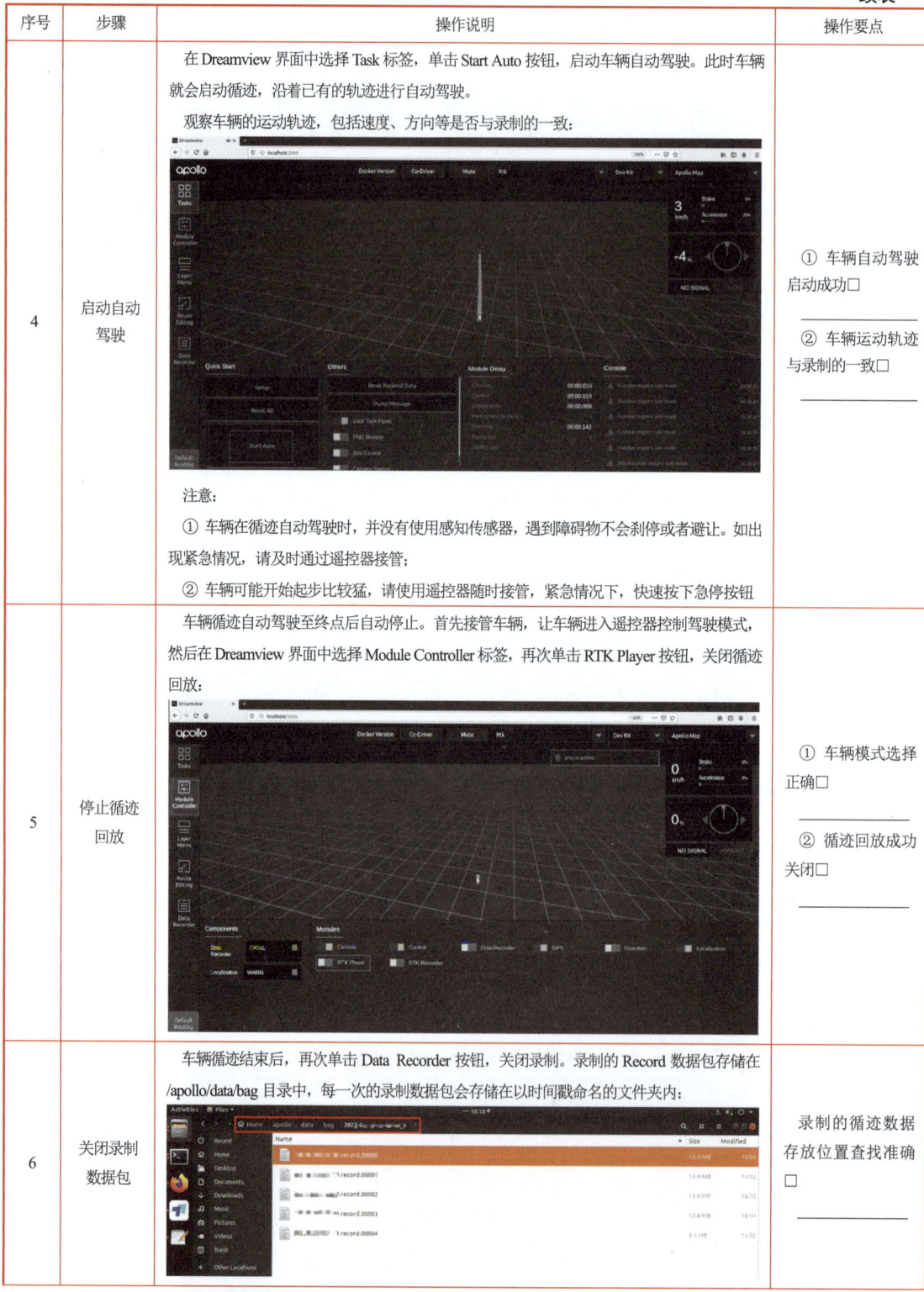

续表

序号	步骤	操作说明	操作要点
4	启动自动驾驶	在 Dreamview 界面中选择 Task 标签，单击 Start Auto 按钮，启动车辆自动驾驶。此时车辆就会启动循迹，沿着已有的轨迹进行自动驾驶。 观察车辆的运动轨迹，包括速度、方向等是否与录制的一致： 注意： ① 车辆在循迹自动驾驶时，并没有使用感知传感器，遇到障碍物不会刹停或者避让。如出现紧急情况，请及时通过遥控器接管； ② 车辆可能开始起步比较猛，请使用遥控器随时接管，紧急情况下，快速按下急停按钮	① 车辆自动驾驶启动成功□ _____ ② 车辆运动轨迹与录制的一致□ _____
5	停止循迹回放	车辆循迹自动驾驶至终点后自动停止。首先接管车辆，让车辆进入遥控器控制驾驶模式，然后在 Dreamview 界面中选择 Module Controller 标签，再次单击 RTK Player 按钮，关闭循迹回放：	① 车辆模式选择正确□ _____ ② 循迹回放成功关闭□ _____
6	关闭录制数据包	车辆循迹结束后，再次单击 Data Recorder 按钮，关闭录制。录制的 Record 数据包存储在 /apollo/data/bag 目录中，每一次的录制数据包会存储在以时间戳命名的文件夹内：	录制的循迹数据存放位置查找准确□ _____

续表

序号	步骤	操作说明	操作要点
7	数据包检查	使用 cyber_recorder 命令检查采集的数据内是否包含以下 Channel 信息: | 模块	Channel 名称	检查项目
---	---	---
Canbus	/apollo/canbus/chassis	确保能正常输出底盘信息
Control	/apollo/control	确保能正常输出控制信息。需要启动自动驾驶后才能获得
Planning	/apollo/planning	确保能正常输出规划信息
Localization	/apollo/localization/pose	确保能正常输出位置信息
GPS	apollo/sensor/gnss/best_pose	确保 sol_type 为 NARROW_INT | 若可以看到上述表格内对应 Channel 的 messages 不为 0,说明信息有效:	①采集的 Channel 信息检查项目准确□ —————— ② 数据内容检查方法正确□ ——————

五、控制结果分析

车辆控制结果分析的操作步骤及操作要点见表 3-12。

表 3-12 车辆控制结果分析的操作步骤及操作要点

序号	操作步骤	操作步骤	操作要点
1	播放自动驾驶数据包	启动 Apollo Docker 环境,输入并执行 cyber 播放自动驾驶数据包命令:	播放数据包成功□
2	启动 PNC Monitor 调试工具	在 Dreamview 界面中选择 Tasks 标签,单击 PNC Monitor 按钮,单击右侧的 Control 标签,可以查看与控制相关的数据:	PNC Monitor 调试工具启动□ ——————

续表

序号	操作步骤	操作步骤	操作要点
3	查看控制相关参数的动态变化	（1）Speed 图表的横轴为时间、纵轴为速度，real 曲线表示车辆的实际车速，plan 曲线表示规划的参考车速，target 曲线表示最初的规划参考车速，观察实际车速与规划速度的跟随情况，从而可以直观地查看控制效果： （2）查看 Acceleration（加速度）的跟随变化效果： （3）查看 Trajectory（轨迹位置）的跟随变化效果：	① 明确各个控制参数图表的含义□ ② 各个参数的跟随变化效果描述正确□ ③ 准确定位某一时刻各个参数的单帧数据情况□

续表

序号	操作步骤	操作步骤	操作要点
3	查看控制相关参数动态变化	（4）查看 Curvature（曲率）的跟随变化效果： （5）查看 Station Error（纵向位置误差）的跟随变化效果： （6）查看 Lateral Error（横向位置误差）的跟随变化效果： （7）查看 Heading Error（航向偏差）的跟随变化效果： （8）在 Apollo Docker 环境中执行 cyber 播放自动驾驶数据包命令时，按下空格键，可以暂停播放数据包。此时进入 PNC Monitor 内可以查看单帧的数据情况，便于更加细致的调试分析	① 明确各个控制参数图表的含义□ ② 各个参数的跟随变化效果描述正确□ ③ 准确定位某一时刻各个参数的单帧数据情况□
4	结束播放数据包	在 Apollo Docker 环境中，按下 Ctrl+C 组合键，结束数据包的播放	数据包播放结束成功□

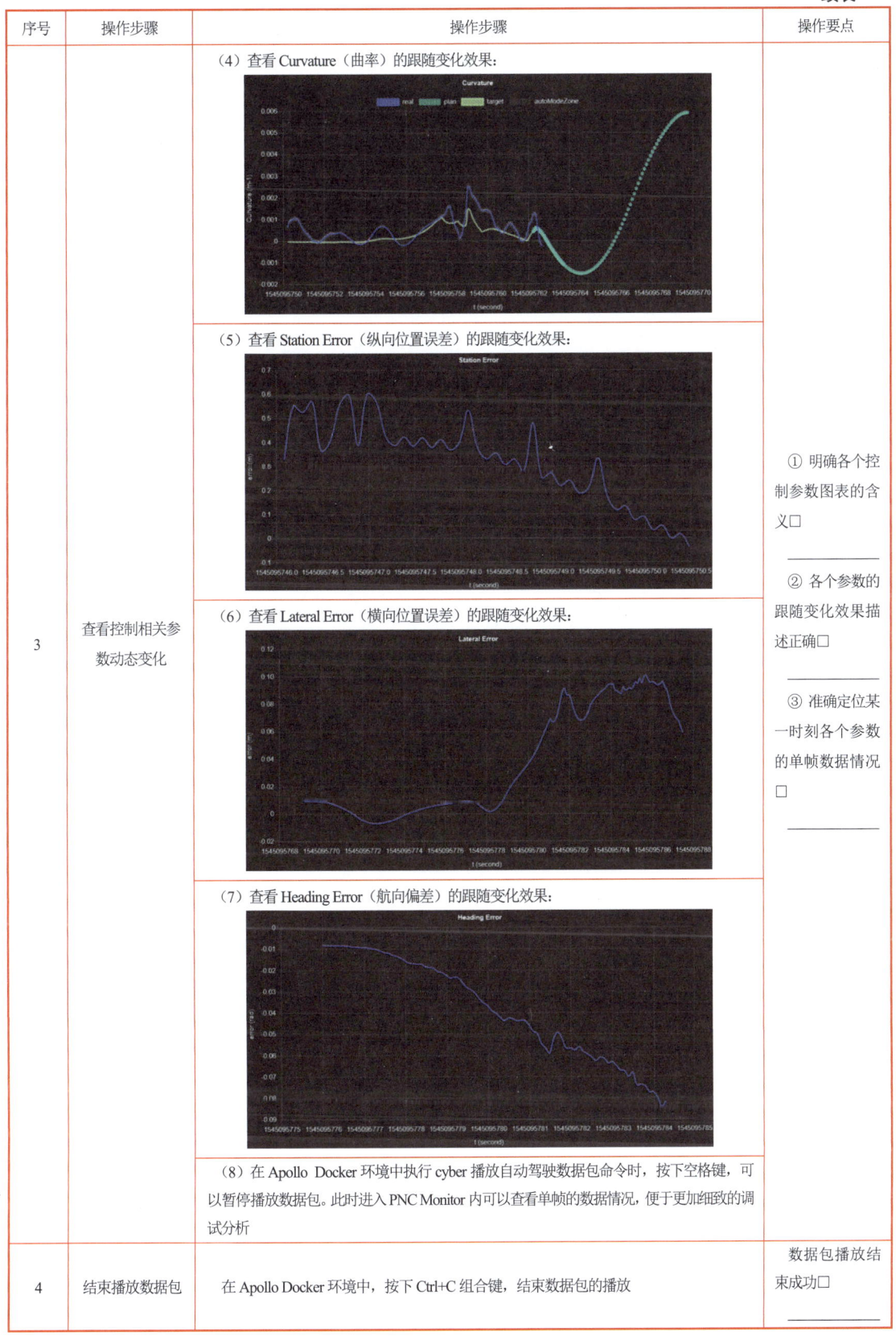

能力拓展

能力拓展部分主要讲述常见故障的诊断，具体内容扫码即可获得。

任务测评

对任务实施的完成情况进行检查，并将结果填入表 3-13。

表 3-13 任务测评表

成绩评定反馈意见表					
课程名称：自动驾驶车辆循迹演示及控制评测					
组号		组员信息：			
序号	项目	子项目	检查规范	结论	得分
1	场景搭建（10 分）	场景搭建	选取平坦的道路路段，并且路段内无其他道路参与者		
2	录制轨迹（50 分）	整车上电并启动计算平台	计算平台启动成功		
		启动 Apollo Docker 环境	Apollo Docker 环境启动成功		
		启动 Dreamview 界面并选择模式和车型	Dreamview 界面启动成功；Dreamview 界面打开成功；模式和车型选择正确		
		启动并验证 GPS、Localization 模块	GPS、Localization 模块开启正确；cyber_monitor 工具启动成功；GPS 模块启动状态验证方法正确；GPS 模块启动成功；Localization 模块启动状态验证方法正确；Localization 模块启动成功		
		启动 CAN 卡	CAN 卡启动成功		
		启动并验证 Canbus 模块	Canbus 模块开启正确；cyber_monitor 工具启动成功；Canbus 模块启动状态验证方法正确；Canbus 模块启动成功		
		录制循迹驾驶数据	车辆驾驶模式选择正确；循迹轨迹起点和车头方向标记正确；循迹录制启动成功；按照规范操作车辆行驶至期望终点；循迹数据录制关闭成功；录制的循迹数据存放位置查找准确		
3	车辆循迹演示与数据采集（20 分）	移动车辆至起点	车辆移动位置准确；车辆模式选择正确；		
		启动循迹回放	Control 模块启动成功；轨迹线清晰无毛刺，与期望大致相符		
		开启数据记录	录制循迹自动驾驶数据启动成功		
		启动自动驾驶	车辆自动驾驶启动成功；车辆运动轨迹与录制一致		
		停止循迹回放	车辆模式选择正确；循迹回放成功关闭		
		关闭录制数据包	录制的循迹数据存放位置查找准确		
		数据包检查	采集的 Channel 信息检查项目准确；数据内容检查方法正确		

续表

序号	项目	子项目	检查规范	结论	得分
4	车辆控制结果分析（20分）	播放自动驾驶数据包	播放数据包成功		
		启动 PNC Monitor 调试工具	PNC Monitor 调试工具启动		
		查看控制相关参数动态变化	明确各控制参数图表含义；各参数跟随变化效果描述正确；准确定位某一时刻各参数单帧数据情况		
		结束数据包播放	数据包播放结束成功		

评论摘要：

分数	等级	总分	评分描述
85～100	优		
75～84	良		
60～74	及格		
<60	未达到		

课后习题与参考文献

课后习题

参考文献

项目四
智能网联汽车感知设备集成与测试

导　言

我国在环境感知技术方面，车用激光雷达、视觉传感器、毫米波雷达等传感器，以及基于传感器的感知技术水平取得突破。车载多线束激光雷达、应用于智能驾驶功能的车载视觉芯片已实现量产，车载 24GHz 和 77GHz 毫米波雷达核心的射频收发芯片和雷达波形控制芯片已实现自主研制，车载多传感器信息融合环境感知算法感知的精度和可靠性有一定提升。预计到 2025 年左右，智能网联汽车的环境感知技术障碍物检测能力将达到最远 200m 以上，最近 0.1m 以内；在城区/城郊工况下，感知系统的计算时间小于 100ms，在高速工况下小于 50ms；障碍物识别、车道线检测、车位线识别准确率均大于 90%，满足有条件自动驾驶或部分场景高度自动驾驶的需求。

思维导图

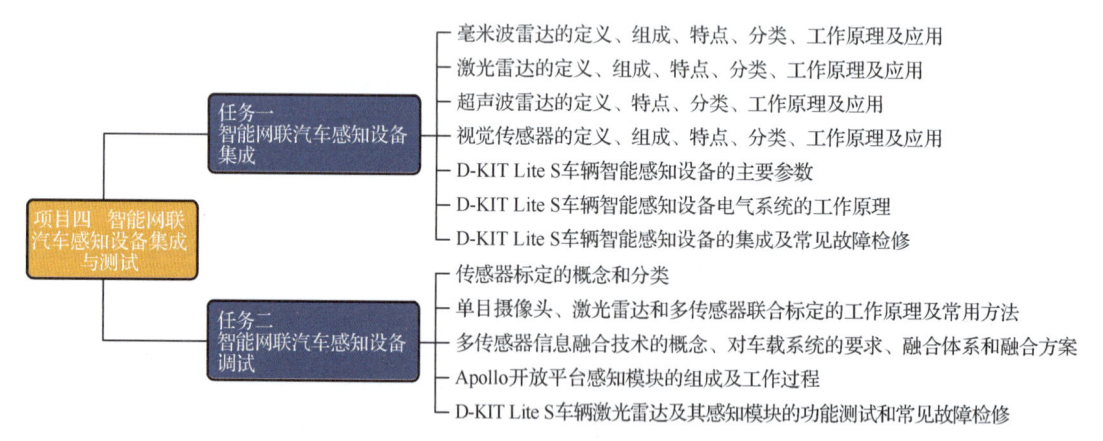

项目四　智能网联汽车感知设备集成与测试
- 任务一　智能网联汽车感知设备集成
  - 毫米波雷达的定义、组成、特点、分类、工作原理及应用
  - 激光雷达的定义、组成、特点、分类、工作原理及应用
  - 超声波雷达的定义、特点、分类、工作原理及应用
  - 视觉传感器的定义、组成、特点、分类、工作原理及应用
  - D-KIT Lite S车辆智能感知设备的主要参数
  - D-KIT Lite S车辆智能感知设备电气系统的工作原理
  - D-KIT Lite S车辆智能感知设备的集成及常见故障检修
- 任务二　智能网联汽车感知设备调试
  - 传感器标定的概念和分类
  - 单目摄像头、激光雷达和多传感器联合标定的工作原理及常用方法
  - 多传感器信息融合技术的概念、对车载系统的要求、融合体系和融合方案
  - Apollo开放平台感知模块的组成及工作过程
  - D-KIT Lite S车辆激光雷达及其感知模块的功能测试和常见故障检修

任务一　智能网联汽车感知设备集成

学习目标

【知识目标】
1. 能正确描述毫米波雷达的定义、组成、特点、分类、工作原理及应用；
2. 能正确描述激光雷达的定义、组成、特点、分类、工作原理及应用；

3. 能正确描述超声波雷达的定义、特点、分类、工作原理及应用；
4. 能正确描述视觉传感器的定义、组成、特点、分类、工作原理及应用；
5. 能正确描述 D-KIT Lite S 车辆智能感知设备的主要参数；
6. 能正确描述 D-KIT Lite S 车辆智能感知设备电气系统的工作原理。

【能力目标】
1. 能够依据装配工艺文件，使用拆装工具，完成 D-KIT Lite S 车辆智能感知设备的集成；
2. 能够根据故障诊断流程，完成智能感知设备集成过程中常见故障的检修。

【素质目标】
1. 能够熟练掌握智能感知设备相关的国家标准、行业标准或企业规范，掌握智能感知设备的集成作业中绿色生产、环境保护、安全防护、质量管理等相关知识与技能；
2. 具有探究学习、终身学习的能力，能够综合运用知识分析和解决车辆智能感知设备的集成过程中遇到的问题；
3. 工作过程中，弘扬劳动光荣、技能宝贵、创造伟大的时代精神，热爱劳动人民、珍惜劳动成果、树立劳动观念、积极投身劳动，具备与职业发展相适应的劳动素养、劳动技能。

工作任务

某汽车制造厂正在试制一款面向 L4 级自动驾驶的前装量产车型，需要智能网联汽车系统集成工程师基于 Apollo 的该样品车型完成智能感知设备的设计与开发。作为一名辅助工程师，需要掌握毫米波雷达、激光雷达、超声波雷达和视觉传感器的定义、组成、特点、分类、工作原理及应用；能描述 Apollo 智能感知设备的主要参数及其电气系统的工作原理；依据装配工艺文件，使用拆装和诊断工具，完成智能网联汽车智能感知设备的集成和常见故障的检修。

相关知识

一、智能网联汽车感知设备概念

智能网联汽车的感知设备利用各种传感器获取车辆自身的行驶状态及环境信息，并将获取的信息传输给车载控制中心，为智能决策提供依据。智能网联汽车的感知设备主要包含毫米波雷达、激光雷达、超声波雷达及视觉传感器等。

1. 毫米波雷达

1）定义与组成

毫米波雷达是工作在毫米波波段的雷达。毫米波是指波长范围为 1~10mm、频率范围为 30~300GHz 的电磁波。毫米波雷达主要包括天线罩、天线板、主体压铸板、集成电路板（MMIC）及机壳，如图 4-1 所示。集成电路板、天线板是毫米波雷达的核心硬件。

2）分类

按照工作原理不同分为脉冲式毫米波雷达和调频式连续毫米波（FMCW）雷达两种。脉冲式毫米波雷达通过发射脉冲信号与接收脉冲信号之间的时间差来计算目标距离。调频式连续毫米波雷达利用多普勒效应测量得

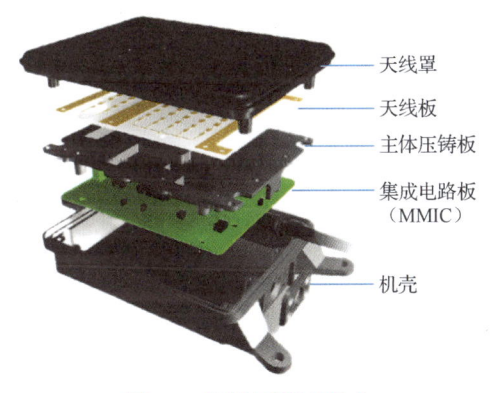

图 4-1 毫米波雷达的组成

出不同目标的距离和速度。脉冲式毫米波雷达的测量原理简单，但由于受技术、元器件等方面的影响，在实际应用中很难实现。目前大多数车载毫米波雷达都采用调频式连续毫米波雷达。

按照探测距离分为近距离（SRR）、中距离（MRR）和远距离（LRR）毫米波雷达，如图 4-2 所示。

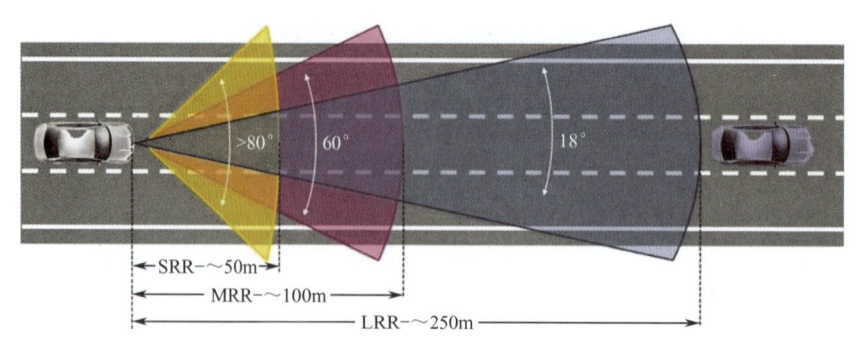

图 4-2 毫米波雷达的分类图（按探测距离）

按照采用的毫米波频段不同，划分为 24GHz、60GHz、77GHz 和 79GHz 毫米波雷达，主流可用频段为 24GHz 和 77GHz。为了满足不同距离范围的探测需要，车辆上会安装多个近距离、中距离和远距离毫米波雷达，其中 24GHz 毫米波雷达主要实现近距离探测，77GHz 毫米波雷达主要实现中距离和远距离探测。

3）工作原理

毫米波雷达的工作原理如图 4-3 所示。调频式连续毫米波雷达利用 FMCW 发射器发射一个已知且频率稳定的信号，该信号由另一个频率上下变化的连续信号调制（常用的调频方式有三角波、锯齿波、编码调制或者噪频等）。发射的信号遇到障碍物体后被反射，产生与发射信号有一定频率差的回波。接收天线接收到雷达回波并调解后，信号处理器对模拟信号进行数字采样，并进行相应的滤波，进一步使用快速傅里叶变换算法将信号转换为频域，然后寻找信号中的特定特征（如信号强度、频率变化等），获取目标的位置和速度等测量信息，并对目标进行编号和跟踪。

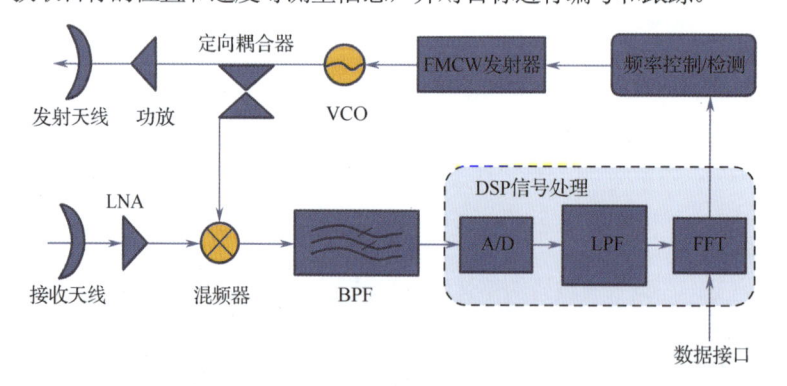

图 4-3 毫米波雷达的工作原理

4）特点

毫米波雷达的优点是：可探测距离远，最远可达 250m 左右；响应速度快，可以快速测量出目标的角度、距离、速度等信息；适应能力强，发射的信号具有很强的穿透能力，在雨、雪、大雾等恶劣天气下依然可以正常工作。缺点是：覆盖区域呈扇形，有盲点区域；无法识别道路标线、交通标志和交通信号灯。

5）应用

毫米波雷达主要应用于智能网联汽车的自适应巡航控制（ACC）、前向碰撞预警（FCW）、自动紧急制动（AEB）、盲区监测（BSD）、自动泊车辅助（APA）和变道碰撞预警（LCA）等，如图4-4所示。

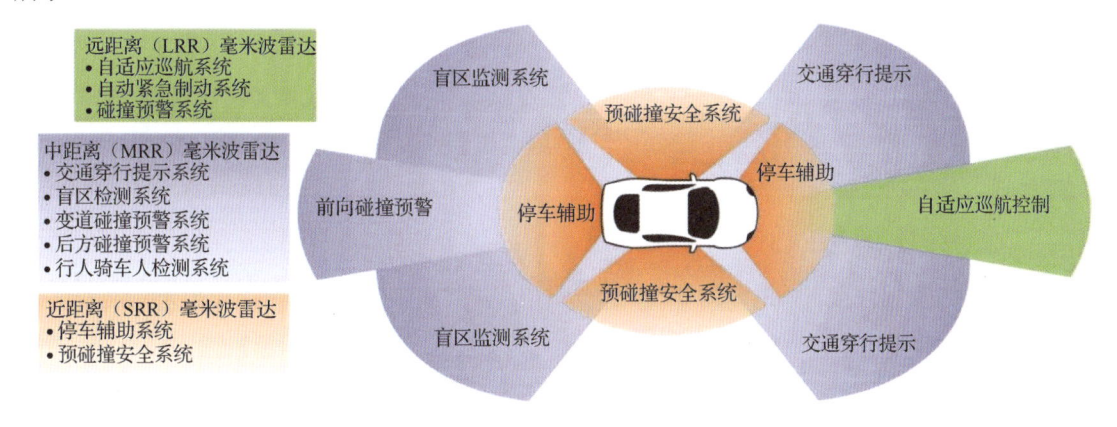

图4-4　毫米波雷达的应用

2. 激光雷达

1）定义与组成

激光雷达，也称光学雷达，是工作在光频波段的雷达，是激光探测与测距系统的简称。如图4-5所示为单线激光雷达的组成，其由激光发射器、激光接收器、旋转电机、安装底座等组成，激光发射器在旋转电机的带动下不断旋转，将激光点变成线，并通过在竖直方向上排布多束激光发射器形成面，达到3D扫描并接收信息的目的。

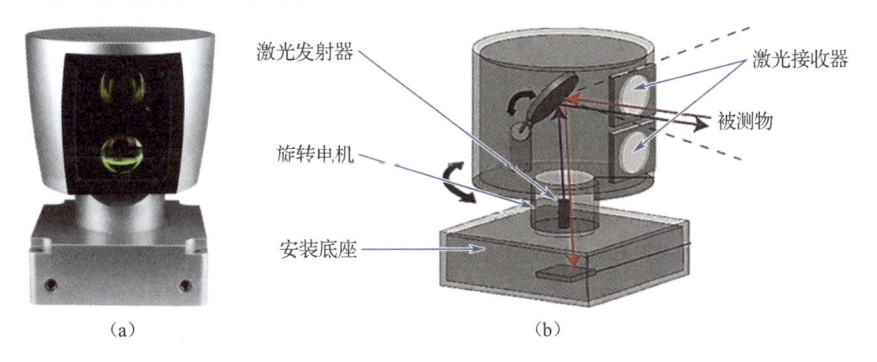

图4-5　单线激光雷达的组成

2）分类

激光雷达按照有无机械旋转部件可分为机械激光雷达、混合固态激光雷达和固态激光雷达。机械激光雷达如图4-5（a）所示，其带有控制激光发射角度的旋转部件，扫描角度为360°，精度高、运行稳定、成像快，但体积较大、价格昂贵，一般置于汽车顶部。混合固态激光雷达如图4-6所示，又称半固态激光雷达，其没有大体积旋转结构，采用固定激光光源，通过内部玻璃片旋转的方式改变激光光束的方向，实现多角度检测的需要。混合固态激光雷达体积小，可安装于车内，具有成本低、系统运行稳定、寿命长、点云分辨率比较均衡、扫描速度快等优点。固态激光雷达如图4-7所示，其没有机械旋转部件，依靠电子部件控制激光的发射角度，探测点（点云）可以任意分布。固态激光雷达尺寸较小，可安装于车体内，具有数据采集速度快、分辨率高、对温度和振动适应性强等特点。

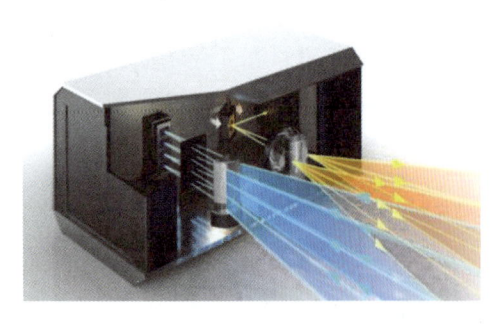

图 4-6　混合固态激光雷达

图 4-7　固态激光雷达

根据雷达线束的数量，可以分为单线束激光雷达和多线束激光雷达。单线束激光雷达采集 2D 数据，只能测量距离；多线束激光雷达分为 4 线束、8 线束、16 线束、32 线束、64 线束、128 线束等。多线束激光雷达如图 4-8 所示。

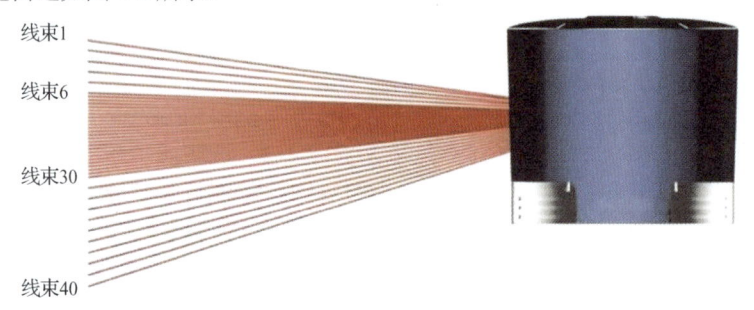

图 4-8　多线束激光雷达

3）工作原理

激光雷达测距的基本原理如图 4-9 所示，脉冲驱动电路驱动激光器发射一个持续时间极短但瞬时功率非常高的光脉冲，同时计时单元启动计时；光脉冲经发射光路射出后，到达被测物体的表面并向各方向散射；测距模块的接收光路收到部分散射光能量，通过光电器件转化为光电流，输送给回波信号处理电路；回波信号处理电路将光电流转化为电压信号，经过一级或数级放大并调理后，得到一个回波信号对应的电脉冲，用于触发计时单元停止计时；计时单元记录的时间间隔就代表了激光脉冲从发射到返回的全程所用的时间，使用这个时间值乘以光速并除以 2，即可得到测距单元与被测目标之间的距离值。

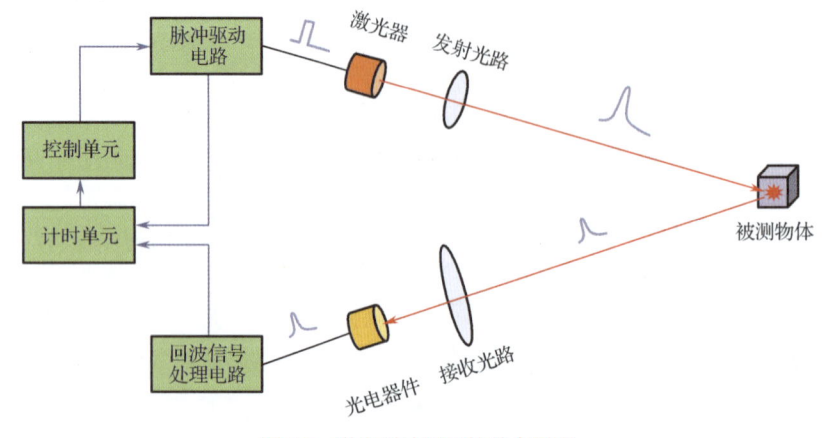

图 4-9　激光雷达测距的基本原理

4）特点

激光雷达的优点是：分辨率高，可以获得极高的角度、距离和速度分辨率，角分辨率不低于 0.1mard，距离分辨率可达 0.1m，速度分辨率能达到 10m/s 以内；探测范围广，距离可达到 300m 左右；信息量丰富，可直接获取探测目标的距离、角度、反射强度、速度等信息，生成目标多维度图像；全天工作，激光主动探测，不依赖外界光照条件或目标本身的辐射特性。缺点是：容易受到大气条件以及工作环境烟尘的影响，不具备识别交通标志的功能。

5）应用

激光雷达具有高精度电子地图和定位、障碍物识别、可通行空间检测、障碍物轨迹预测等功能。高精度电子地图和定位功能利用多线束激光雷达的点云信息与车载组合导航系统采集的信息进行高精度电子地图的制作。自动驾驶汽车利用激光点云信息与高精度电子地图匹配，实现高精度定位。障碍物识别功能利用高精度电子地图限定感兴趣区域后，根据障碍物的特征和识别方法进行障碍物的检测与识别。可通行空间检测功能利用高精度电子地图限定感兴趣区域后，根据感兴趣区域内部点云的高度及连续性信息判断点云处是否可通行。障碍物轨迹预测功能是指根据激光雷达的感知数据与障碍物所在车道的拓扑关系进行障碍物的轨迹预测，作为自动驾驶汽车规划的判断依据。

3．超声波雷达

1）定义

超声波雷达是利用超声波的特征设计而成的传感器，如图 4-10 所示。人耳能分辨的声波频率为 20Hz～20kHz，频率大于 20kHz 的声波称为超声波。超声波雷达在超声波频率范围内，实现电信号与声音信号的能量转换。

2）分类

常见的超声波雷达有两种，如图 4-11 所示，一种是安装在汽车前后保险杠上，用于探测汽车前后的障碍物，探测距离一般为 15～250cm，称为停车距离控制（PDC）传感器或驻车辅助（UPA）传感器。另一种是安装在汽车侧面，用于测量停车位长度，探测距离一般为 30～500cm，称为 PLA 传感器或 APA 传感器。

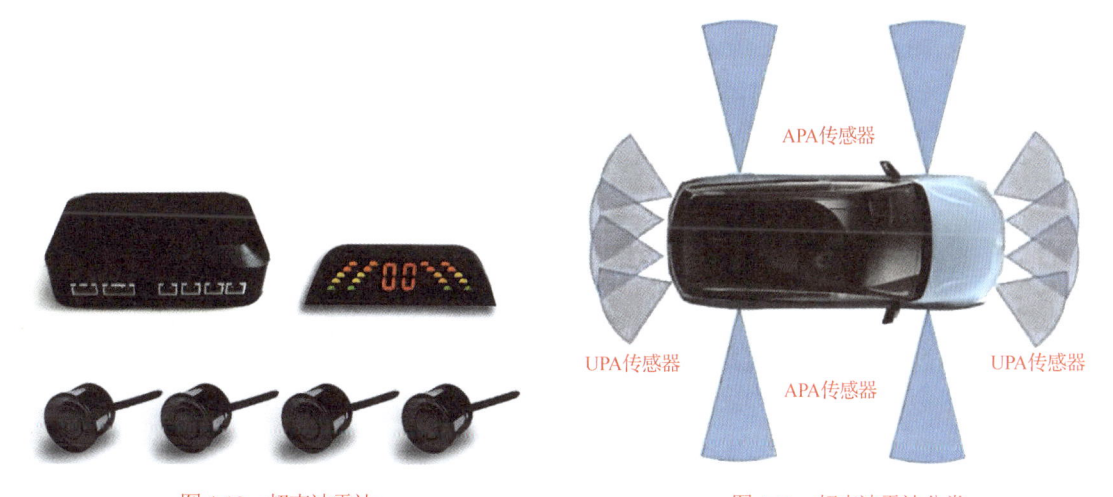

图 4-10　超声波雷达

图 4-11　超声波雷达分类

3）工作原理

超声波雷达的工作原理是：超声波发射器发出的超声波脉冲，经媒质传到障碍物表面，反射后由接收器接收，测出超声波脉冲从发射到接收所需的时间。根据媒质中的声速，求得从探头到障碍物表面之间的距离。超声波属于声波，其传播速度和声音的传播速度相同（传播速度取决于传播的

介质和温度），通常在 15℃的空气中声音的传播速度为 340m/s。发射点与障碍物表面之间的距离（s），可根据计时器记录的时间（t）进行计算，公式为 $s=(t\times340)\div2$，如图 4-12 所示。

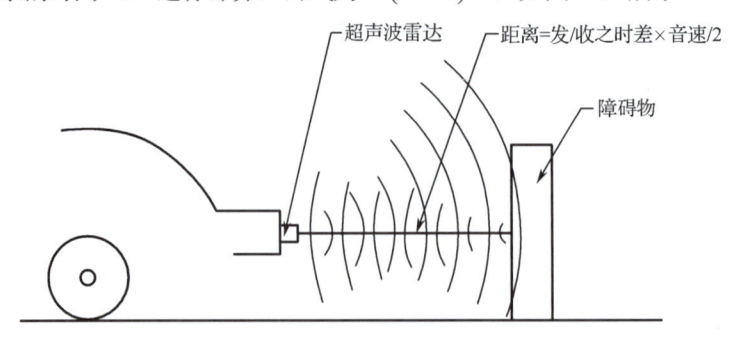

图 4-12　超声波雷达的工作原理

4）特点

超声波雷达结构简单、体积小、成本低、信息处理简单可靠，易于小型化与集成化，其有效探测距离一般为 5~10m，但会有一个最小探测盲区，一般为几十毫米。超声波雷达对色彩不敏感，可适用于识别透明、半透明以及漫反射差的物体；对外界光线和电磁场不敏感，可用于黑暗、有灰尘或烟雾、电磁干扰强等恶劣环境中。

5）应用

超声波雷达在智能网联汽车中常应用于自动泊车辅助系统。自动泊车辅助系统包含 8 个停车距离控制传感器和 4 个自动泊车辅助传感器。

4．视觉传感器

1）定义与组成

视觉传感器又称成像装置、摄像装置或摄像头，主要功能是获取足够的机器视觉系统要处理的原始图像。视觉传感器主要由光源、镜头、图像传感器、模数转换器、图像处理器和图像存储器组成，如图 4-13 所示。光线通过镜头进入视觉传感器并聚焦到图像传感器上。图像传感器利用光电器件（CCD 或 CMOS）的光电转换功能，将感光面上的光像转换为与光像成相应比例关系的电信号。模数转换器将图像传感器产生的模拟信号转变为数字信号。图像处理器通过取样和量化过程，将一个以自然形式存在的图像变换为适合计算机处理的数字形式，最终存储于图像存储器。

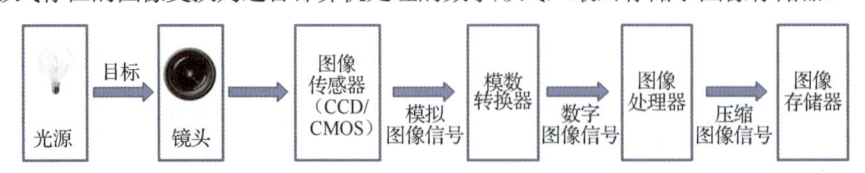

图 4-13　视觉传感器的组成

2）分类

视觉传感器按照安装位置主要分为前视摄像头、环视摄像头、后视摄像头、侧视摄像头以及内置摄像头，如图 4-14 所示。按照传感器的工作原理，视觉传感器可分为单目摄像头、双目摄像头、三目摄像头等，如图 4-15 所示。

3）特点

视觉传感器获取的视觉图像信息量丰富，尤其是彩色图像，不仅包含视野内物体的距离信息，而且还有物体的颜色、纹理、深度和形状等信息；信息获取面积大，在视野范围内可同时实现道路、车辆、行人、交通标志和交通信号灯的检测；当多车辆同时工作时，不会出现相互干扰的现象；适

应环境能力较强，获取的是实时场景图像，提供的信息不依赖于先验知识。

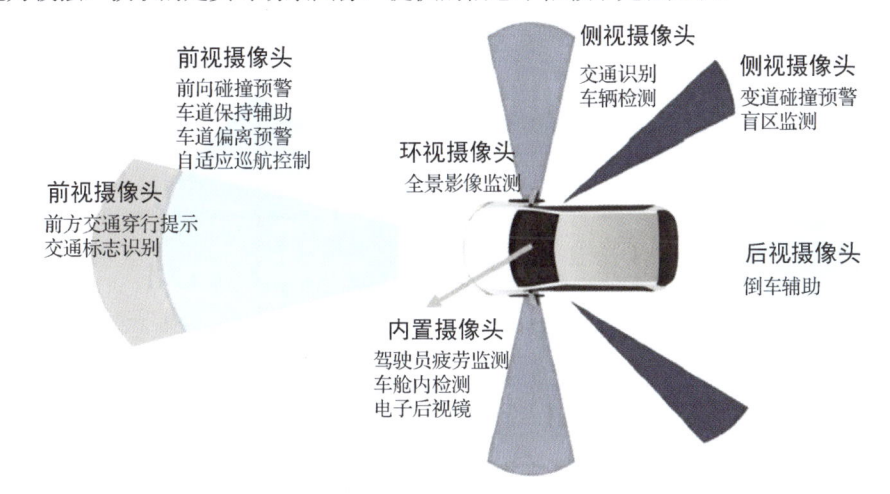

图 4-14　视觉传感器按照安装位置分类的分类图

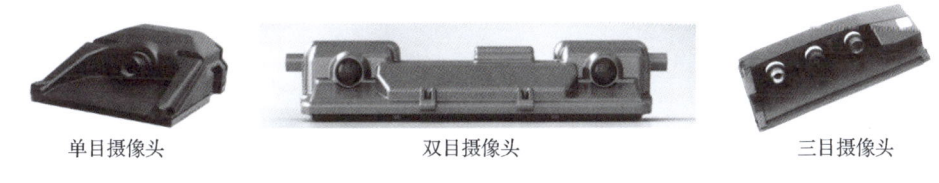

图 4-15　视觉传感器按照工作原理分类的分类图

4）应用

视觉传感器主要用于车辆识别、行人识别、交通标志识别和车道线识别等，如图 4-16 所示。

图 4-16　视觉传感器的应用

二、D-KIT Lite S 车辆智能感知设备认知

Apollo 开放平台支持的智能传感器包含毫米波雷达、激光雷达、超声波雷达和视觉传感器。表 4-1 列出了 D-KIT Lite S 车辆装配的智能感知设备，同时也可以根据应用场景的不同加装其他种类的传感器。

表 4-1　D-KIT Lite S 车辆装配的智能感知设备

序号	名称	图片	参数
1	毫米波雷达		型号：ARS408-21 发射频率：76～77GHz 发射功率：14.1～35.1dBm 调制方式：FMCW（Frequency Modulated Continuous Wave） 测距范围：0.20～250m（长距模式），0.20～70m/100m（中距模式，±45°范围内），0.20～20m（短距模式，±60°范围内） 距离测量分辨率：1.79m（长距模式），0.39m（短距模式，0.2m@standstill），在满足 1.5～2 倍分辨率的条件下可对两个物体进行区分 距离测量精度：±0.40m（长距模式），±0.10m（短距模式，±0.05m@standstill） 水平角分辨率：1.6°（长距模式），3.2°@ 0°/4.5°@±45°/12.3°@±60°（短距模式），在满足 1.5～2 倍分辨率的条件下可对两个物体进行区分 水平角精度：±0.1°（长距模式），±0.3°@0°/±1°@±45°/±5°@±60°（短距模式） 速度范围：-400～+200km/h（-表示远离目标，+表示靠近目标） 速度分辨率：0.37km/h（长距模式），0.43km/h（短距模式） 速度精度：±0.1km/h 天线通道数：4TX/6RX=24 通道=2TX/6RX（长距模式）、2TX/6RX（短距模式），使用数字波束合成技术（DBF） 循环周期：长距和短距均约 60ms
2	激光雷达		型号：Puck（VLP-16） 最大测距：100m 测距精度：±3cm 扫描速率：单回波 30 万点/秒；双回波 60 万点/秒 垂直视角：-15°～+15° 垂直角分辨率：2° 扫描频率：5～20Hz 功耗：8W 电压：9～18V 工作温度：-10～+60℃
3	摄像头		① 6mm 焦距摄像头 焦距：6mm FOV（D/H/V）：74.8°/65°/34.4° 像素点大小：3.0μm×3.0μm 数据接口：USB 3.0 分辨率：1920×1080 帧率：30fps ② 12mm 焦距摄像头 焦距：12mm FOV（D/H/V）：31.9°/27.5°/15.1° 像素点大小：3.0μm×3.0μm 数据接口：USB 3.0 分辨率：1920×1080 帧率：30fps

任务实施与评价

一、任务准备

本次任务所使用的实训设备、工具及资源见表 4-2。

表 4-2 实训设备、工具及资源

序号	分类	名称	准备要点	数量	准备情况记录
1	设备	D-KIT Lite S 车辆	检查车辆状态： （1）车胎是否损坏、充气压力（正常胎压为 2.5～2.6kPa）是否合适，以及胎纹内是否嵌入异物； （2）车辆底部是否有泄漏液体或易燃物； （3）上电开关接通后是否有异常报警声； （4）确认电池电量（大于 80%），若电池电量低于 20%，建议充满电后再使用车辆； （5）已完成计算平台集成、组合导航系统集成、车辆动力学标定和车辆循迹演示	1 辆/组	① 是否正常：是□ 否□ _____ ② 已完成组合导航系统集成车辆动力学标定和车辆循迹演示：是□ 否□ _____
		智能感知设备系统组件	激光雷达（1 个）、激光雷达线束（1 捆）、摄像头（3 个）、摄像头线束（3 根）	1 套/组	是否齐全：是□ 否□ _____
2	工具	常用拆装工具套装	十字螺丝刀、一字螺丝刀、内六角扳手、T 形套筒	1 套/组	是否齐全：是□ 否□ _____
3	资源	D-KIT Lite S 车辆使用手册	查找使用手册中的"车辆使用说明""Apollo 集成说明"	1 份/人	是否找到：是□ 否□ _____
		作业记录单	明确工作任务	1 份/组	是否明确工作任务：是□ 否□ _____

二、D-KIT Lite S 车辆智能感知设备电气系统的工作原理

1. 智能感知设备电气系统的工作原理图

D-KIT Lite S 车辆智能感知设备电气系统的工作原理如图 4-17 所示。驾驶自动化系统的供电线路和负极回路都集成于一条线束中。供电线束为计算平台提供 24V 电源，为显示器、4G 路由器、激光雷达、组合导航系统主机 M2、毫米波雷达提供 12V 电源。

D-KIT Lite S 车辆目前采取以激光雷达为主的自动驾驶感知方案，通过激光雷达获取障碍物的形状、位置、类别和速度等信息，其分为 3 条支路。第一条支路与 12V 供电线束相连接，为电源线；第二条支路通过 RJ45 网口、网线延长线与计算平台相连接，为网线；第三条支路与组合导航数据/电源线束的授时接口相连接，为授时线。配备 3 个摄像头，可进行红绿灯、车道线和障碍物检测，通过 USB 与计算平台相连接。毫米波雷达支路为选配方案，可进行测距、测速以及方位角测量，分为 2 条支路。第一条支路与 12V 供电线束相连接，为电源线；第二条支路（数据线束）通过 DB9 接口（CAN 接口）与计算平台 CAN 接口相连接。

2. 智能感知设备电气系统工作过程的描述

请描述 D-KIT Lite S 车辆智能感知设备电气系统中电源管理系统、计算平台、组合导航系统、激光雷达、毫米波雷达、摄像头等的工作过程。

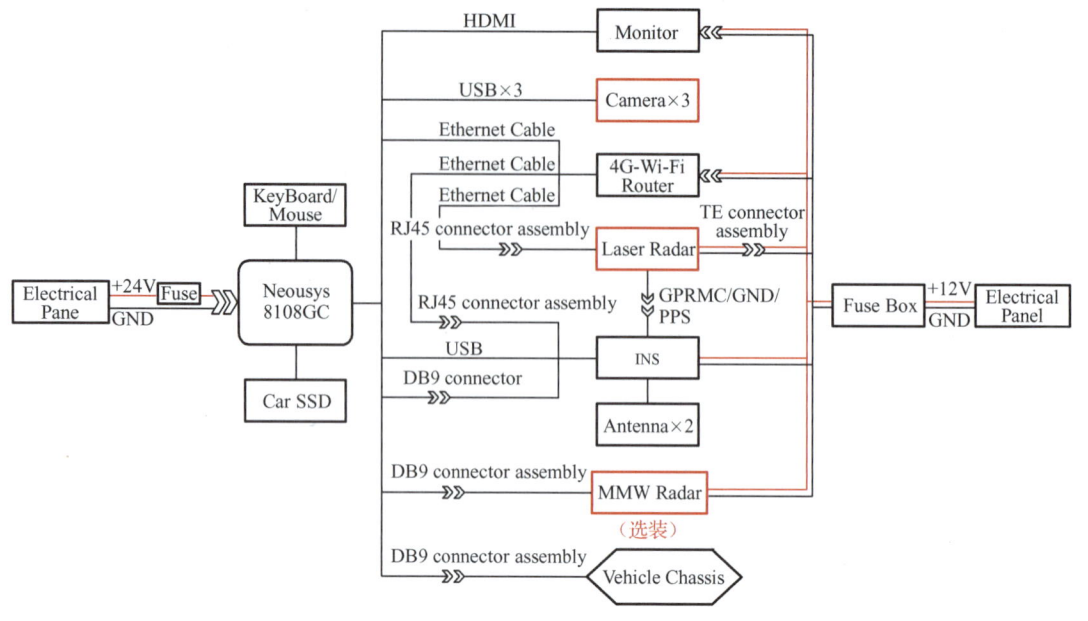

图 4-17　D-KIT Lite S 车辆智能感知设备电气系统的工作原理

三、D-KIT Lite S 车辆智能感知设备的安装位置

D-KIT Lite S 车辆上智能感知设备的安装位置见表 4-3。

表 4-3　D-KIT Lite S 车辆上智能感知设备的安装位置

设备名称	安装位置	安装位置图	操作要点
激光雷达	安装于车辆传感器支架的顶部		① 根据集成说明书，描述部件名称正确□ _____
摄像头	安装于车辆传感器支架前端的横梁上		② 描述部件的安装位置正确□ _____

四、D-KIT Lite S 车辆智能感知设备的集成

1. 智能感知设备及连接器接口

智能感知设备及连接器接口见表4-4。

表4-4 智能感知设备及连接器接口

序号	设备名称	连接器接口	操作要点
1	激光雷达	激光雷达 M12 接口：与激光雷达线束中的航插接口相连接	① 描述激光雷达接口连接的部件正确□ _____
2	激光雷达线束	激光雷达线束为 1 拖 3 线束，其中 1 为航插接口，3 分别为电源接口、RJ45 网口（母）和 GPS 授时接口。 ① 航插接口：与激光雷达 M12 接口相连接； ② 电源接口：与供电线束中的激光雷达供电接口相连接； ③ RJ45 网口：通过网线延长线与计算平台网口相连接； ④ GPS 授时接口：与组合导航系统数据/电源线束的授时接口相连接	① 根据集成说明，描述激光雷达线束各接口名称正确□ _____ ② 描述各接口连接的部件正确□ _____
3	摄像头	摄像头 USB 接口：通过 USB 线与计算平台相连接	① 描述摄像头接口连接的部件正确□ _____
4	摄像头线束	摄像头线束：两端分别与摄像头和计算平台相连接	① 描述摄像头线束接口连接的部件正确□ _____

2. 智能感知设备的集成

D-KIT Lite S 车辆智能感知设备集成的操作步骤见表 4-5。

表 4-5　D-KIT Lite S 车辆智能感知设备集成的操作步骤

序号	步骤	操作说明	操作要点
1	安装激光雷达	（1）使用 4 颗 M5 螺栓及自锁螺母固定激光雷达支架： （图：4颗M5螺栓及自锁螺母）	① 激光雷达支架安装位置正确□ ——————— ② 固定牢固□ ———————
		（2）使用 1/4-20 螺栓固定激光雷达： （图：1/4-20螺栓） 注意： ① 激光雷达要牢靠固定安装于车顶部； ② 激光雷达对地高度 1.5～1.8m，水平放置，精度在 2° 以内； ③ 激光雷达线缆的方向朝向车辆的正后方	① 激光雷达安装位置正确□ ——————— ② 激光雷达符合安装规范要求□ ——————— ③ 固定牢固□ ———————
		（3）将激光雷达 M12 接口与激光雷达线束的航插接口相连接：	① 激光雷达线束接口选择正确，且与激光雷达连接正确□ ——————— ② 线束连接牢固□ ———————
		（4）将激光雷达线束的电源接口与供电线束中激光雷达的供电接口相连接：	① 激光雷达线束接口选择正确，且与供电线束接口连接正确□ ——————— ② 线束连接牢固□ ———————

续表

序号	步骤	操作说明	操作要点
1	安装激光雷达	（5）将激光雷达线束的授时接口与组合导航系统数据/电源线束的授时接口相连接： （6）通过网线将激光雷达线束的网口与计算平台的对应网口相连接：	① 激光雷达线束接口选择正确，且与组合导航系统数据/电源线束接口连接正确□ ② 线束连接牢固□ ① 激光雷达线束接口选择正确，且与计算平台的接口连接正确□ ② 线束连接牢固□
2	安装摄像头	（1）使用3颗M3×6螺栓固定摄像头 3-3×6螺栓 注意： ① 3个摄像头，右侧为6mm摄像头，左侧为12mm摄像头； 6mm摄像头 12mm摄像头 ② 摄像头不要装反（USB接口应该在下方）； ③ 摄像头保持水平安装，俯仰角向下0°～2°（向下倾斜小于2°，不能上仰），翻滚角误差为±1°（左右两侧的平齐程度），航向角误差为±2°； ④ 镜头保持清洁，避免影响图像采集 （2）使用万向水平仪对激光雷达与摄像头进行调整：	① 摄像头安装位置正确□ ② 摄像头符合安装规范要求□ ③ 固定牢固□ 相对水平调整符合规范要求□

续表

序号	步骤	操作说明	操作要点
2	安装摄像头	（3）通过 USB 线束将摄像头与计算平台的 USB 接口连接：	① USB 线束与摄像头、计算平台的接口连接正确□ ② 线束连接牢固□

3. 集成注意事项

（1）请在检查各传感器供电线束与传感器连接插头极性之后再连接，以防正负极接反；

（2）严禁带电操作和随意更改电路；

（3）车辆配置了高压动力电池（60V），驱动电机的工作电压也是高压，除上述容许的必要操作外，请勿触摸高压线缆及接插件，以及随意拆卸或更换驱动电机、高压配电盒等零部件，防止触电。

能力拓展

能力拓展部分主要讲述毫米波雷达的安装位置、毫米波雷达及连接器接口和毫米波雷达集成，具体内容扫码即可获得。

任务测评

对任务实施的完成情况进行检查，并将结果填入表 4-6。

表 4-6 任务测评表

成绩评定反馈意见表						
课程名称：智能网联汽车感知设备集成							
组号		组员信息：					
序号	项目	子项目	检查规范	结论	得分
1	D-KIT Lite S 车辆智能感知设备电气系统的工作原理（20 分）	智能感知设备电气系统的工作原理图	智能感知设备电气系统的工作过程描述正确		
		智能感知设备电气系统工作过程的描述			
2	D-KIT Lite S 车辆智能感知设备的安装位置（20 分）	激光雷达	根据集成说明书，描述设备名称正确；描述设备的安装位置正确		
		摄像头			
3	D-KIT Lite S 车辆智能感知设备的集成（60 分）	智能感知设备及连接器接口	根据集成说明书，描述设备各接口的名称正确；线束名称正确；描述各接口连接的设备正确		
		集成	设备安装的位置正确；线束接口选择正确，且与设备连接的接口正确；线束连接牢固		
		集成注意事项	描述集成注意事项正确		

续表

评论摘要:			
分数	等级	总分	评分描述
85~100	优		
75~84	良		
60~74	及格		
<60	未达到		

任务二　智能网联汽车感知设备调试

学习目标

【知识目标】

1. 能够描述传感器标定的概念和分类；
2. 能够描述单目摄像头、激光雷达和多传感器联合标定的工作原理及常用方法；
3. 能够描述多传感器信息融合技术的概念、对车载系统的要求、融合体系和融合方案；
4. 能够描述 Apollo 开放平台感知模块的组成及工作过程。

【能力目标】

1. 能够依据标定工艺文件，搭建标定场地，使用 Dreamview 应用程序、cyber_monitor 和 Camera Calibration Tools 等软件工具，完成 D-KIT Lite S 车辆激光雷达标定、摄像头标定和相应感知模块的功能测试；

2. 能够根据故障诊断流程，使用 Dreamview 应用程序、cyber_monitor、TCP/IP 网络诊断和 canbus_teleop 等软件工具，完成激光雷达标定、摄像头标定和相应感知模块功能测试过程中常见故障的检修。

【素质目标】

1. 能够熟练掌握激光雷达、摄像头标定和相应感知模块功能测试相关的国家标准、行业标准或企业规范，掌握作业中绿色生产、环境保护、安全防护、质量管理等相关知识与技能；

2. 具有探究学习、终身学习的能力，能够综合运用知识分析与解决车辆激光雷达、摄像头标定和相应感知模块功能测试过程中遇到的问题；

3. 工作过程中，弘扬劳动光荣、技能宝贵、创造伟大的时代精神，热爱劳动人民、珍惜劳动成果、树立劳动观念、积极投身劳动，具备与职业发展相适应的劳动素养、劳动技能。

工作任务

某汽车制造厂正在试制一款面向 L4 级自动驾驶的前装量产车型，需要智能网联汽车系统集成工程师基于 Apollo 的该样品车型完成感知设备的集成设计与开发。作为一名辅助工程师，需要掌握传感器标定的概念和分类，单目摄像头、激光雷达和多传感器联合标定的工作原理及常用方法，多传

感器信息融合技术的概念、对车载系统的要求、融合体系和融合方案；能够描述 Apollo 开放平台感知模块的组成及工作过程；依据标定工艺文件，搭建标定场地，使用 Dreamview 应用程序，cyber_monitor 和 Camera Calibration Tools 等软件工具，完成车辆激光雷达标定、摄像头标定和相应感知模块的功能测试，以及常见故障的检修。

相关知识

一、传感器标定认知

1. 传感器标定的概念

自动驾驶车辆的定位、路径规划与高精度地图的构建，都需要获取车辆自身的位姿。如图 4-18 所示，车辆的位姿可以通过在世界坐标系下的坐标 (x, y) 和角度 (ψ) 来描述。世界坐标系是一个固定的坐标系，不随物体的移动或旋转而改变。

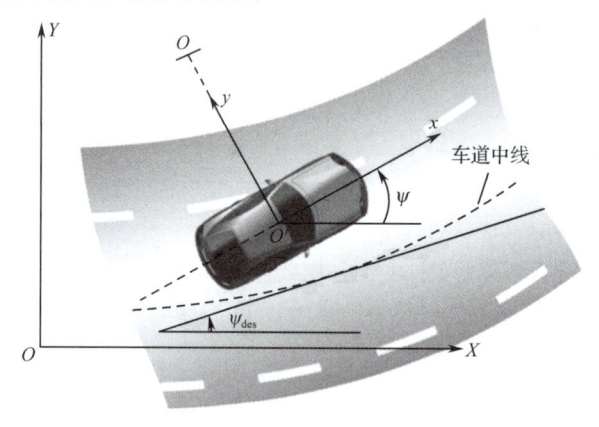

图 4-18　世界坐标系下车辆的位姿

在车辆的横向控制中，需要控制前轮转向角，该值需要在车体坐标系下描述；此外，车辆周围的障碍物、道路等环境信息也需要在车体坐标系下描述。车体坐标系有很多种定义方式，通常可以把车体坐标系的原点定在车辆后轴的中心位置处，平行于地面向前定义为 X 轴正方向，向左定义为 Y 轴正方向，垂直地面向上定义为 Z 轴正方向。

摄像头、激光雷达、毫米波雷达等传感器，各自都有一个固定在传感器自身上面的坐标系，其感知到的信息都基于自身的坐标系。图 4-19 为摄像头、激光雷达、毫米波雷达 3 种传感器的坐标系以及车体坐标系。

摄像头坐标系：O_c-X_c-Y_c-Z_c
激光雷达坐标系：O_l-X_l-Y_l-Z_l
毫米波雷达坐标系：O_r-X_r-Y_r-Z_r

车体坐标系：O_v-X_v-Y_v-Z_v

图 4-19　车体坐标系与传感器坐标系

智能网联汽车要获取传感器感知到的障碍物和环境信息进行行为决策与运动规划，进而控制车辆的行驶轨迹与速度，这就需要通过标定得到各传感器坐标系与车体坐标系之间的转换关系，将各传感器的坐标转换到车体坐标系下。

2. 传感器标定分类

按照标定传感器的数量，传感器标定可分为单一传感器标定和多传感器联合标定。单一传感器标定包括摄像头标定、激光雷达标定、毫米波雷达标定、惯性测量单元标定等。除了需要把一个传感器的坐标转换到车体坐标系下，有时也需要将一个传感器的坐标转换到另一个传感器的坐标系下，这就是多传感器之间的标定，包括摄像头与激光雷达联合标定、摄像头与毫米波雷达联合标定、摄像头与惯性测量单元联合标定、激光雷达与惯性测量单元联合标定等。

按照标定参数，传感器标定分为内参标定与外参标定。内参标定主要与传感器有关，可以通过建立传感器误差模型获得传感器的特性参数，消除传感器本身的测量误差。外参标定与安装位置有关，通过各种先验信息获取传感器在车体坐标系下的位姿，其求解的主要问题取决于车体坐标系的定义。

按照标定方法的不同，传感器标定分为基于标定设备的标定和基于自然场景的标定。基于标定设备的标定，需要固定的场地、固定的靶标（如用于视觉传感器标定的棋盘格标定板、用于毫米波雷达标定的角反射器和用于激光雷达标定的反射板，如图4-20所示）、精确的车辆定位、固定的运动轨迹等信息。如果主机厂采用此方式进行量产车型标定，就需要搭建整车标定间（见图4-21）和摆正器。基于自然场景的标定，即利用场景中静止的物体（如树木、电线杆、路灯杆、交通标识牌等）和清晰的车道线进行标定。此方法可以通过算法的设计，能够有效地提高标定结果的准确度。

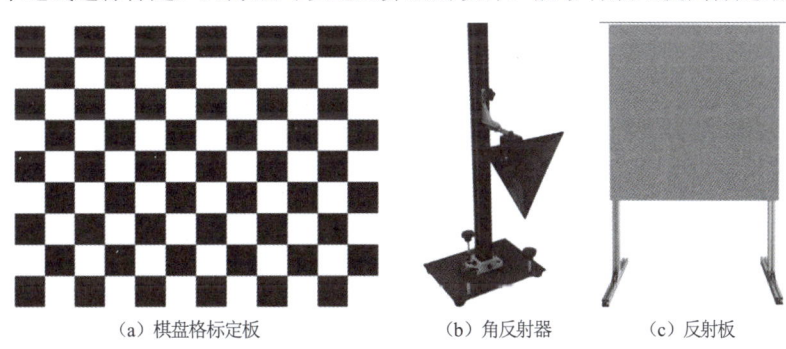

(a) 棋盘格标定板　　(b) 角反射器　　(c) 反射板

图4-20　常用标定设备

图4-21　整车标定间

3. 单目摄像头标定工作原理

摄像头拍摄过程中，通过摄影或计算机图形学将现实的三维场景转换为图像的二维信息，此三

维到二维的过程是不可逆的。摄像头标定的原理为找到一个合适的数学模型，并试图求出这个模型的参数，近似三维到二维的过程。模型中使用 4 个坐标系来描述拍摄过程：像素坐标系、图像坐标系、摄像头坐标系、世界坐标系，如图 4-22 所示。

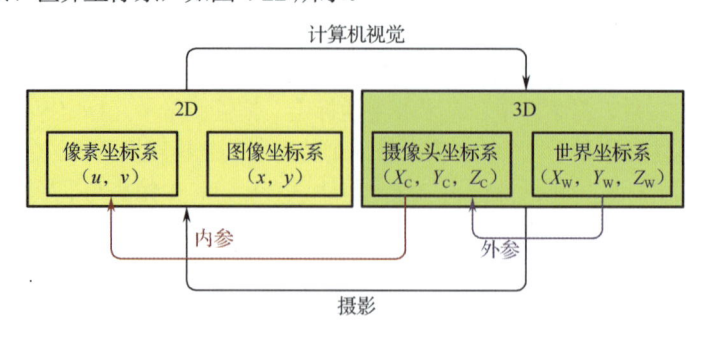

图 4-22　单目摄像头拍摄过程中 4 个坐标系之间的关系

像素坐标系：图片是由像素组成的，每个像素可以用一个有序二元组（u,v）来表示，该坐标系就叫作像素坐标系。像素坐标系是一个二维坐标系，标识了每个像素在图像传感器中的位置，每次增量是 1 个像素。

图像坐标系：像素坐标系中的标号为 (u,v)，其中 u 轴对应实际物理尺寸 dx，v 轴对应实际物理尺寸 dy。图像坐标系是一个对应真实世界尺寸的二维坐标系，可以记为(x, y)，标记的是像素在图像传感器中的位置，不过增量是每个像素的实际物理尺寸。

摄像头坐标系：以摄像头等效镜头的光心为原点呈现的世界三维坐标系(X_C, Y_C, Z_C)。

世界坐标系：真实世界的三维坐标系(X_W, Y_W, Z_W)，坐标系原点一般是外界的某一点，在智能网联汽车中为车体坐标系。

摄像头拍摄的过程经历以下 3 步：第一步，将世界坐标转换为摄像头坐标，存在刚体变换，对应的就是摄像头外参。第二步，将摄像头坐标转换为图像坐标，即由三维场景向二维场景透视投影的过程。第三步，将图像坐标转换为像素坐标，即对图像坐标系进行离散化的过程。摄像头内参标定是求解第二步和第三步中的参数。

1）摄像头外参标定工作原理

摄像头外参标定为摄像头坐标系与车体坐标系的转换关系，即从世界坐标系转换到摄像头坐标系，如图 4-23 所示。车体坐标系用来描述车辆周围的物体和本车之间的相对位置关系，原点定义在车辆后轴的中心位置处。

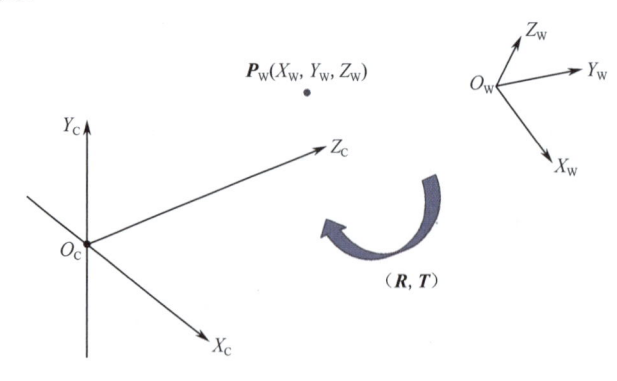

图 4-23　摄像头坐标系与车体坐标系的转换关系

世界坐标系（或车体坐标系）下的点 $P_W(X_W, Y_W, Z_W)$绕 x 轴旋转角度 α，绕 y 轴旋转角度 β，绕 z 轴旋转角度 γ，再将原点沿 x、y、z 轴平移 T_x、T_y、T_z 距离，得到摄像头坐标系中的 $P_C(X_C, Y_C, Z_C)$

为式（4-1）：
$$P_C = RP_W + T \tag{4-1}$$

世界坐标系与摄像头坐标系之间的转换关系为式（4-2）：

$$\begin{bmatrix} X_C \\ Y_C \\ Z_C \\ 1 \end{bmatrix} = \begin{bmatrix} R & T \\ 0 & 1 \end{bmatrix} \begin{bmatrix} X_W \\ Y_W \\ Z_W \\ 1 \end{bmatrix} \tag{4-2}$$

式（4-2）中，$T = (T_x, T_y, T_z)^T$ 为平移矢量，$R = R(\alpha, \beta, \gamma)$ 是旋转矩阵。6个参数（$\alpha, \beta, \gamma, T_x, T_y, T_z$）组成摄像头外参。

2）摄像头内参标定工作原理

车体坐标系、摄像头坐标系、图像坐标系、像素坐标系关系图如图4-24所示。$O_W—X_W—Y_W—Z_W$ 为车体坐标系，单位为米（m）；$O_C—X_C—Y_C—Z_C$ 为摄像头坐标系，单位为米（m）；$O—x—y$ 为图像坐标系，单位为毫米（mm），图像坐标系的原点为摄像头光轴与成像平面的交点，即成像平面的中点，或称为像主点；$u—v$ 为像素坐标系，原点为图像左上角，单位为 px；f 为摄像头焦距，等于 O 与 O_C 的距离。

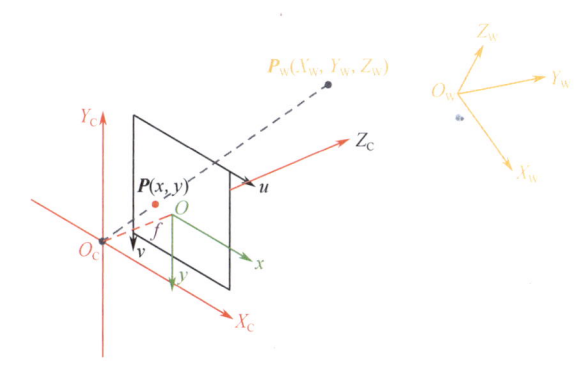

图 4-24 车体坐标系、摄像头坐标系、图像坐标系、像素坐标系关系图

（1）摄像头坐标系与图像坐标系间转换。

摄像头坐标系中的 P_C 点转换为图像坐标系中的 P 点为透视投影，利用针孔相机的成像原理、相似三角形关系进行计算，图像坐标系下 P 点的 x、y 坐标为式（4-3）：

$$x = f \cdot \frac{X_C}{Z_C}, \quad y = f \cdot \frac{Y_C}{Z_C} \tag{4-3}$$

摄像头坐标系与图像坐标系之间的转换关系为式（4-4）：

$$Z_C \begin{bmatrix} x \\ y \\ 1 \end{bmatrix} = \begin{bmatrix} f & 0 & 0 & 0 \\ 0 & f & 0 & 0 \\ 0 & 0 & 1 & 0 \end{bmatrix} \begin{bmatrix} X_C \\ Y_C \\ Z_C \\ 1 \end{bmatrix} \tag{4-4}$$

式（4-4）中，Z_C 为比例因子（Z_C 不为 0），该变换过程只与摄像头焦距 f 有关。

（2）图像坐标系与像素坐标系间转换。

将图像坐标系下的 $P(x, y)$ 转换为像素坐标系下的 $P(u, v)$ 为离散化的过程，2个坐标系都在成像平面上，只是各自的原点和度量单位不一样，像素坐标系下 P 点的 u、v 坐标为式（4-5）：

$$u = u_0 + \frac{x}{dx} \quad v = v_0 + \frac{y}{dy} \tag{4-5}$$

图像坐标系与像素坐标系之间的转换关系为式（4-6）：

$$\begin{bmatrix} u \\ v \\ 1 \end{bmatrix} = \begin{bmatrix} \dfrac{1}{\mathrm{d}x} & 0 & u_0 \\ 0 & \dfrac{1}{\mathrm{d}y} & v_0 \\ 0 & 0 & 1 \end{bmatrix} \begin{bmatrix} x \\ y \\ 1 \end{bmatrix} \quad (4\text{-}6)$$

式（4-6）中，u_0、v_0 为摄像头光轴与成像平面的交点（像主点）在像素坐标系中的坐标。

（3）世界坐标系与像素坐标系间转换。

世界坐标系与像素坐标系之间的转换关系为式（4-7）和式（4-8）：

$$Z_C \begin{bmatrix} u \\ v \\ 1 \end{bmatrix} = \begin{bmatrix} \dfrac{1}{\mathrm{d}x} & 0 & u_0 \\ 0 & \dfrac{1}{\mathrm{d}y} & v_0 \\ 0 & 0 & 1 \end{bmatrix} \begin{bmatrix} f & 0 & 0 & 0 \\ 0 & f & 0 & 0 \\ 0 & 0 & 1 & 0 \end{bmatrix} \begin{bmatrix} \boldsymbol{R} & \boldsymbol{T} \\ 0 & 1 \end{bmatrix} \begin{bmatrix} X_W \\ Y_W \\ Z_W \\ 1 \end{bmatrix} \quad (4\text{-}7)$$

$$Z_C \begin{bmatrix} u \\ v \\ 1 \end{bmatrix} = \begin{bmatrix} f_x & 0 & u_0 & 0 \\ 0 & f_y & v_0 & 0 \\ 0 & 0 & 1 & 0 \end{bmatrix} \begin{bmatrix} \boldsymbol{R} & \boldsymbol{T} \\ 0 & 1 \end{bmatrix} \begin{bmatrix} X_W \\ Y_W \\ Z_W \\ 1 \end{bmatrix} \quad (4\text{-}8)$$

式（4-8）中，$f_x = f/\mathrm{d}x$，$f_y = f/\mathrm{d}y$ 分别为 u、v 轴的尺度因子，也称为等效焦距。内参矩阵的 4 个常量 (f_x, f_y, u_0, v_0) 与摄像头的焦距、像主点坐标等设计技术指标有关，而与外部因素（如周边环境、摄像头位置）无关，因此称为摄像头的内参。摄像头设计完成后，其结构就固定了，内参也就确定了。然而，由于制作工艺等问题，即使是同一生产线生产的摄像头，内参都会有些许差别，因此往往需要通过标定的方式来确定摄像头的内参。

摄像头除内参和外参外，还要考虑畸变参数。由于透镜形状的原因会发生图像畸变，越靠近图像的边缘，现象越明显。实际加工制作的透镜往往是中心对称的，使不规则的畸变通常径向对称，此畸变称为径向畸变。在摄像头的组装过程中由于安装误差，透镜和成像面不严格平行，也会出现畸变，此畸变称为切向畸变。在实际中，通过畸变校正方程中的畸变系数来校正畸变的图像。

摄像头的标定，就是求解摄像头的坐标系转换方程和畸变校正方程中所涉及的内参、外参以及畸变系数。早期求解摄像头内参和外参的方法是一步法：直接使用最优化算法求出内参和外参，求得的结果严重依赖给定的初始值。目前常用的是两步法：先使用直接线性变换方法或者透视变换矩阵方法求解摄像头参数，再把求得的参数作为初始值，考虑畸变因素，最后通过最优化算法提高摄像头标定精度。Tsai 方法和张正友法是两步法中比较经典的代表。

在 Tsai 方法中，假设 u、v 已知，由摄像头厂家提供，且只考虑径向畸变。张正友法也是假设只考虑径向畸变，但对标定设备要求较低，只需要二维平面的标定设备。通过多种位姿摆放的标定板，提取棋盘格角点，计算出摄像头的内参、外参和畸变系数。常见的标定工具，如 OpenCV（开源的计算机视觉库）中的摄像头标定工具和 MATLAB 标定工具箱，都是基于张正友法设计的。

4. 激光雷达传感器标定工作原理

1）激光雷达内参标定工作原理

激光雷达一般选择激光发射中心作为坐标系原点，向上为 Z_L 轴正方向，X_L 轴和 Y_L 轴构成水平平面，如图 4-25 所示。激光雷达发出的激光束在任意时刻形成平行于 Z_L 轴、垂直于 $X_L Y_L$ 平面的扇

形扫描区。每束激光在竖直方向上的俯仰角为 θ_i，扇形扫描平面绕 Z_L 轴旋转的角度随时间变化为 $\varphi(t)$。

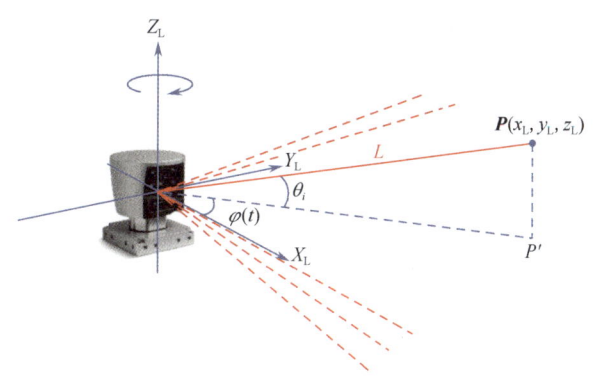

图 4-25　激光雷达坐标系

第 i 束激光在 t_0 时刻照射到某物体表面的 P 点处，P 点与激光雷达间的距离为 L，该测量点 P 的极坐标形式为 $[\varphi(t_0),\theta_i,L]$。同时，$P$ 点在激光雷达坐标系 (X_L,Y_L,Z_L) 中表示为 $P(x_L,y_L,z_L)$，则极坐标与正交坐标之间的转换为式（4-9）：

$$\begin{cases} x_L = L\cos(\theta_i)\cos[\varphi(t_0)] \\ y_L = L\cos(\theta_i)\sin[\varphi(t_0)] \\ z_L = L\sin(\theta_i) \end{cases} \quad (4-9)$$

式（4-9）中，θ_i、$\varphi(t_0)$ 都为固定值，在设计制造时确定，属于激光雷达的内参。

2）激光雷达外参标定工作原理

激光雷达外参标定为激光雷达坐标系与车体坐标系的转换关系，两个三维空间直角坐标系之间的转换关系与摄像头外参标定的原理相同，可以用旋转矩阵加平移矢量来表示。6 个参数组成 ($\alpha,\beta,\gamma,T_x,T_y,T_z$) 为激光雷达的外参。

基于标定设备的激光雷达外参标定可采用纸箱法。首先，在水平地面上摆放正方体纸箱，采集激光雷达数据，要求纸箱能够被激光雷达扫描到。接着，在激光雷达点云中找到属于纸箱的点，获得纸箱顶点的激光雷达坐标系坐标。测量纸箱的顶点相对车辆后轴中心的相对位置，得到纸箱顶点在车体坐标系下的坐标。最后，将纸箱顶点的激光雷达坐标系坐标和车体坐标系坐标代入坐标变换方程，就可以求出旋转矩阵和平移矢量。

5. 多传感器联合标定方法

根据传感器特性与算法原理的不同，多传感器标定可分为基于共视特征信息的标定和基于运动轨迹的标定。

1）基于共视特征信息的标定

（1）多激光雷达标定。

对于有共视区域的激光雷达，可以通过场景的特征信息，运用 NDT（Normal Distribution Transform）配准或 ICP（Iterative Closest Point）点云配准方法，实现两个激光雷达之间点云特征的匹配，得到激光雷达之间的转换关系，从而完成外参标定，如图 4-26 所示。

标定过程中一般先标定主激光雷达，然后再标定其他激光雷达到主激光雷达之间的坐标转换关系。如果在标定过程中出现以下问题：除主激光雷达外，其他激光雷达的线数相对较低，得到的点云不是很稠密；或者由于安装位置的原因，导致两个激光雷达之间的点云重叠区域很小，则先分别对激光雷达各自的点云进行拼接，然后用拼接后的点云做 NDT 匹配，从而得到激光雷达之间的转换关系。

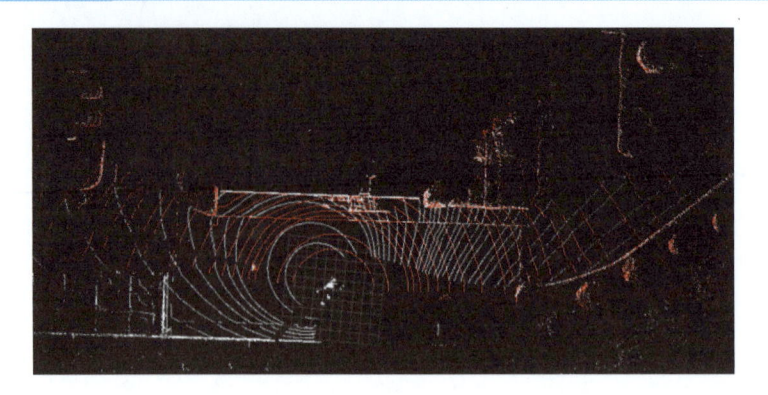

图 4-26 多激光雷达标定

（2）摄像头与激光雷达外参标定

摄像头与激光雷达的联合标定通常包括两部分：内参标定和外参标定。内参标定主要解决摄像头畸变和安装的影响；外参标定主要用于建立两个传感器之间的坐标转换方程。

激光雷达与智能网联汽车为刚性连接，两者间的相对姿态和位移固定不变，因此由激光雷达扫描获得的数据点，在世界坐标系中有唯一的位置坐标与之对应。同理，摄像头对三维空间中内的每一个点，同样只存在唯一的图像像素与之对应。在同一空间内，每个激光雷达的扫描数据点都在图像空间中存在唯一的对应点。因此，通过建立合理的激光雷达坐标系与摄像头坐标系，利用激光雷达扫描点与摄像头图像的空间约束关系，求解两个坐标系的空间变换关系。

对于有共视区域的摄像头与激光雷达，可在共视区域内布置靶标作为统一观测源，分别获取靶标在摄像头坐标系下和激光雷达坐标系下的特征。通过基于点特征配准、线特征配准或面特征配准，完成摄像头与激光雷达之间的外参标定，如图 4-27 所示。联合标定的工具有很多，可以直接使用，如 Autoware、apollo、kalibr、lidar_camera_calibration 等。

2）基于运动轨迹的标定

由于惯性测量单元（IMU）可以直接估计位姿变化，所以在激光雷达与 IMU、摄像头与 IMU 之间的联合标定中，常用基于车辆运动轨迹的标定。以激光雷达与 IMU 的标定为例，可采用最经典的手眼标定方式（见图 4-28）：

$$AX = XB \tag{4-10}$$

式（4-10）中，X 为激光雷达与 IMU 的坐标转换矩阵，A 为激光雷达两次移动的坐标转换，B 为 IMU 两次移动的坐标转换，最后采用 OpenCV 的 calibrateHandEye 手眼标定接口，求解出激光雷达与 IMU 的坐标转换矩阵 X。

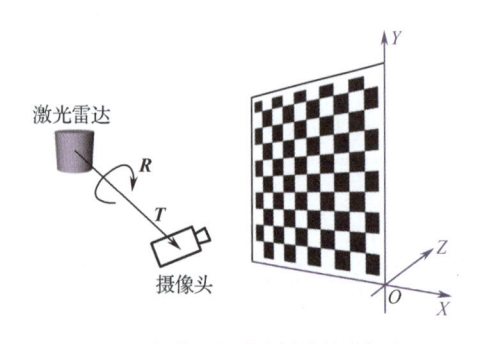

图 4-27 摄像头与激光雷达外参标定

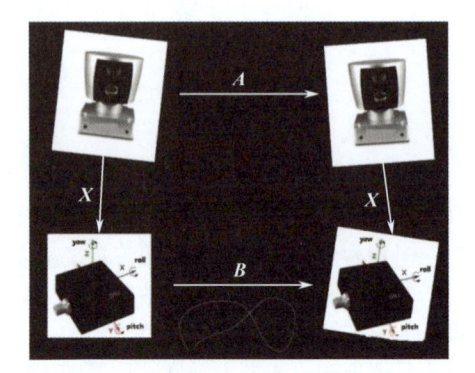

图 4-28 手眼标定方式

通过 IMU 的位姿信息，结合求得的外参初值，可以对激光雷达采集的点云进行拼接。由于存在

初值求解的误差和不同位置采集的点云拼接后的对齐误差，往往会造成拼接点云视觉效果模糊、场景中的边缘结构不锐利等，所以需要进一步利用经典的 GICP（Generalized ICP）以及 Entropy 的代价函数优化拼接的方法对外参初值进行优化。

二、多传感器信息融合认知

1. 多传感器信息融合技术的概念

多传感器信息融合技术通过多种传感器对环境信息进行感知，并传输信息至信息融合中心，与数据库信息进行综合分析，实现对周围环境和正在发生的事情做出快速、准确的评估，从而提高系统决策的正确性。

2. 多传感器信息融合对车载系统的要求

多传感器信息融合对车载系统的要求主要包括以下两个方面。

（1）统一的同步时钟，保证传感器信息的时间一致性和正确性，即传感器时间同步。通过统一的主机给各个传感器提供基准时间，各传感器根据已经校准后的各自时间为各自独立采集的信息加上时间戳信息，以做到所有传感器时间戳同步。

（2）准确的多传感器标定，保证相同时间下不同传感器信息的空间一致性，即传感器时空同步。将不同传感器坐标系下的测量值转换到同一坐标系下，即获取各个传感器在车体坐标系下的标定参数，实现不同传感器时空同步。

3. 多传感器信息融合体系

多传感器信息融合的体系结构分为集中式、分布式和混合式。

集中式融合结构将各传感器获得的原始数据直接送到数据融合中心，进行数据对准、数据关联、预测等。在传感器端不需要做任何处理，可以实现实时融合，包含数据级融合和特征级融合，如图 4-29 所示。该结构融合精度高、算法灵活，但对处理器要求高，缺乏底层传感器间的信息交流，可靠性较低。

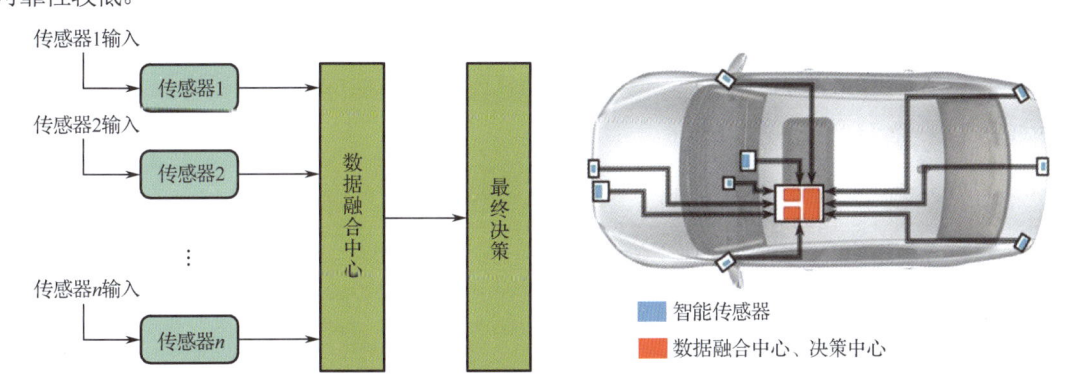

图 4-29 集中式融合结构

分布式融合结构在各自独立的节点处都设置了相应的处理单元，在对各个独立传感器所获得的原始数据进行局部处理的基础上，将结果输入数据融合中心，进行智能优化、组合、推理来获得最终的结果，如图 4-30 所示。该结构计算速度快、延续性好，某一传感器失灵时仍可工作，可靠性高。

混合式融合结构中部分传感器采用集中式融合结构，其余的传感器采用分布式融合结构，如图 4-31 所示。该结构兼有集中式和分布式结构的优点，可根据不同需要灵活且合理地完成信息的处理工作。

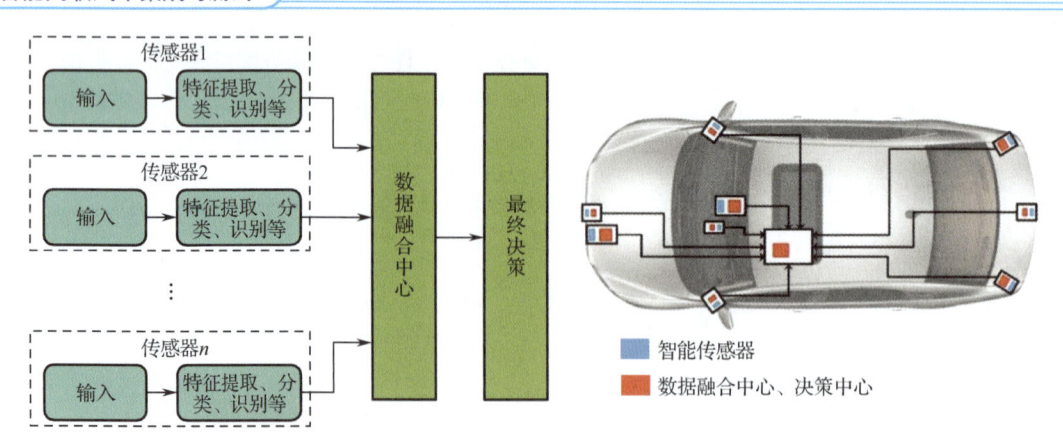

图 4-30　分布式融合结构

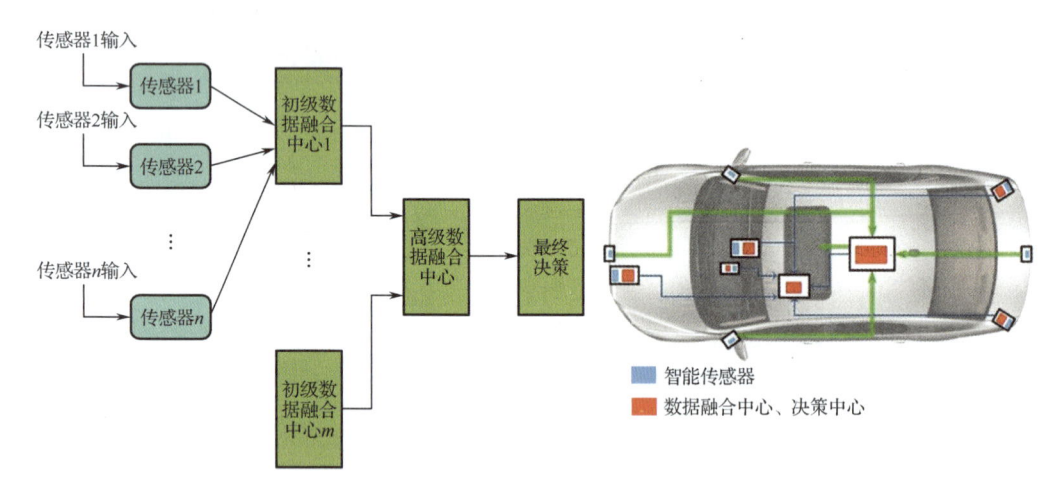

图 4-31　混合式融合结构

4．多传感器信息融合方案

多传感器信息融合方案见表 4-7。

表 4-7　多传感器信息融合方案

融合方式	描述
激光雷达与视觉传感器信息融合	视觉传感器可进行车道线检测、障碍物检测和交通标志识别；激光雷达可进行路沿检测、动态和静态物体识别、定位和高精度地图创建。对于动态物体，视觉传感器能判断前后两帧中物体或行人是否为同一物体或行人，而激光雷达则测算前后两帧间隔内的运动速度和位移，发挥各自优势，实现互补
激光雷达与毫米波雷达信息融合	毫米波雷达体积小、质量小和空间分辨率高，而且发射的信号穿透雾、烟、灰尘的能力强；激光雷达探测距离较远，对周边所有的障碍物可以进行精准建模
视觉传感器与毫米波雷达信息融合	信息融合大致有 3 种策略：图像级、目标级和信号级。其中，图像级融合以视觉传感器为主体，将毫米波雷达输出的整体信息进行图像特征转化，然后与视觉系统的图像输出进行融合；目标级融合对视觉传感器和毫米波雷达的输出进行综合可信度加权，配合精度标定信息进行自适应搜索匹配后融合输出；信号级融合对视觉传感器和毫米波雷达传出的信息源进行融合。信号级融合的信息损失最小，可靠性最高，但需要大量的运算

三、Apollo 开放平台感知模块的工作过程

1．激光雷达感知模块的工作过程

Apollo 开放平台目前采取以激光雷达为主的自动驾驶感知方案。激光雷达感知模块的工作原理

如图 4-32 所示，激光雷达感知模块接收到点云信息后，通过高精度地图感兴趣区域（Region of Interest，ROI）过滤器过滤 ROI 之外的点云，去除背景对象，如路边建筑物、树木等。过滤后的点云信息通过 3D 障碍物检测深度学习模型进行 3D 障碍物的检测和分类，并进行 3D 障碍物跟踪，最终得到障碍物的形状、位置、类别、速度等信息。

图 4-32 激光雷达感知模块的工作原理

激光雷达感知模块的输入与输出 Channel 信息如图 4-33 所示，激光雷达感知模块接收来自 128 线束和 16 线束激光雷达运动补偿之后的点云信息进行障碍物的检测与跟踪，得到 /perception/inner/PrefusedObjects 信息，包含障碍物的形状、位置、类别、速度等信息，最后输出到感知融合模块。

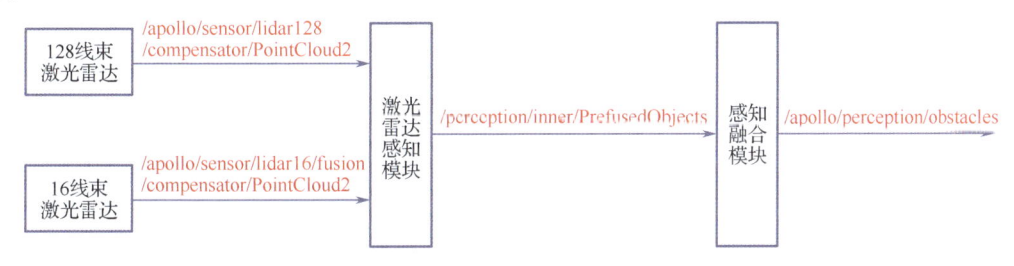

图 4-33 激光雷达感知模块的输入与输出 Channel 信息

2. 视觉感知模块的工作过程

Apollo 开放平台的视觉感知算法主要有 3 个应用场景，分别是红绿灯检测、车道线检测和基于摄像头的障碍物检测，如图 4-34 所示。视觉感知模块包括图像预处理、神经网络模型和后处理。预处理对上游信息进行处理和整合，以便将信息直接输入模型中做预测。神经网络模型主要涉及深度学习算法，包括目标检测、语义分割和图像分类等。后处理为了优化模型效果，利用传统的算法进一步优化网络模型的预测，让算法可以在实车上运行得更加流畅。

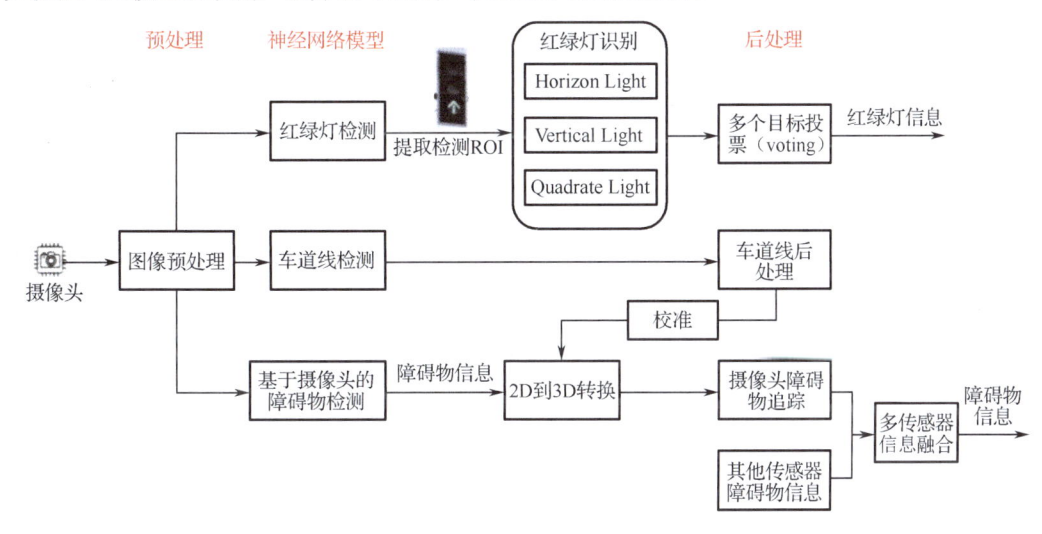

图 4-34 视觉感知算法应用场景

视觉感知模块的工作过程是：将前置 6mm 摄像头、前置 12mm 摄像头、主车位置和速度等信息输入视觉感知模块，通过预处理、神经网络模型后处理后，输出根据时间校正后的交通信号灯检测与识别信息/apollo/perception/traffic_light，具有航向、速度和分类信息的三维障碍物轨迹信息/perception/obstacles，并将障碍物的类别和位置信息/perception/inner/PrefusedObjects 输出给感知融合模块，如图 4-35 所示。

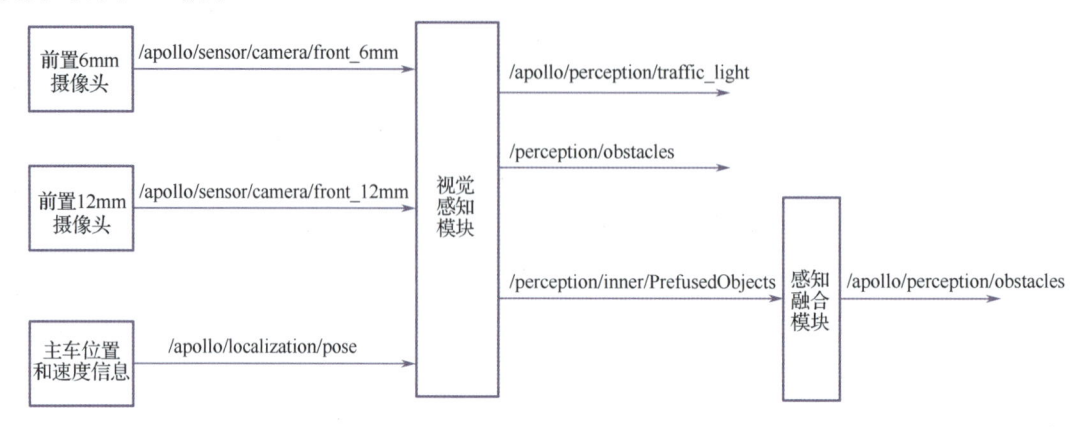

图 4-35　视觉感知模块输入与输出 Channel 信息图

3. 感知融合模块的工作过程

感知融合模块支持对摄像头、毫米波雷达和激光雷达感知结果进行目标级融合。感知融合模块获取各传感器检测算法输出的障碍物信息，根据各个传感器的优缺点，调整障碍物的类别、位置、形状、速度等属性，并结合历史目标跟踪的信息，过滤掉一些检测不准确的障碍物，最终融合输出，得到当前帧的结果。

感知融合模块的工作过程是：摄像头、毫米波雷达和激光雷达感知的结果信息/perception/inner/PrefusedObjects 都会输入感知融合模块，通过多传感器信息融合之后，将障碍物信息/apollo/perception/obstacles 输出，如图 4-36 所示。

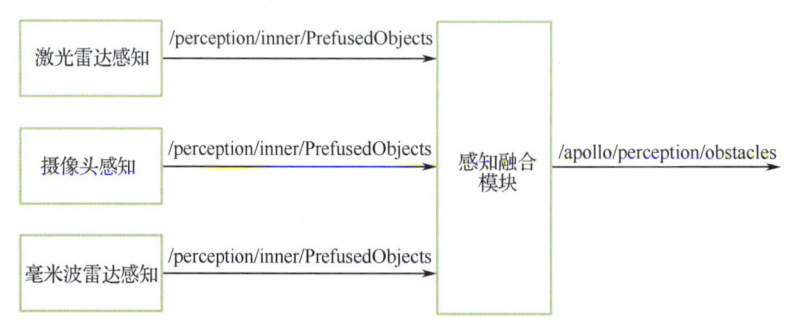

图 4-36　感知融合模块输入与输出 Channel 信息图

任务实施与评价

一、任务准备

本次任务所使用的实训设备、工具及资源见表 4-8。

表4-8 实训设备、工具及资源

序号	分类	名称	准备要点	数量	准备情况记录
1	设备	D-KIT Lite S 车辆	检查车辆状态： （1）车胎是否损坏、充气压力（正常胎压为2.5～2.6kPa）是否合适，以及胎纹内是否嵌入异物； （2）车辆底部是否有泄漏液体或易燃物； （3）上电开关接通后是否有异常报警声； （4）确认电池电量（大于80%），若电池电量低于20%，建议充满电后再使用车辆； （5）已完成计算平台集成、组合导航系统集成、动力学标定、循迹演示和智能感知设备集成	1辆/组	① 是否正常：是 □ 否□_____ ② 已完成组合导航系统集成、动力学标定、循迹演示和智能感知设备集成：是 □ 否□
		组合导航系统组件	组合导航M2主机（1个）、卫星天线（2根）、数据/电源线缆（1根）、射频连接线（2根）	1套/组	是否齐全：是□ 否□_____
2	工具	常用拆装工具套装	十字螺丝刀、一字螺丝刀、内六角扳手、T形套筒	1套/组	是否齐全：是□ 否□_____
		cyber_monitor	输入以下命令，启动cyber_monitor： source /apollo/cyber/ setup. bash cyber_monitor	1个/组	是否完成安装：是 □ 否□_____
		pcl-tools 工具	输入以下命令，完成安装： sudo apt-get update sudo apt-get install pcl-tools	1个/组	是否完成安装：是 □ 否□_____
		ROS Camera Calibration Tools 或 Camera Calibration Toolbox for Matlab	http://wiki.ros.org/camera_calibration/Tutorials/Monocular Calibration或http://www.vision.caltech.edu/bouguetj/calib_doc/	1个/组	是否完成安装：是 □ 否□_____
3	资源	D-KIT Lite S 车辆使用手册	查找使用手册中的"车辆使用说明""Apollo集成说明"	1份/人	是否找到：是□ 否□_____
		作业记录单	明确工作任务	1份/组	是否明确工作任务：是□ 否□_____

二、标定场地要求

（1）标定场地示例如图4-37所示，标定场地中心8m范围内或车辆行驶的路边应有边缘清晰明确的障碍物作为静态参照物，如电线杆、建筑物、车辆等；如果是具有正交关系的障碍物（如路牌、建筑物墙壁等几何形状明显且相互垂直的物体）最好。如果静态障碍物距离较远，会严重影响标定效果。另外，要避免过多动态障碍物的情况。

图4-37 标定场地示例

(2)确保光照条件好,避免大逆光。

(3)确保路面平坦。

(4)确保 GNSS 信号良好,不要有过多的干扰。

三、D-KIT Lite S 车辆激光雷达调试

1. 激光雷达配置

配置激光雷达的操作步骤见表 4-9。

表 4-9 配置激光雷达的操作步骤

序号	步骤	操作说明	操作要点
1	修改计算平台的 IP	激光雷达默认的 IP 是 192.168.1.201,将计算平台上对应接口的 IP 修改为 192.168.1.xx,与激光雷达的 IP 处在同一网段:	计算平台 IP 配置正确□ _____
2	修改激光雷达的 IP	在浏览器中输入激光雷达的 IP,打开激光雷达配置界面。将 IP Address 修改为 255.255.255.255,将 Data Port 修改为 2369,将 Telemetry Port 修改为 8309,单击 Set 按钮,并单击 Save Configuration 按钮保存配置:	激光雷达 IP 地址配置正确□ _____

2. 激光雷达外参标定

1)激光雷达坐标系与车体坐标系的定义

激光雷达的侧视图如图 4-38 所示、俯视图如图 4-39 所示,其坐标系符合右手坐标系。激光雷达坐标系的原点在距离传感器底座上方 39mm 处的中心轴上,以平行于底座平面、过原点所在的平面为 X、Y 轴平面,以线束反方向为 X 轴方向(车辆前进方向),以垂直于 X 轴指向左侧的为 Y 轴,沿中心轴向上为 Z 轴。

D-KIT Lite S 车辆的车体坐标系与 IMU 坐标系重合,车体坐标系如图 4-40 所示,IMU 安装于车辆后轴的中间位置处。IMU 坐标系的原点位于设备的几何中心点上,即 IMU 壳体标注的 O-X-Y 坐标系原点向下平移设备厚度的 1/2 处,设备厚度为 44mm;IMU 坐标系的 X 轴、Y 轴与壳体标注的 X 轴、Y 轴一致,Y 轴指向车辆前方,如图 4-41 所示;IMU 坐标系的 Z 轴为垂直于 XY 平面指向天方向。

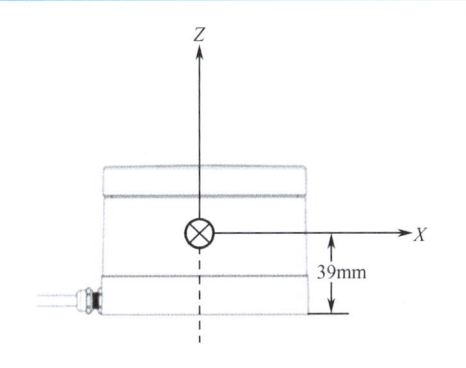

图 4-38　激光雷达的侧视图　　　　　　图 4-39　激光雷达的俯视图

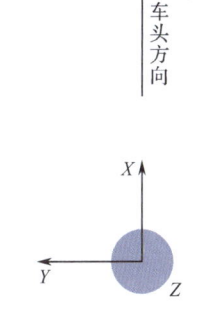

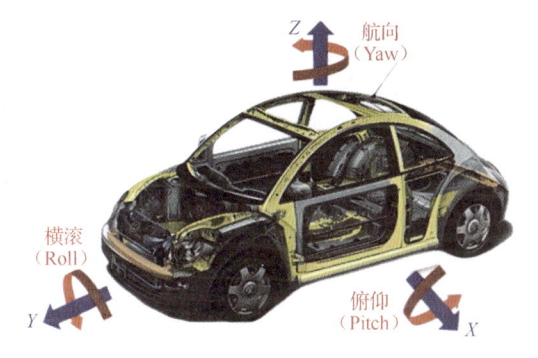

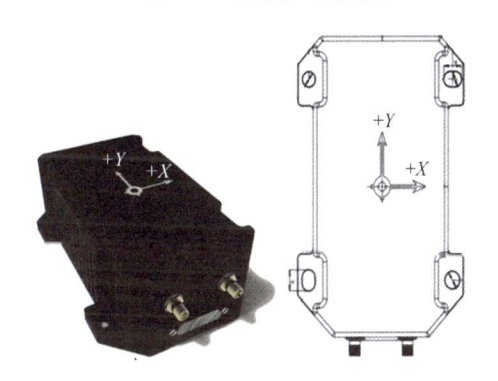

图 4-40　车体坐标系　　　　　　图 4-41　IMU 坐标系 X、Y 轴平面

2）激光雷达外参标定

D-KIT Lite S 车辆采用深度学习算法对激光雷达的外参进行标定，深度学习算法标定需要有初始化外参，好的初始化外参往往可以获得更准确的标定结果。

激光雷达外参标定，即为求解激光雷达坐标系相对于 IMU 坐标系的位置信息和姿态信息。位置信息（translation）为激光雷达坐标系的原点在 IMU 坐标系中 X 轴、Y 轴、Z 轴的偏移量，单位为米（m）；姿态信息（rotation）为激光雷达坐标系在 IMU 坐标系中旋转矩阵的四元数的描述，填写激光雷达外参标定数据表（见表 4-10）。

表 4-10　激光雷达外参标定数据表

外参	含义	参考数值（单位：m）	实际测量数值（单位：m）
translation	测量以 IMU 坐标系为基坐标系、以激光雷达坐标系为目标坐标系的位移变换	X: 0.0 Y: 0.38 Z: 1.33	X: Y: Z:
rotation	激光雷达坐标系在 IMU 坐标系中旋转矩阵的四元数	W: 0.7071 X: 0.0 Y: 0.0 Z: 0.7071	W: X: Y: Z:

3）修改配置文件

Apollo 开放平台的定位技术使用的是多传感器信息融合的定位方案，默认包括基于激光雷达点云的定位技术。而基于激光雷达点云的定位技术实现需要用到精确的激光雷达外参，但目前的初始化外参是不满足要求的。所以需要关闭基于激光雷达点云的定位，只使用 RTK 定位。传感器标定完

成后，如果使用多传感器信息融合（Multi-Sensor Fusion，MSF）定位，则需要将 enable_lidar_localization 的值改为 true。配置文件中关闭基于激光雷达点云的定位操作步骤见表 4-11。

表 4-11　配置文件中关闭基于激光雷达点云的定位操作步骤

步骤	操作说明	操作要点
关闭基于激光雷达点云的定位	在 ~/apollo-dkit/data/calibration_data/dev_kit/localization_conf/ 目录下，找到定位配置文件 localization.conf 文件，并将 enable_lidar_localization 的值修改为 false：	基于激光雷达点云的定位关闭成功□　_____

4）使用 Fuel Client 采集数据

（1）整车上电并启动计算平台；

（2）启动 Apollo Docker 环境；

（3）启动 Dreamview，选择 Lidar-IMU Sensor Calibration 模式和 Dev Kit 车型；

（4）启动 GPS、Localization 模块并验证模块是否正常输出数据。

以上步骤的操作说明和操作要点参照项目三智能网联汽车定位系统与控制系统测试中的相应步骤。接下来启动并验证 Lidar 模块、使用 Fuel Client 采集标定数据，操作步骤及操作要点见表 4-12。

表 4-12　启动并验证 Lidar 模块、使用 Fuel Client 采集标定数据的操作步骤及操作要点

序号	操作步骤	操作说明	操作要点
1	启动并验证 Lidar 模块	（1）在 Dreamview 界面中选择 Module Controller 标签，在主界面中启动 Lidar 模块：	Lidar 模块开启正确□　_____

续表

序号	操作步骤	操作说明	操作要点

1	启动并验证 Lidar 模块	（2）在 cyber_monitor 工具中，查看激光雷达的 Channel 输出。若与激光雷达相关的 3 个 Channel 都为绿色，且帧率都在 10Hz 左右，表示 Lidar 模块启动完成：
		`/apollo/sensor/gnss/stream_status       0.00`
		`/apollo/sensor/lidar128/compensator/PointCloud2  0.00`
		`/apollo/sensor/lidar16/PointCloud2       8.92`
		`/apollo/sensor/lidar16/Scan            9.92`
		`/apollo/sensor/lidar16/compensator/PointCloud2   5.51`
		`/apollo/storytelling              0.00`
		`/tf                         99.99`
		`/tf_static                      0.00`
			① Lidar 模块启动状态验证方法正确□
			_____
			② Lidar 模块启动成功□
			_____

2	启动 Fuel Client	在 Dreamview 界面中选择 Tasks 标签，在 Others 区域，启动 Fuel Client 后，Dreamview 界面的右侧会打开激光雷达标定数据预处理栏：	Fuel Client 启动成功□ _____
3	采集标定数据	（1）在 Dreamview 界面中选择 Module Controller 标签，启动 Recorder 模块，开始录制标定数据：	录制标定数据任务启动成功□ _____
		（2）使用遥控器遥控车辆以"8"字形轨迹缓慢行驶，并使转弯半径尽量小，包含 2～3 圈完整的"8"字轨迹数据：	按照标定条件，规范完成车辆数据的采集□ _____

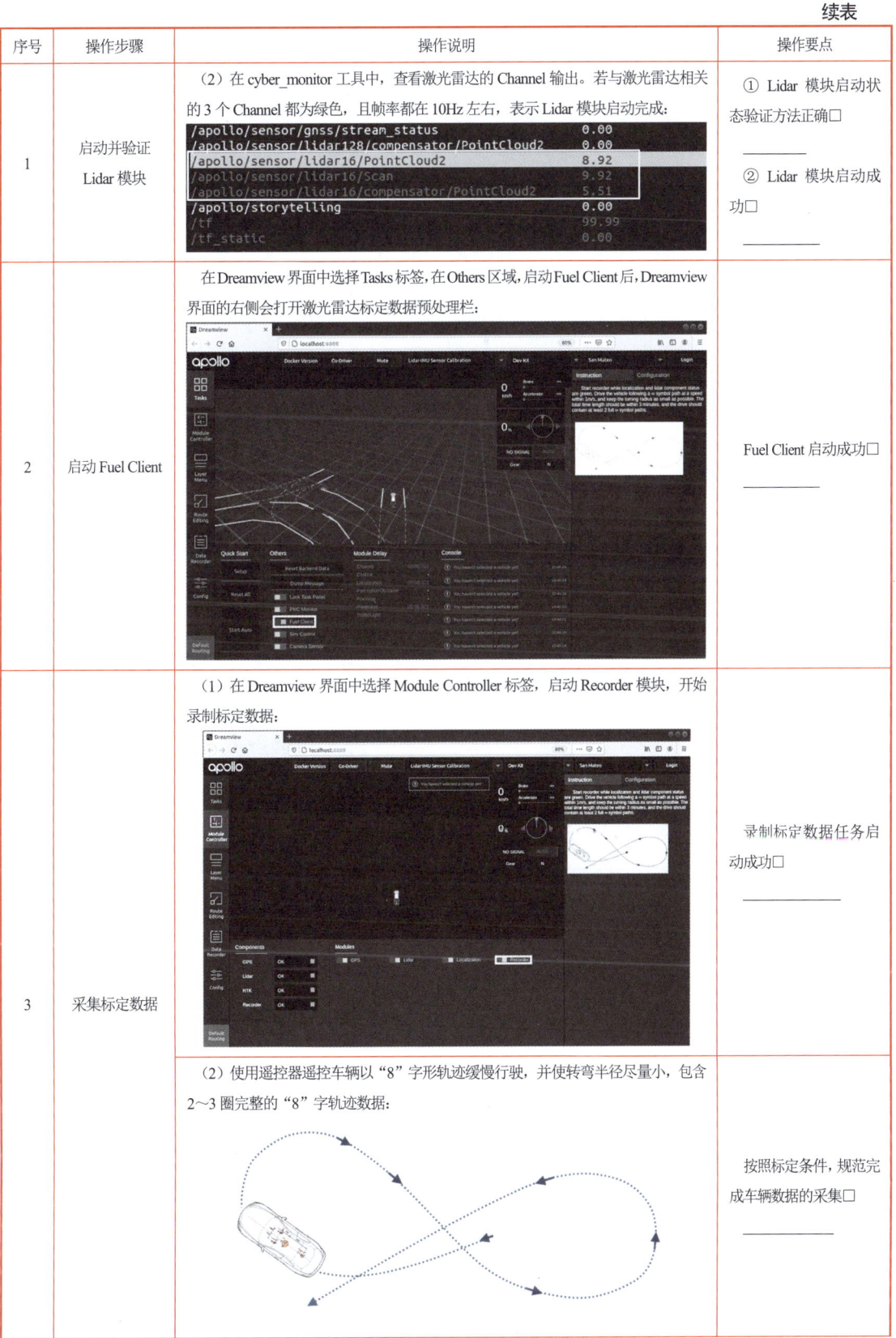

135

续表

序号	操作步骤	操作说明	操作要点
4	完成采集	采集完成后，关闭 Recorder 模块，停止数据记录：	① 车辆标定数据采集状态判断正确□_____ ② 车辆标定数据采集任务成功□_____

5）标定数据预处理

标定数据预处理操作步骤见表 4-13。

表 4-13 标定数据预处理操作步骤

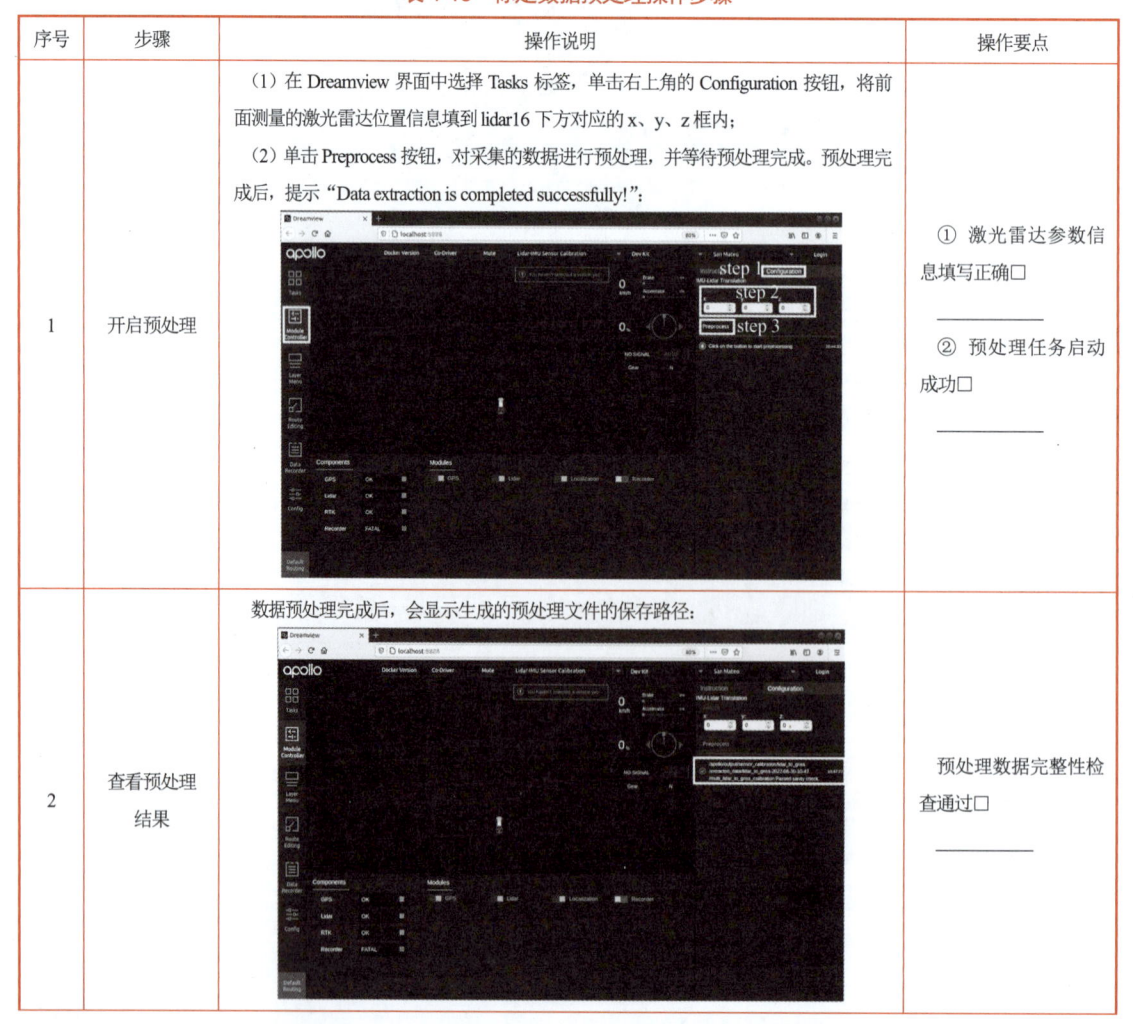

序号	步骤	操作说明	操作要点
1	开启预处理	（1）在 Dreamview 界面中选择 Tasks 标签，单击右上角的 Configuration 按钮，将前面测量的激光雷达位置信息填到 lidar16 下方对应的 x、y、z 框内； （2）单击 Preprocess 按钮，对采集的数据进行预处理，并等待预处理完成。预处理完成后，提示"Data extraction is completed successfully!"：	① 激光雷达参数信息填写正确□_____ ② 预处理任务启动成功□_____
2	查看预处理结果	数据预处理完成后，会显示生成的预处理文件的保存路径：	预处理数据完整性检查通过□_____

续表

序号	步骤	操作说明	操作要点
3	保存预处理文件	切换到 apollo/output/sensor_calibration/lidar_to_gnss/extracted_data/目录，保存该目录下的 lidar_to_gnss-xxx 文件（xxx 为数据包录制的时间)，如 lidar_to_gnss-2022-08-30-10-47	预处理数据存储成功 □＿＿＿＿

6）获取标定结果

上传预处理后的数据至 Fuel 云平台，提交标定任务，查看标定外参文件（见图 4-42）。

标定结果为输出数据路径下后缀名为.pcd 的点云文件。使用以下命令开启点云查看工具 pcl-tools，检查 pcd 文件：

pcl_viewer xxx.pcd

标定结果如图 4-43 所示。如果点云中周围障碍物清晰、锐利，边缘整齐，则表示标定结果准确，否则需重新标定。

图 4-42　标定外参文件　　　　　图 4-43　标定结果

7）更新激光雷达外参

确认得到的外参文件符合需求后，用获取的外参文件中的 rotation、translation 的值替换 /apollo-dkit/data/calibration_data/dev_kit/lidar_params/velodyne16_novatel_extrinsics.yaml 文件中对应的 rotation、translation 值（dev_kit 为车型信息，车辆配置文件目录中的车型信息部分需与实际使用车辆一致），如图 4-44 所示。注意：不要修改 frame_id，也不要直接替换文件。

图 4-44　激光雷达外参更新参数

3. 激光雷达感知模块功能测试

1）检查配置

检查激光雷达网络配置的操作步骤见表 4-14。

表 4-14 检查激光雷达网络配置的操作步骤

序号	步骤	操作说明	操作要点
1	检查计算平台的 IP	检查计算平台的 IP 是否为 192.168.1.xx，是否与激光雷达的 IP 处在同一网段：	计算平台 IP 配置正确□ _____
2	检查激光雷达的 IP	使用快捷键 Ctrl＋Alt＋T 启动命令行终端，在命令行终端中输入并执行以下命令： ping 192.168.1.201 如果可以 ping 通，表示激光雷达的 IP 正确	激光雷达 IP 配置正确□ _____

2）启动并验证激光雷达感知功能

（1）整车上电并启动计算平台；

（2）启动 Apollo Docker 环境；

（3）启动 Dreamview，选择 Dev Kit Debug 选项和 Dev Kit 车型；

（4）启动 GPS、Localization 模块并验证模块是否正常输出数据。

以上步骤的操作说明和操作要点参照项目三智能网联汽车定位系统与控制系统测试中的相应步骤。接下来启动并验证激光雷达的感知功能，其操作步骤及操作要点见表 4-15。

表 4-15 启动并验证激光雷达感知功能的操作步骤及操作要点

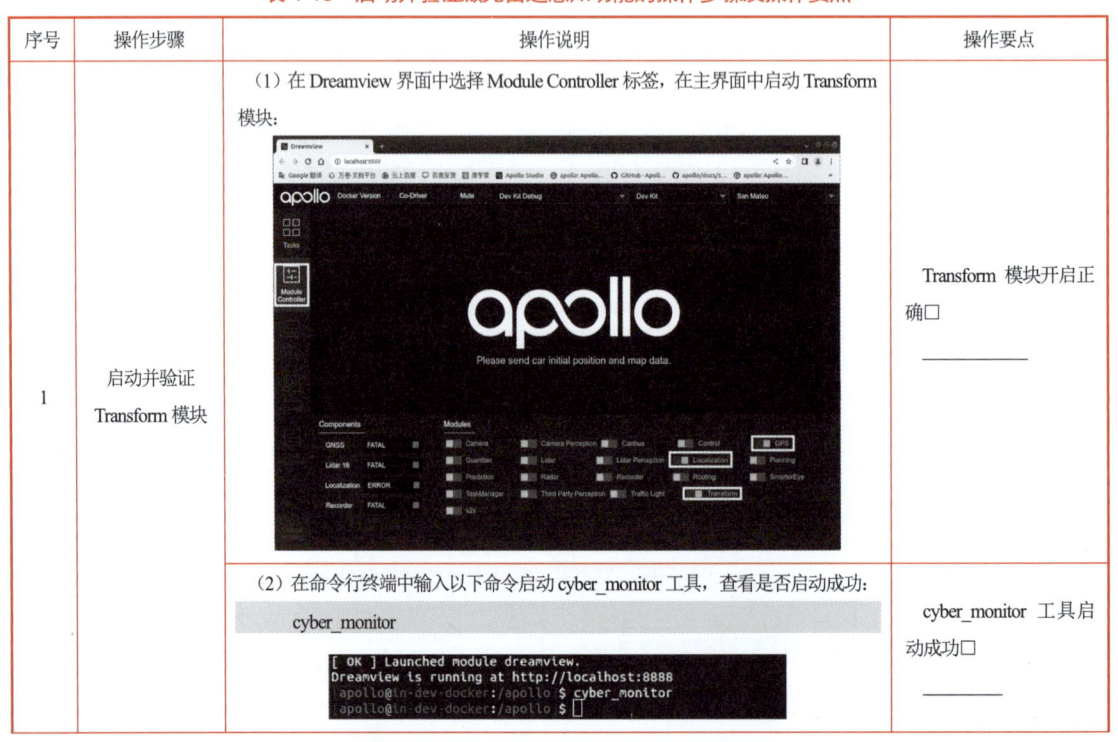

序号	操作步骤	操作说明	操作要点
1	启动并验证 Transform 模块	（1）在 Dreamview 界面中选择 Module Controller 标签，在主界面中启动 Transform 模块：	Transform 模块开启正确□ _____
		（2）在命令行终端中输入以下命令启动 cyber_monitor 工具，查看是否启动成功： cyber_monitor	cyber_monitor 工具启动成功□ _____

续表

序号	操作步骤	操作说明	操作要点
1	启动并验证 Transform 模块	（3）Transform 模块对应的 Channel 信息/tf 和/tf_static 的颜色为绿色；/tf 的帧率为 100Hz 左右，/tf_static 的帧率为 0，表示 Transform 模块启动成功： ——对应GPS模块 ——对应Tansform模块 注意：GPS 模块启动后，需要等 1～2min，/tf 才会有数据输出	① Transform 模块启动状态验证方法正确□ _____ ② Transform 模块启动成功□ _____
2	启动并验证 Lidar 模块	（1）在 Dreamview 界面中选择 Module Controller 标签，在主界面中启动 Lidar 模块：	Lidar 模块开启正确□ _____
		（2）在 cyber_monitor 工具中，查看激光雷达的 Channel 输出。若与激光雷达相关的 3 个 Channel 都为绿色，且帧率都在 10Hz 左右，表示 Lidar 模块启动完成：	① Lidar 模块启动状态验证方法正确□ _____ ② Lidar 模块启动成功□ _____
3	启动并验证 Lidar Perception 模块	（1）在 Dreamview 界面中选择 Module Controller 标签，在主界面中启动 Lidar Perception 模块：	Lidar Perception 模块开启正确□ _____

139

续表

序号	操作步骤	操作说明	操作要点
3	启动并验证 Lidar Perception 模块	（2）在 Dreamview 界面中查看是否显示感知到的障碍物。若显示正常，则表示 Lidar Perception 模块启动成功： （3）在 cyber_monitor 工具中，查看激光感知（Lidar Perception）模块的 Channel 输出，若其变为绿色，且帧率都在 10Hz 左右，则表示 Lidar Perception 输出正常： 注意：Lidar Perception 模块的启动时间较长，可能需要等待几分钟 （4）选择/apollo/perception/obstacles，按右方向键查看此 Channel 信息。其中，+[4 items]表示感知到了 4 个障碍物： 检测到4个障碍物 （5）选择 perception_obstacles：+[4 items]，按右方向键查看此 Channel 信息。界面显示障碍物的详细信息，如障碍物的位置、速度信息等：	① Lidar Perception 模块启动状态验证方法正确□ _____ ② Lidar Perception 模块启动成功□ _____

续表

序号	操作步骤	操作说明	操作要点
3	启动并验证 Lidar Perception 模块	（6）按 Ctrl+C 组合键退出 cyber_monitor	cyber_monitor 工具退出成功□_____
4	整车断电	关闭计算平台，车辆断电	车辆断电操作规范□_____

能力拓展

能力拓展部分主要讲述了 D-KIT Lite S 车辆摄像头标定的相关知识，具体内容扫码即可获得。

任务测评

对任务实施的完成情况进行检查，并将结果填入表 4-16。

表 4-16　任务测评表

成绩评定反馈意见表					
课程名称：智能网联汽车感知设备调试					
组号		组员信息：			
序号	项目	子项目	检查规范	结论	得分
1	标定场地要求（20分）	标定场地选择	路边应有边缘清晰明确的障碍物作为静态参照物；光照条件好，避免大逆光；路面平坦；GNSS 信号良好		
2	D-KIT Lite S 车辆激光雷达调试（80分）	激光雷达配置	计算平台的 IP 配置正确；激光雷达的 IP 配置正确		
		激光雷达外参标定	测量激光雷达外参标定参数初始值，确保与参考值误差较小；修改配置文件成功；使用 Fuel Client 采集数据成功；数据预处理成功；获取标定外参文件和结果成功；Lidar-GNSS 标定结果准确；激光雷达外参更新成功		
		Lidar Perception 模块功能测试	网络配置检验方法正确；启动并验证 Localization、GPS、Transform 模块工作正常；启动并验证 Lidar Perception 模块工作正常；启动并验证激光雷达感知成功		
评论摘要：					

续表

分数	等级	总分	评分描述
85~100	优		
75~84	良		
60~74	及格		
<60	未达到		

课后习题与参考文献

课后习题

参考文献

项目五
自动驾驶车辆测试

导言

智能网联汽车从实验室走向量产，需要大量的测试来证明其各项应用功能和性能的稳定性、强健性、可靠性等。随着驾驶自动化等级的提高，针对智能网联汽车的测试已不能将其功能进行拆分，进行单独功能测试。美国兰德公司的一项研究表明，在95%的置信度水平下，要证明自动驾驶车辆相比于人类驾驶能够减少20%的交通事故死亡率，需要进行约50亿英里的公共道路测试，采用由100辆车组成的车队每年365天每天24小时不间歇地以25英里每小时的平均速度进行测试，大概需要225年。传统车辆测试评价的对象是人-车二元独立系统，而智能网联汽车的测试评价对象变为人-车-环境-任务强耦合系统，从而导致对其的测试和验证变得极具挑战性。传统的车辆测试手段无法满足智能网联汽车测试与验证的使用需求。随着驾驶自动化等级的提高，不同等级自动化水平所实现的功能逐级递增，各国发布了围绕智能网联汽车验证环节所需的标准体系、测试场地条件以及相关测试方法。

思维导图

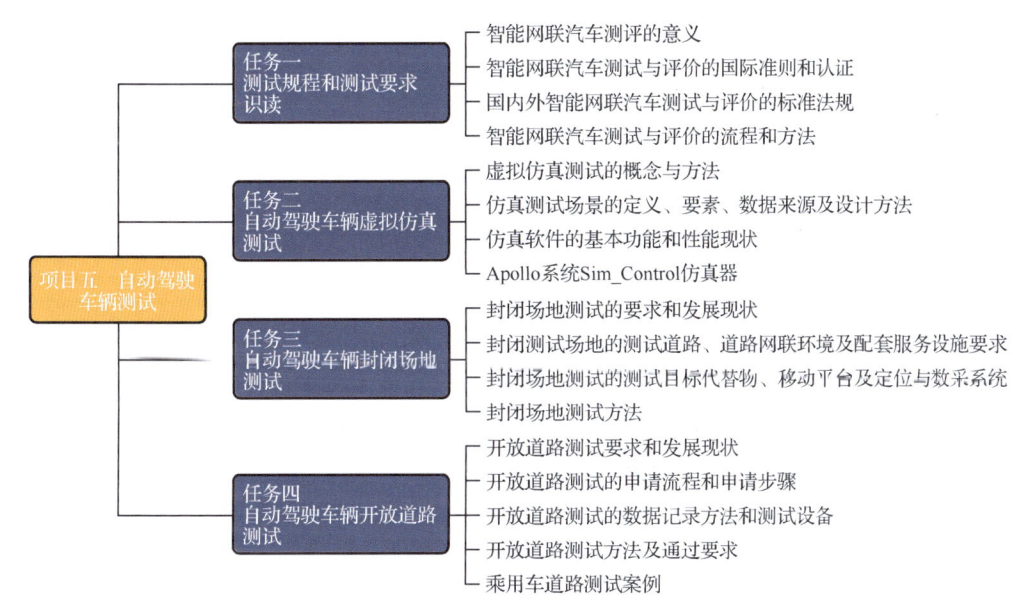

项目五 自动驾驶车辆测试

- 任务一 测试规程和测试要求识读
  - 智能网联汽车测评的意义
  - 智能网联汽车测试与评价的国际准则和认证
  - 国内外智能网联汽车测试与评价的标准法规
  - 智能网联汽车测试与评价的流程和方法

- 任务二 自动驾驶车辆虚拟仿真测试
  - 虚拟仿真测试的概念与方法
  - 仿真测试场景的定义、要素、数据来源及设计方法
  - 仿真软件的基本功能和性能现状
  - Apollo系统Sim_Control仿真器

- 任务三 自动驾驶车辆封闭场地测试
  - 封闭场地测试的要求和发展现状
  - 封闭测试场地的测试道路、道路网联环境及配套服务设施要求
  - 封闭场地测试的测试目标替物、移动平台及定位与数采系统
  - 封闭场地测试方法

- 任务四 自动驾驶车辆开放道路测试
  - 开放道路测试要求和发展现状
  - 开放道路测试的申请流程和申请步骤
  - 开放道路测试的数据记录方法和测试设备
  - 开放道路测试方法及通过要求
  - 乘用车道路测试案例

任务一 测试规程和测试要求识读

学习目标

【知识目标】
1. 能够正确描述智能网联汽车测试与评价的意义；
2. 能够正确列举智能网联汽车测试与评价的国际准则和认证；
3. 能够正确描述国内外智能网联汽车测试与评价的标准法规。

【能力目标】
1. 能正确说明智能网联汽车测试与评价的流程；
2. 能正确解释智能网联汽车测试的方法；
3. 能正确对比智能网联汽车不同测试方法的特点。

【素质目标】
1. 能够熟练掌握测试相关的国家标准、行业规定，遵守法律法规，掌握绿色生产、环境保护、安全防护、质量管理等相关知识与技能；
2. 能够了解相关产业文化，具备职业道德准则和行为规范，具备社会责任感和担当精神；
3. 具有探究学习、终身学习的能力，具有整合知识和综合运用知识分析问题与解决问题的能力；
4. 弘扬劳动光荣、技能宝贵、创造伟大的时代精神，热爱劳动人民、珍惜劳动成果、树立劳动观念、积极投身劳动，具备与职业发展相适应的劳动素养、劳动技能。

工作任务

某汽车制造厂正在试制一款面向 L4 级自动驾驶的前装量产车型，需要智能网联汽车系统集成工程师基于 Apollo 的该样品车型完成测试的策划，使其在设计运行范围（ODD）内的自动驾驶功能经过测试验证，满足国家测试标准。作为一名辅助工程师，首先需要了解国内外智能网联汽车测试与评价的主要法律与法规，说明智能网联汽车测试与评价的流程和方法，对比其各种测试方法的特点。

相关知识

一、智能网联汽车测评的意义

智能网联汽车从实验室走向量产，需要大量的测试与评价来证明其各项应用功能和性能的稳定性、强健性等。智能网联汽车的测试与评价是智能网联汽车自动驾驶功能开发、技术应用和商业推广不可或缺的重要环节。智能网联汽车技术的进步和测试与评价体系的发展相辅相成，测试与评价体系的建设与发展将有力推动智能网联汽车的落地和量产化。科学合理的测试与评价体系可以全面检验智能网联汽车各方面的性能表现，支持智能网联汽车在开发阶段和认证阶段的测试和评估需要，为系统的开发迭代提供技术手段，为车辆的上路认证提供依据；在产品的设计、研发、测试与认证各个环节中发挥重要作用；是支持智能网联汽车技术发展的重要基础。

智能网联汽车的测试与评价包括测试和评价两方面内容。从测试角度来讲，完善有效的测试技术是智能网联汽车技术进步的重要支撑，是验证系统功能有效性、可靠性的重要手段，是迭代优化

系统不可或缺的基础条件。从评价角度讲，科学的评价体系是引导系统和功能设计、促进技术良性发展的重要方向。总体而言，评价体系的建立对智能网联汽车的发展有着正向促进和推动的作用，从而加速智能网联汽车的迭代更新。

二、智能网联汽车测试与评价的国际准则和认证

为加快推进智能网联汽车发展，成立了国际性组织，促进测试与评价标准化。

1. 联合国世界车辆法规协调论坛（UNECE/WP.29）

欧洲经济委员会（UNECE）/世界车辆法规协调论坛（WP.29）设立新的自动驾驶与网联车辆工作组（GRVA），负责统筹开展联合国有关智能网联汽车法规的协调任务。

1)"自动驾驶汽车框架文件"

2019年6月，UNECE/WP.29审议通过了中国、欧盟、日本和美国共同提出的"自动驾驶汽车框架文件"。"自动驾驶汽车框架文件"出台的目的在于确立L3及更高级别的自动驾驶汽车的安全性和安全防护的关键原则。

"自动驾驶汽车框架文件"对"系统安全""失效保护响应""人机交互界面""目标事件探测与响应""设计使用范围"等内容进行了定义，如图5-1所示；提出WP.29附属机构优先考虑的9个共性原则，用以指导自动驾驶功能的定义，构成未来发展的基础。

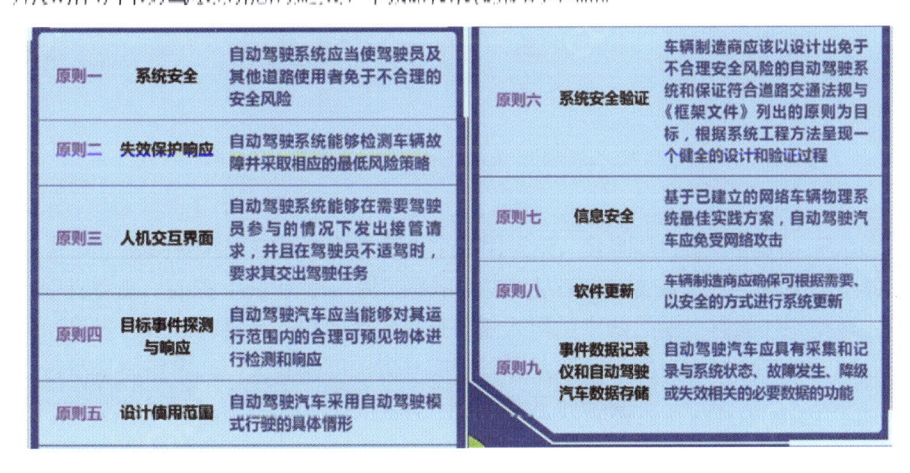

原则一	系统安全	自动驾驶系统应当使驾驶员及其他道路使用者免于不合理的安全风险	原则六	系统安全验证	车辆制造商应该以设计出免于不合理安全风险的自动驾驶系统和保证符合道路交通法规与《框架文件》列出的原则为目标，根据系统工程方法呈现一个健全的设计和验证过程
原则二	失效保护响应	自动驾驶系统能够检测车辆故障并采取相应的最低风险策略	原则七	信息安全	基于已建立的网络车辆物理系统最佳实践方案，自动驾驶汽车应当免受网络攻击
原则三	人机交互界面	自动驾驶系统能够在需要驾驶员参与的情况下发出接管请求，并且在驾驶员不适驾时，要求其交出驾驶任务	原则八	软件更新	车辆制造商应确保可根据需要、以安全的方式进行系统更新
原则四	目标事件探测与响应	自动驾驶汽车应当能够对其运行范围内的合理可预见物体进行检测和响应	原则九	事件数据记录仪和自动驾驶汽车数据存储	自动驾驶汽车应具有采集和记录与系统状态、故障发生、降级或失效相关的必要数据的功能
原则五	设计使用范围	自动驾驶汽车采用自动驾驶模式行驶的具体情形			

图5-1 "自动驾驶汽车框架文件"中提出的9个共性原则

2)多支柱法测评原则

UNECE/WP.29/GRVA下设自动驾驶测试与评价方法非正式工作组（VMAD），来自世界汽车组织（International Organization of Motor Vehicle Manufacturers，OICA）的专家提出"多支柱法"智能网联汽车的测试与评价准则，即审核和认证、虚拟测试、场地测试、道路测试构成的多级智能网联汽车测试体系，如图5-2所示。

场景有一般场景、危险场景和边角场景。其中，一般场景保证基本功能，危险场景拓展功能适应性，边角场景检验系统强健性。主机厂（OEM）进行自我声明，检查一般安全要求和交通规则的整合情况，使用虚拟仿真测试检验核心算法功能，验证应对边角场景的能力；场地测试检验特定场景的特定功能，将审核/评估结果与实车行为相匹配，通过具有挑战性的场景评估系统行为；实际道路测试检验产品在综合环境下的可靠性，评估系统应对现实世界交通情况的能力，相当于自动驾驶的"驾驶执照考试"。

2. 国际标准化组织道路车辆技术委员会（ISO/TC22）

国际标准化组织道路车辆技术委员会车辆动力学分委会自动驾驶测试场景工作组（ISO/TC22/

SC33/WG9）是 2018 年 4 月在我国的提案建议下由国际标准化组织 ISO 批准成立的国际标准制定工作组，首次由我国专家担当召集人，负责开展自动驾驶测试场景有关的术语定义、流程框架、数据库、设计运行范围及测试与评价等国际标准的制定工作。

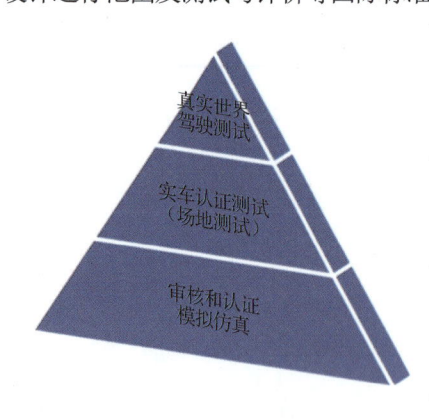

图 5-2 "多支柱法"智能网联汽车的测试与评价准则

3. 德国自动化及测量系统标准协会（ASAM）

德国自动化及测量系统标准协会（ASAM）是一家非政府的汽车领域标准化制定机构，ASAM 推出的标准涉及多个汽车标准领域，包括仿真、车联网、测量与校准、诊断、自动化测试、软件开发、ECU 网络和数据管理与分析等。

随着自动驾驶技术的发展，仿真测试对于自动驾驶的安全落地至关重要，ASAM 启动的 OpenX 系列标准达到了 5 项，如图 5-3 所示。

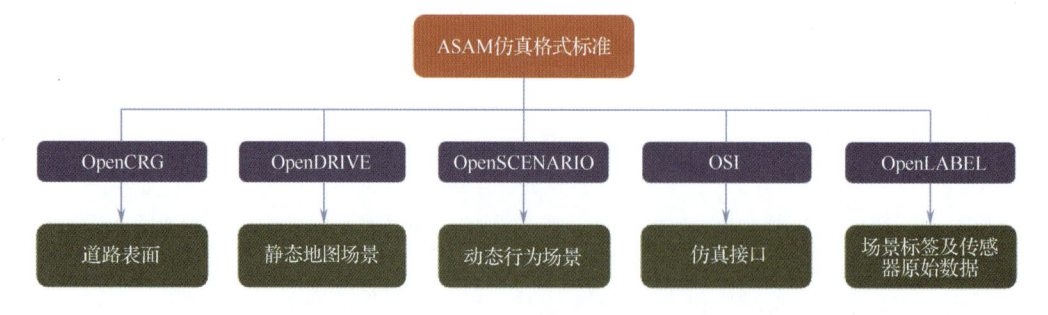

图 5-3 ASAM OpenX 自动驾驶仿真测试标准体系

目前，在 ASAM 仿真验证领域，OpenX 系列的标准主要包括 OpenDRIVE、OpenScenario、OSI（Open Simulation Interface）、OpenLABEL 和 OpenCRG 五大板块。在仿真测试的整体流程中，OpenDRIVE 和 OpenSCENARIO 统一仿真场景的不同数据格式；OpenLABEL 将对原始数据和场景给出统一的标定方法；OSI 连接了自动驾驶功能与仿真工具，同时集成了多种传感器；OpenCRG 则实现了路面物理信息与静态道路场景的交互。

三、国内外智能网联汽车测试与评价的标准法规

随着驾驶自动化等级的提高，部分国家和区域已出台相应的法律与法规允许自动驾驶汽车进行公路测试，以充分测试自动驾驶汽车的安全性。除了道路测试，关于自动驾驶汽车的安全标准、市场准入、操作和使用规范、保险和责任、网络安全、隐私和数据保护、使用者许可等事项都需要法律与法规和政策适应性调整。

1. 国外智能网联汽车测试与评价的标准法规

美国、日本及部分欧洲国家纷纷加快智能网联汽车布局，加快推动自动驾驶相关法案的制定与出台，使相应道路测试管理更规范，推动智能网联汽车产业化进程。

美国内华达州 2011 年 3 月率先进行道路测试立法、发放测试牌照，美国联邦交通部 2016 年 9 月发布《美国自动驾驶汽车政策指南》、2017 年 9 月发布《自动驾驶系统 2.0：安全愿景》，美国众议院 2017 年 7 月通过了《自动驾驶法案》，加州 2018 年 2 月修改无人驾驶测试法规，允许在无驾驶人员的情况下进行智能网联汽车的道路测试。

日本 2016 年 5 月发布《关于自动行驶系统的公道实证实验的方针》，2017 年秋季开始在高速公路、一般公路上对自动驾驶系统进行大规模的测试试验，日本率先将自动驾驶功能评价纳入《日本自动驾驶汽车安全技术指南》，为智能网联汽车特别是自动驾驶功能准入管理奠定基础。为消除《道路交通安全法》和《道路运输车辆法》对自动驾驶汽车上路行驶的限制，日本国会于 2019 年 5 月通过新的《道路交通法》，从 2020 年 4 月 1 日开始允许 L3 级别的自动驾驶汽车上路行驶，并且在驾驶员能够快速恢复手动驾驶的情况下允许其在自动驾驶过程中使用手机或者观看车载电视。

法国 2014 年 2 月公布自动驾驶发展路线图，向全球汽车厂商开放道路进行自动驾驶汽车测试。英国 2015 年 7 月发布无人驾驶汽车路测指南，允许在封闭环境模拟测试后可使用公共道路进行测试。德国 2017 年 5 月通过首部关于自动驾驶汽车的法律，允许驾驶者在双手离开转向盘或视线离开道路的情况下进行道路测试；2021 年 5 月，德国联邦议院通过了《自动驾驶法》草案，凭借该法案，德国成为全球首个允许无人驾驶车辆（L4 级）参与日常交通并应用在全国范围的国家。联合国也于 2016 年 3 月正式修订《维也纳道路交通公约》，允许自动驾驶技术应用到交通运输中。

2. 中国智能网联汽车测试标准规范

2018 年 4 月，工业和信息化部、公安部、交通运输部联合发布《智能网联汽车道路测试管理规范（试行）》，发挥了积极的引导作用。在国家智能网联汽车相关政策规划和发展战略的指导下，我国测试示范区建设初具成效，中央及地方相关主管部门陆续出台道路测试管理规范和实施细则。2021 年 7 月，工业和信息化部、公安部、交通运输部又联合印发《智能网联汽车道路测试与示范应用管理规范（试行）》，替代了《智能网联汽车道路测试管理规范（试行）》，对道路测试与示范应用主体、驾驶人及车辆、道路测试申请、示范应用申请、道路测试与示范应用管理、交通违法与事故处理等进行明确规定。

2021 年 8 月，工业和信息化部发布的《关于加强智能网联汽车生产企业及产品准入管理的意见》，从总体要求、加强数据和网络安全管理、规范软件在线升级、加强产品管理和保障措施等 5 部分提出 11 项原则要求，覆盖了我国智能网联汽车管理的核心要素和关键环节。明确提出"进一步完善标准体系建设""加快推动汽车数据安全、网络安全、在线升级、驾驶辅助、自动驾驶等标准规范制修订""加强测试验证和检验检测能力建设"等，要求"采用模拟仿真、封闭场地、实际道路、网络安全、软件升级、数据记录等测试要求，并鼓励第三方服务机构和企业加强相关测试验证和检验检测能力建设"。

任务实施与评价

一、任务准备

本次任务所使用的实训资源见表 5-1。

表 5-1 实训资源

序号	分类	名称	准备要点	数量	准备情况记录
1	国家法规、标准	《智能网联汽车道路测试与示范应用管理规范（试行）》《关于加强智能网联汽车生产企业及产品准入管理的意见》	中国政府网下载	1 份/人	是否找到，并下载： 是□ 否□_____
2	第三方测评验证	C-NCAP（中国新车评价规程）、C-IASI（中国保险汽车安全指数）、IVISTA（中国智能汽车指数）、CCRT（中国汽车消费者研究及测试中心）	第三方测评网站下载	1 份/人	是否找到，并下载： 是□ 否□_____
3	资源	作业记录单	明确工作任务	1 份/人	是否明确工作任务： 是□ 否□

二、智能网联汽车测试评价流程

1. 面向研发的测试

与开发其他电控系统相似，研发自动驾驶系统除了进行场地和道路测试，还需在不同阶段进行各种仿真测试。电子电气（Electronic and Electrical，E/E）系统的开发流程中所应用的功能安全与预期功能安全标准（ISO 26262 和 ISO 21448），对功能开发在不同阶段的测试验证要求提供了参考规范。参考该开发流程，将 V 字形模型拓展到自动驾驶系统开发，如图 5-4 所示，"V"字形的右侧为测试环节。

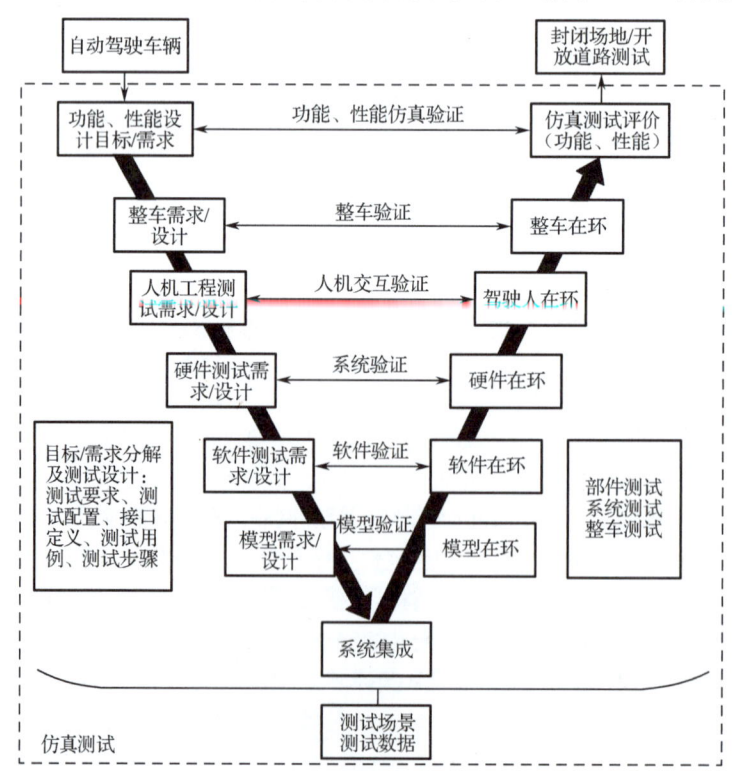

图 5-4 自动驾驶系统开发 V 字形模型

对自动驾驶系统开展仿真测试，需要开展对自动驾驶算法、组件及系统集成的测试，保证自动驾驶系统的整体性能满足设计和安全法规要求。在系统开发阶段，需要建立算法模型并进行仿真测试，根据仿真测试结果，不断优化系统设计。这个阶段的仿真通常被定义为模型在环（MIL）。L3级自动驾驶产品的开发，包括视觉、雷达、高精度地图、定位、多传感器信息融合等感知算法的开发，也包括规划、决策乃至执行等算法模型的开发，所有这些都需要进行模型在环仿真测试。

在完成模型在环仿真测试后，先对算法模型进行代码转化，形成代码，然后对代码进行仿真测试，测试代码与算法模型的等效性，保证代码与算法模型一致。该阶段的测试通常被定义为软件在环（SIL）。之后还需进行处理器在环仿真。

模型在环（MIL）、软件在环（SIL）两个阶段的测试是针对算法进行的软件测试，之后需要进行针对所开发系统硬件的在环仿真测试，既包含软件的测试，也包含硬件、底层软件、应用层软件的系统测试。

上述过程完成之后，系统本身开发的阶段性任务完成。在此之后需要进行整车层级的集成测试，整车层级的集成测试不可能完全依赖路测，考虑里程要求和极端测试场景，必须依赖仿真试验、场地试验、道路试验的有机结合才能满足自动驾驶功能的安全放行。该阶段的测试方式包含模型在环（MIL）、软件在环（SIL）、硬件在环（HIL）、驾驶人在环（DIL）、整车在环（VIL）测试。其中 DIL、VIL 则主要用于复杂场景下的人机交互评价和自动驾驶功能/性能的主观评价。

2．面向验证的测试

对于 L3 级驾驶自动化系统，动态驾驶任务后援用户以适当的方式执行接管，这意味着对 L3 级驾驶自动化系统的安全性要求将远大于 L2 级驾驶自动化系统。为保证驾驶自动化系统的安全性，既需要从开发层面保证，也需要从验证层面保证。

1）法规要求测试验证

为了保证智能网联汽车的安全性与可靠性，国家从法律与法规方面要求智能网联汽车需通过主管部门发布的测试条件才能示范应用或进入市场。《智能网联汽车道路测试与示范应用管理规范（试行）》和《关于加强智能网联汽车生产企业及产品准入管理的意见》等文件都提出，测试要求申请准入的智能网联汽车产品应至少满足模拟仿真测试要求、封闭场地测试要求、实际道路测试要求、车辆网络安全测试要求、软件升级测试要求和数据存储测试要求。

2）第三方测评验证

智能网联汽车以产品形式进入市场后，为了服务消费者，促进汽车质量的提升和新技术的应用，第三方测试机构发布了测试评价规程，建立以客观测试为主的测试与评价体系，如中国新车评价规程（C-NCAP）、中国保险汽车安全指数（C-IASI）、中国智能汽车指数（IVISTA）、中国汽车消费者研究及测试中心（CCRT）等，对智能网联汽车进行测评，目前主要是对驾驶辅助功能进行测评，如前方碰撞预警（FCW）、自动紧急制动（AEB）、车道偏离预警（LDW）等驾驶辅助系统，并将测评结果公布供消费者参考。

3．测试与评价流程

智能网联汽车产品的测试与评价流程主要包括应用场景（测什么）、测试场景构建（在什么环境下测）、测试方法与技术（用什么方法和手段测）和评价方法（如何评价），如图 5-5 所示。

（1）应用场景：测试与评价流程优先重点考虑以下五大连续运行场景，即高速/环路、市内运行、泊车/取车、封闭园区和城际/郊区。

（2）测试场景构建：通过自然驾驶场景、标准法规场景、危险工况场景和参数重组场景等数据来源构建测试场景库，该测试场景库包括基础测试场景和进阶测试场景，满足基础测试和优化引导的需求。

（3）测试方法与技术：采用虚拟仿真测试、封闭场地测试、实际道路测试相结合的测试方法，通过

设置测试条件、测试规程、测试通过条件等，搭建可实现自动驾驶功能与 ODD 全覆盖的测试方法。

（4）评价方法：通过安全、体验和配置三大维度对智能网联汽车产品的能力进行评价，满足基础测试和优化引导的需求。

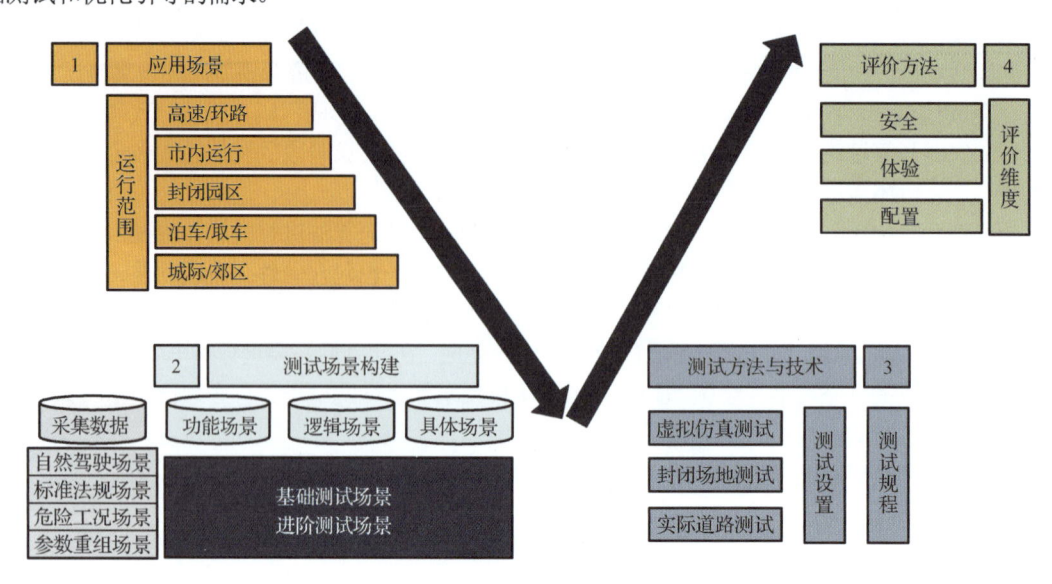

图 5-5　智能网联汽车产品的测试与评价流程

4. 智能网联汽车不同测试与评价流程对比

请对比分析面向研发测试和面向验证测试的不同，分别描述其测试流程。

三、智能网联汽车测试方法

1. 智能网联汽车测试方法概述

场景建设及功能划分与智能网联汽车模拟仿真测试、封闭场地测试、真实道路测试密不可分，如图 5-6 所示。

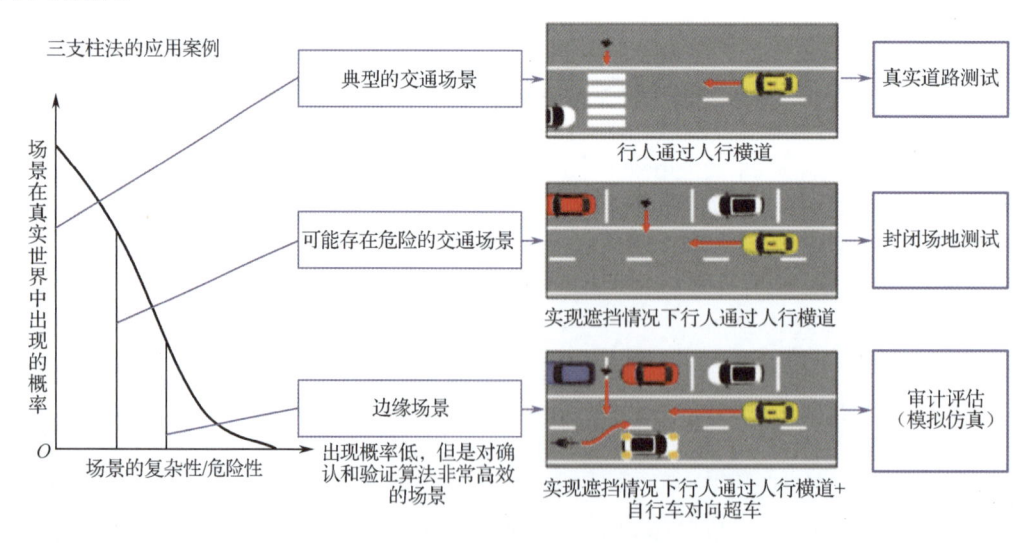

图 5-6　不同测试类型验证不同场景功能示意图

模拟（虚拟）仿真测试应覆盖 ODD 范围内可预测的全部场景，包括不易出现的边角场景，覆盖 ODD 范围内全部的自动驾驶功能。

封闭场地测试应覆盖 ODD 范围内的极限场景，如与安全相关的事故场景和危险场景，覆盖车辆在自动驾驶系统正常状态下的典型功能，验证仿真测试结果，测试车辆的真实表现。封闭场地场景和测试用例设计原则上要充分考虑场景的典型性、危险性及其对法律法规的符合性，验证车辆在驾驶自动化系统、人机交互功能的合规性和安全性。

真实道路测试覆盖 ODD 范围内典型场景组合的道路，验证车辆在自动驾驶状态下应对随机场景的能力。在测试过程中，必须达到一定的测试时长和里程，覆盖车辆在自动驾驶状态下必备的功能，充分验证车辆在自动驾驶状态下的功能和性能表现。

总体上，虚拟仿真测试是加速车辆自动驾驶研发过程和保证安全的核心环节，封闭场地测试是车辆自动驾驶研发过程中的有效验证手段，真实道路测试是检测车辆自动驾驶系统性能的必要环节，也是实现车辆自动驾驶商业部署的前置条件。

2. Apollo 开放平台车辆测试方法描述

请描述 Apollo 开放平台自动驾驶车辆的测试方法。例如，自动驾驶公交车、共享无人车、智能巡检车、自动驾驶巴士的测试方法。

能力拓展

能力拓展部分讲述了不同测试方法的特点对比，具体内容扫码即可获得。

任务测评

对任务实施的完成情况进行检查，并将结果填入表 5-2。

表 5-2　任务测评表

成绩评定反馈意见表					
任务名称：测试规程和测试要求识读					
组号		组员信息：			
序号	项目	子项目	检查规范	结论	得分
1	智能网联汽车测试与评价流程（60分）	面向研发的测试	正确描述面向研发测试和面向验证测试的不同，准确描述两种测试的流程		
		面向验证的测试			
		测试与评价流程			
		智能网联汽车不同测试与评价流程的对比			
2	智能网联汽车测试方法（40分）	智能网联汽车测试方法概述	正确描述自动驾驶公交车、共享无人车、智能巡检车、自动驾驶巴士的测试方法		
		Apollo 开放平台车辆测试方法描述			
评论摘要：					

续表

分数	等级	总分	评分描述
85~100	优		
75~84	良		
60~74	及格		
<60	未达到		

任务二　自动驾驶车辆虚拟仿真测试

学习目标

【知识目标】

1. 能够正确说明模拟仿真测试的定义和分类；
2. 能够正确说明场景库的定义、要素和设计方法；
3. 能够正确说出常见的仿真测试平台。

【能力目标】

1. 能够按照操作文件独立完成 Apollo 系统 Sim_Control 模块的仿真与算法调试，并记录过程中的关键步骤；
2. 能够按照操作文件独立完成 Apollo 云仿真并记录过程中的关键步骤。

【素质目标】

1. 能够熟练掌握测试相关国家标准、行业规定，遵守法律法规，掌握绿色生产、环境保护、安全防护、质量管理等相关知识与技能；
2. 能够了解相关产业文化，具备职业道德准则和行为规范，具备社会责任感和担当精神；
3. 具有探究学习、终身学习的能力，具有整合知识和综合运用知识分析问题与解决问题的能力；
4. 弘扬劳动光荣、技能宝贵、创造伟大的时代精神，热爱劳动人民、珍惜劳动成果、树立劳动观念、积极投身劳动，具备与职业发展相适应的劳动素养、劳动技能。

工作任务

某汽车制造厂正在试制一款面向 L4 级自动驾驶的前装量产车型，需要智能网联汽车系统集成工程师基于 Apollo 的该样品车型完成仿真测试场景的分析与挖掘、基础测试用例的编写和测试的执行，以及测试数据的管理。作为一名辅助工程师，首先需要掌握场景库和仿真平台的内涵。按照操作说明书，利用 Apollo 系统 Sim_Control 模块进行典型交通场景的仿真，调试自动驾驶软件算法；利用 Apollo 云仿真平台对自动驾驶软件算法进行测评；记录测试过程中的关键步骤。

相关知识

一、模拟仿真测试

1. 模拟仿真测试概念

模拟仿真测试是通过计算机和相关设备搭建算法模型与仿真场景以模拟道路测试的一种测试方

法。该方法避免了重复性工作，并能开发出新的场景，具备很好的测试效果，能节省人力与物力。随着汽车智能化、网联化趋势的发展，模拟仿真测试是实现高阶自动驾驶落地应用的关键一环，具备自动驾驶功能的车辆必须经过大量的模拟仿真测试和实车路测之后才能商用化。

模拟仿真测试包括场景库、仿真平台、评价体系。其中，场景库是基础，仿真平台是核心，评价体系是关键；三者紧密耦合，相互促进。

2. 模拟仿真测试方法

自动驾驶车辆之所以要路测 50 亿英里，是因为实现自动驾驶的难点主要是感知和决策部分，这两部分也是自动驾驶系统的关键。开发者将感知和决策算法输入仿真平台中，仿真平台将算法融入虚拟车辆中。虚拟车辆在诸多繁杂的仿真场景中测试，反馈算法的结果。按照测试方式，模拟仿真测试可分为模型在环（MIL）、软件在环（SIL）、硬件在环（HIL）、整车在环（VIL）、驾驶员在环（DIL），见表 5-3。

表 5-3 模拟仿真测试方法

模拟仿真测试	内容
模型在环（MIL）测试	在模拟仿真测试模型中，将控制算法模型和被控算法模型连接起来形成闭环，即模型在环测试；主要目的是支持系统软件工程师做模型级别的集成测试
软件在环（SIL）测试	从模型在环测试引申而来，区别是把控制器的模型换成了由控制器模型生成的代码，软件在环测试的目的是验证生成的代码和模型在功能上是否一致，主要测试对象为感知算法和决策算法
硬件在环（HIL）测试	提供可以模拟真实的系统环境的动态系统模型作为"受控设备仿真"，并通过嵌入式系统的输入输出将其与仿真平台相连，形成闭环。硬件在环测试的目的是验证控制器，测试对象主要为感知系统处理器和决策系统控制器
整车在环（VIL）测试	将测试系统集成到真实车辆中，并通过仿真平台模拟道路、交通场景和传感器信号，从而构成完整的测试闭环。整车在环测试的对象主要是被测车辆整车和被测感知功能，目的是验证测试系统的功能、各场景的仿真测试、与整车相关电控系统的匹配及集成测试
驾驶人在环（DIL）测试	增加了交通和环境的仿真，并将真实驾驶员引入仿真测试闭环，融合传感器仿真技术，结合 3D 实时动画，对系统进行验证。可以开展 ADAS 和 AD（自动驾驶）控制器的主观评价、人机交互界面的设计评价，以及自动驾驶系统的人机接管功能测试

二、测试场景

1. 测试场景定义

测试场景是智能网联汽车与其行驶环境各组成要素在一段时间内的总体动态描述，这些要素组成由所期望检验的智能网联汽车的功能决定。所谓场景，是车辆与交通环境中其他车辆、设施、环境、道路等元素综合交互的过程。各个场景元素组合得到不同场景的集合，自动驾驶测试场景本质上就是对所有相关场景元素的一种提炼。

测试场景是支撑智能网联汽车测试与评价技术的核心要素和关键技术，通过场景的解构与重构对智能网联汽车进行封闭场地测试和模拟仿真测试已成为业内公认的最佳测试手段，得到广泛关注。测试场景具有丰富、极其复杂、不可预测、不可穷尽等特点。

2. 测试场景要素

目前测试场景普遍沿用一般场景要素分类模型，如图 5-7 所示是德国 PEGASUS 项目提出的场景六层模型。

3. 测试场景数据来源

测试场景按数据来源分类，可概括为 4 类：自然驾驶场景、危险工况场景、标准法规场景、参数重组场景。

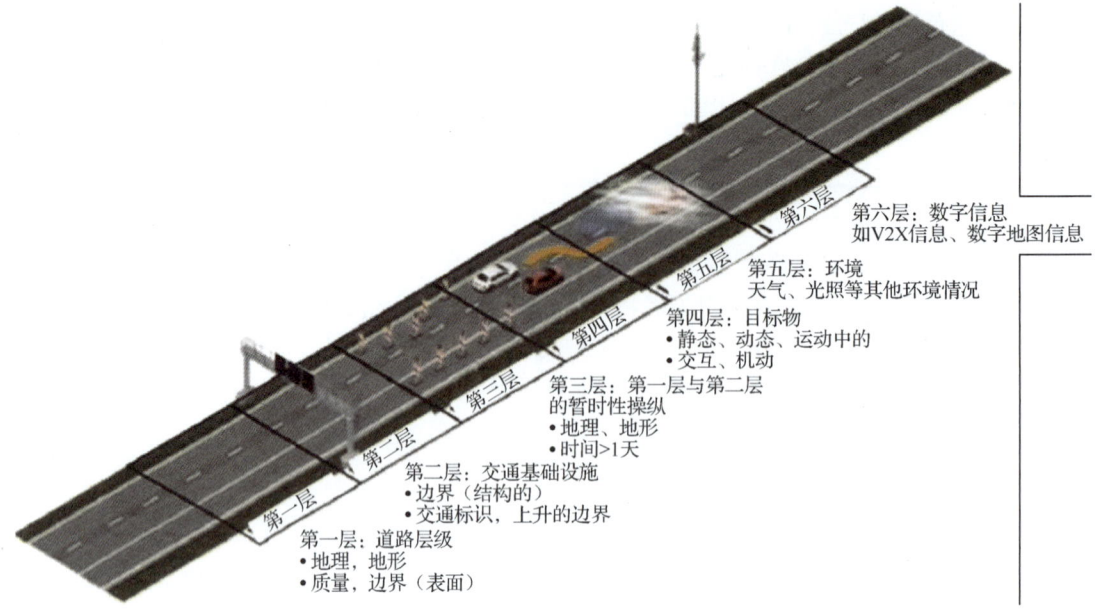

图 5-7 场景六层模型

自然驾驶场景主要是源于通过设备采集的由人类驾驶车辆产生的数据生成的场景，包括驾驶场景数据库中的场景和企业的道路测试场景。

危险工况场景主要包括恶劣天气环境、复杂道路交通和典型交通事故场景。恶劣天气环境场景包括大雨、大雾、大雪、雾霾、强烈逆光等可能使传感器功能受限的环境，以及结冰、积雪、横风等可能影响自动驾驶系统操纵的环境。复杂道路交通场景包括多车道选择、环岛、交通拥堵、多层立体交通枢纽等场景。典型交通事故场景通过对交通事故数据库的交通事故进行建模，重现交通事故发生前的场景。

标准法规场景是自动驾驶功能在研发和认证阶段需要满足的基本场景，始终紧跟自动驾驶政策发展动态，可基于 ISO、NHTSA、ENCAP、CNCAP 等多项标准、评价规程构建 20 余种标准仿真测试场景。

参数重组场景，即将仿真场景模块化，将一个仿真场景分解为多个模块，通过各个模块参数在符合场景逻辑的情况下排列组合随机生成或自动重组，进而补充大量未知工况的测试场景，有效覆盖自动驾驶功能测试盲区。

4. 测试场景设计方法

测试场景的设计方法，普遍沿用一般场景的设计方法，参考 PEGASUS 模型，场景构建主要分为三个阶段，分别为功能场景、逻辑场景和具体场景。

功能场景：融合道路信息、本车信息、交通参与者信息、环境信息，以文字的形式将功能场景进行具体描述，考虑并设计不同场景范围下的场景元素。

逻辑场景：基于真实采集数据、事故数据、标准法规数据和专家经验数据等选取参数，对功能场景包含的信息变量化并赋予相应的参数空间范围。

具体场景：基于参数范围，通过选取具体参数构建具体场景得到测试用例。

不同数据来源（自然驾驶、危险工况、标准法规、参数重组）的场景用例设计首先语义描述其操作场景得到功能场景，然后通过参数化定义操作场景的状态空间得到逻辑场景，接着对操作场景的状态空间参数赋值得到具体场景，最后通过软件建模复现具体场景得到测试用例，如图 5-8 所示。以前方乘用车向左变道场景举例，见表 5-4。

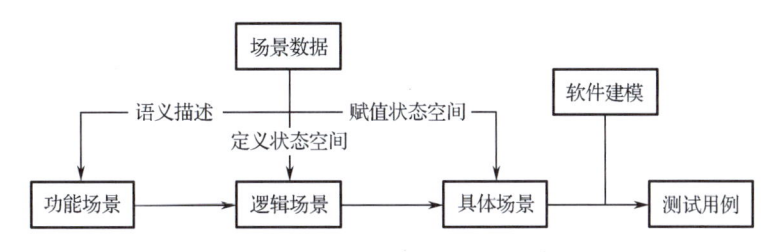

图 5-8　测试场景用例设计流程

表 5-4　向左变道场景

场景构建阶段	要求	示例
功能场景	融合道路信息、本车信息、交通参与者信息、环境信息，以文字的形式将功能场景进行具体描述	道路类型：四车道快速路 道路几何：直线道路 本车：最右侧车道，本车道行驶 前车：最右侧车道，本车车前，向左变道 环境条件：白天，晴天
逻辑场景	对功能场景包含的信息变量化，并赋予相应的参数值空间范围	道路类型：四车道快速路，2.5～3.75m 本车：纵向速度为 70～90km/h 前车：在本车前方（100～200m）向左变道（纵向速度：70～90km/h，横向加速度：1～2m/s²） 环境条件：晴天，白天（光照>1000lx）
具体场景	定义场景变量具体的参数值	道路类型：四车道快速路，3m 本车：纵向速度为 70km/h 前车：在本车前方（200m） 向左变道（纵向速度：70km/h，横向加速度：2m/s²） 环境条件：晴天，白天（光照：2000lx）

自动驾驶测试场景对自动驾驶研发和测试工作起着重要作用。场景库是场景的载体平台，通过场景数据采集、分析挖掘、测试验证等步骤，实现内容闭环。通过上述场景元素、场景数据来源和场景设计方法得到自动驾驶测试场景。对自动驾驶场景进行测试验证主要是将场景库内已经构建好的场景抽取出来，用虚拟场景验证、实车场景验证等方法进行验证，确认场景的真实性、代表性和有效性，从而更好地服务于研发和测试工作，包括模型在环、软件在环、硬件在环仿真测试、实车场地和道路测试等。将与场景相关的测试结果反馈给场景库，对场景的分析挖掘方法等进行修正，或根据需要重构生成场景，更新、补充、完善场景库。场景库进一步有效支撑测试研发工作，从而形成场景库构建与应用的正向循环。

三、仿真测试软件

1. 仿真测试软件基本功能

仿真测试软件为智能网联汽车提供仿真测试环境，反馈传感器信息，并将自动驾驶算法接入虚拟环境中。

仿真测试软件的基本功能应包括：场景搭建功能，可提供静态环境模型、动态环境模型、天气模型等，可根据真实路网或高精度地图搭建或生成大规模虚拟场景的道路环境模块；具备交通流生成功能，可以根据实际路测数据或参数化交通模型生成局部微观交通流和宏观交通流；具备环境传感器模型，包括视觉传感器、超声波雷达、毫米波雷达、激光雷达等，既可以提供原始数据，也可以提供真值；具备输入输出接口，可与不同语言的自动驾驶算法互相调用；具备车辆动力学模型，模拟车辆在不同行驶状态下的动力学行为，根据 ADAS 或者自动驾驶系统的输入，结合路面特性对

车辆本身进行仿真，完成闭环的测试；分布式案例存储和运行平台，可以通过添加硬件的方式大幅提高自动驾驶测试的里程数；具备数据收集功能，支持仿真案例回放；软件具备一定的接口，支持接入第三方软件进行联合仿真；具备动画显示模块，可显示车辆在虚拟环境中的行驶状态。

2. 仿真软件性能现状

当前行业仿真测试软件百花齐放，各软件能实现的功能多样、模型精度不一，如 PanoSim、51VR、百度 Apollo、腾讯 TAD Sim、VTD、PreScan、Carmaker、Pro-SiVIC、SCANeR、CARLA、ADChauffeur、Carsim、AirSim、Waymo Carcraft、赛目科技仿真平台、华为 Octopos（八爪鱼）等。

PanoSim 集高精度车辆动力学模型、汽车行驶环境模型、车载环境传感器模型与交通模型等于一体，可与 MATLAB/Simulink 无缝链接并支持离线与实时仿真功能。PanoSim 不仅包括复杂的车辆动力学模型、底盘（制动、转向和悬架）、轮胎、驾驶人、动力总成（发动机和变速箱）等模型，还支持各种典型驱动型和悬架形式的大、中、小型轿车的建模与仿真分析。它提供了三维数字虚拟试验场景建模与编辑功能，支持对道路及道路纹理、车道线、交通标识与设施、天气、夜景等汽车行驶环境的建模与编辑。

Carmaker 是 IPG 公司开发的用于测试乘用车和轻型车辆的仿真解决方案，其可以在虚拟世界中准确建模真实的测试场景，并集成了车辆动力学模型、道路模型、驾驶人模型和交通流模型，可用于模型在环、软件在环、硬件在环、整车在环的整个车辆开发过程。Carmaker 还具有开放性的毫米波雷达、摄像头、激光雷达、超声波雷达等多个高精度传感器模型；具有良好的实时性，具有自动化测试工具，并可以多核并行仿真测试，提高仿真测试效率。

任务实施与评价

一、任务准备

本次任务所使用的实训设备、工具和资源见表 5-5。

表 5-5　实训设备、工具和资源

序号	分类	名称	准备要点	数量	准备情况记录
1	设备	D-KIT Lite S 车辆	检查车辆状态： （1）车胎是否损坏、充气压力（正常胎压为 2.5～2.6kPa）是否合适，以及胎纹内是否嵌入异物； （2）车辆底部是否有泄漏液体或易燃物； （3）上电开关接通后是否有异常报警声； （4）确认电池电量（大于 80%），若电池电量低于 20%，建议充满电后再使用车辆； （5）底盘电气控制面板急停开关处于按下状态； （6）已完成计算平台集成、组合导航系统集成、动力学标定、循迹演示、智能感知设备集成、虚拟车道线制作和规划模块适配	1 辆/组	① 是否正常：是□ 否□_____ ② 已完成组合导航系统集成、动力学标定、循迹演示、智能感知设备集成、虚拟车道线制作和规划模块适配：是□ 否□_____
2	资源	D-KIT Lite S 车辆使用手册	查找使用手册中的"车辆使用说明""Apollo 集成说明"	1 份/人	是否找到：是□ 否□_____
		作业记录单	明确工作任务	1 份/组	是否明确工作任务：是□ 否□

二、Apollo 仿真本地调试 Planning 模块

Sim_Control 是 Apollo 软件交互系统 Dreamview 提供的仿真组件。Sim_Control 通过模拟

Chassis、Localization、Perception Obstacle 等信息输入，实现对 Routing、Planning 等算法模块的仿真调试，同时 Apollo 提供了 PNC Monitor、Cyber Monitor 等系统调试工具，可以实时监控各模块的运行数据，有效提升开发者对自动驾驶软件算法的学习与调试。

Apollo Map 下设置了多个典型交通场景，如人行道避让、红绿灯停止线、静态障碍物、减速带、龟速车绕行、施工限速绕行、左转待转、路口避障、自主泊车等场景。Apollo 系统 Sim_Control 仿真器进行仿真与算法调试的操作步骤和操作要点见表 5-6。

表 5-6　Apollo 系统 Sim_Control 仿真器进行仿真与算法调试的操作步骤和操作要点

序号	操作步骤	操作及说明	操作要点
1	整车上电并启动计算平台	将电池组装入底盘电池舱，拉开电源总开关，按下启/停按钮，全车上电。打开计算平台开关，启动计算平台：	计算平台启动成功□_____
2	启动 Apollo Docker 环境	启动命令行终端，切换路径到 Apollo，并输入以下命令，进入 Apollo Docker 环境： cd ~/apollo-dkit aem start_gpu aem enter	Apollo Docker 环境启动成功□_____
3	启动 Dreamview	（1）输入以下命令，启动 Dreamview： aem bootstrap 注意：如果启动 Dreamview 时提示 Fail to start Dreamview，请执行以下命令： aem bootstrap restart	Dreamview 启动成功□_____

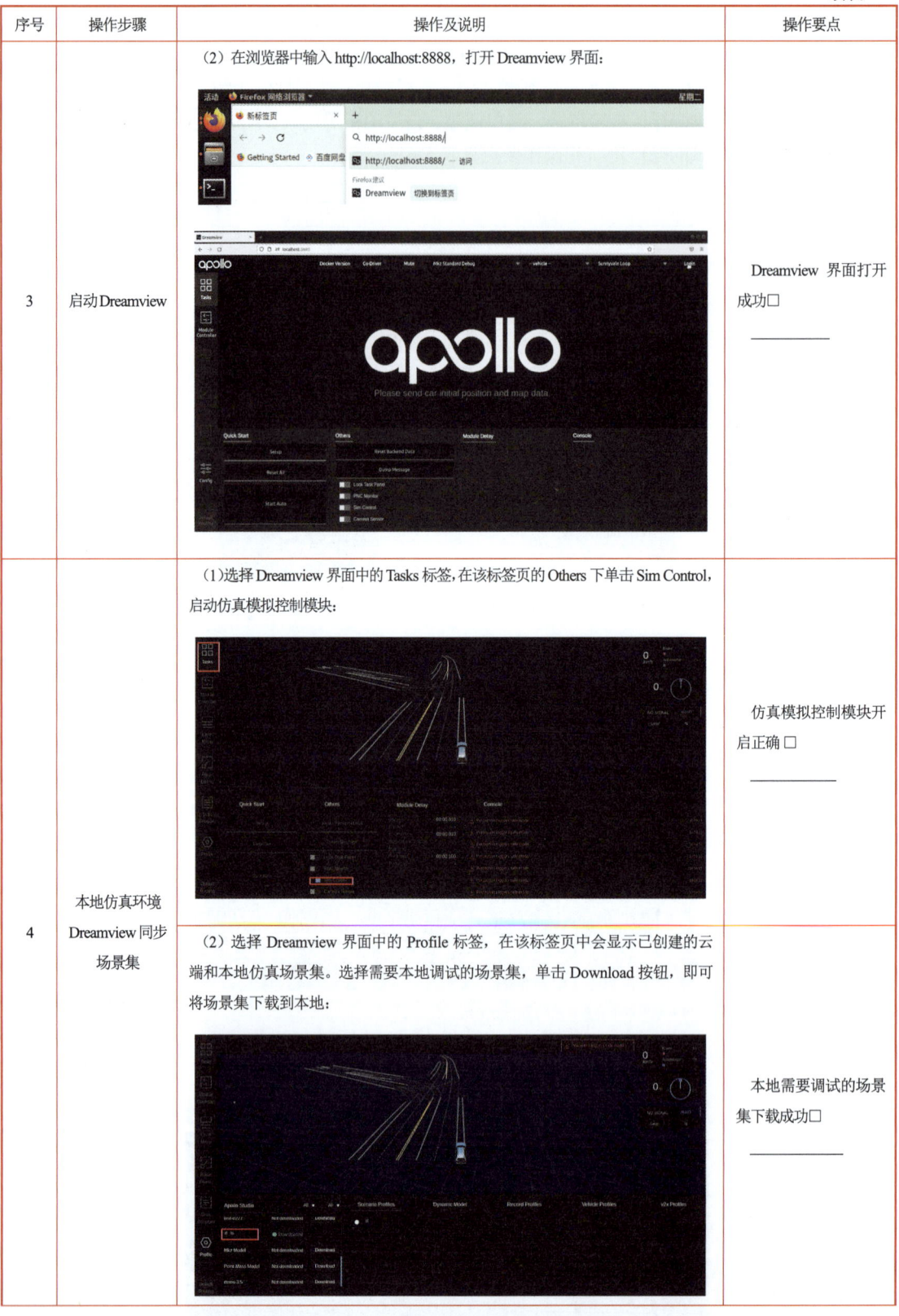

续表

序号	操作步骤	操作及说明	操作要点
3	启动 Dreamview	（2）在浏览器中输入 http://localhost:8888，打开 Dreamview 界面：	Dreamview 界面打开成功□
4	本地仿真环境 Dreamview 同步场景集	（1）选择 Dreamview 界面中的 Tasks 标签，在该标签页的 Others 下单击 Sim Control，启动仿真模拟控制模块：	仿真模拟控制模块开启正确□
		（2）选择 Dreamview 界面中的 Profile 标签，在该标签页中会显示已创建的云端和本地仿真场景集。选择需要本地调试的场景集，单击 Download 按钮，即可将场景集下载到本地：	本地需要调试的场景集下载成功□

158

项目五 自动驾驶车辆测试

续表

序号	操作步骤	操作及说明	操作要点
4	本地仿真环境 Dreamview 同步场景集	（3）在 Dreamview 界面右上方的 Scenario Set 中，选择需要添加到场景集的场景：	Scenario Set 中添加的场景正确□ _____
5	选择目标点	选择 Dreamview 界面中的 Route Editing 标签。在该标签页中，单击 Add Point of Interest 按钮，在地图中选取一个起点。在车道线中选择一个终点作为目标点。单击 Send Routing Request 按钮，发送添加的 Routing 点：	① Route Editing 任务开启正确□ _____ ② 目标点设置正确□ _____
6	开启 Planning 和 Routing 模块	在 Dreamview 界面中开启 Planning 和 Routing 模块。Routing 模块会在地图中搜索出可行的路径，Planning 模块进行决策和局部规划，并将规划的结果输出给控制模块：	Planning 和 Routing 模块启动成功□ _____
7	本地仿真调试 Planning 模块	以调试巡航速度为例： （1）在 apollo/modules/planning/conf 中找到配置文件 planning.conf：	配置文件查找准确□ _____

159

续表

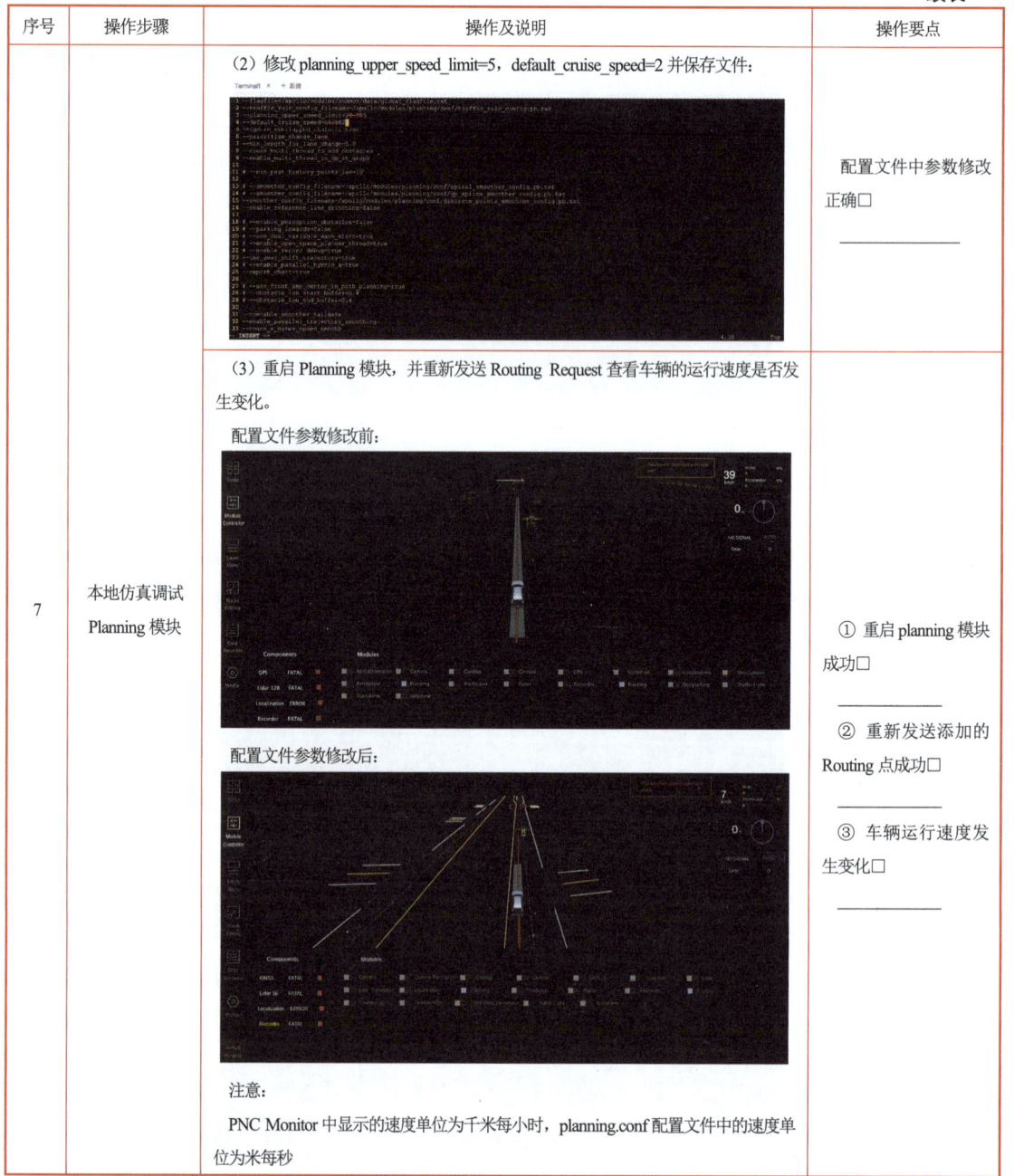

序号	操作步骤	操作及说明	操作要点
7	本地仿真调试 Planning 模块	（2）修改 planning_upper_speed_limit=5，default_cruise_speed=2 并保存文件： （3）重启 Planning 模块，并重新发送 Routing Request 查看车辆的运行速度是否发生变化。 配置文件参数修改前： 配置文件参数修改后： 注意： PNC Monitor 中显示的速度单位为千米每小时，planning.conf 配置文件中的速度单位为米每秒	配置文件中参数修改正确□ _____ ① 重启 planning 模块成功□ _____ ② 重新发送添加的 Routing 点成功□ _____ ③ 车辆运行速度发生变化□ _____

能力拓展

能力拓展部分主要讲述了场景编辑的相关内容，具体内容扫码即可获得。

任务测评

对任务实施的完成情况进行检查，并将结果填入表 5-7。

表 5-7 任务测评表

成绩评定反馈意见表					
任务名称：自动驾驶车辆虚拟仿真测试					
组号		组员信息：			
序号	项目	子项目	检查规范	结论	得分
1	Apollo 仿真本地调试 Planning 模块（100 分）	整车上电并启动计算平台	计算平台启动成功		
		启动 Apollo Docker 环境	Apollo Docker 环境启动成功		
		启动 Dreamview	Dreamview 启动成功；Dreamview 界面打开成功		
		本地仿真环境 Dreamview 同步场景集	仿真模拟控制模块开启正确；本地需要调试的场景集下载成功；Scenario Set 中添加的场景正确		
		选择目标点	Route Editing 任务开启正确；目标点设置正确		
		开启 Planning 和 Routing 模块	Planning 和 Routing 模块启动成功		
		本地仿真调试 Planning 模块	配置文件查找准确；配置文件中参数修改正确；重启 Planning 模块成功；重新发送添加的 Routing 点成功；车辆运行速度发生变化		
评论摘要：					
分数	等级		总分	评分描述	
85～100	优				
75～84	良				
60～74	及格				
<60	未达到				

任务三 自动驾驶车辆封闭场地测试

学习目标

【知识目标】

1. 能够正确描述封闭场地的测试要求和测试示范区的发展现状；
2. 能够正确描述封闭测试场地对道路、网联环境及配套服务设施的要求；
3. 能够正确描述封闭场地测试时需要的测试设备。

【能力目标】
1. 能够正确描述智能网联汽车自动驾驶功能通用的检测项目；
2. 能够正确描述智能网联汽车自动驾驶功能设计运行涉及的检测项目。

【素质目标】
1. 能够熟练掌握测试相关方法，遵守法规标准，掌握绿色生产、环境保护、安全防护、质量管理等相关知识与技能；
2. 能够了解相关产业文化，具备职业道德准则和行为规范，具备社会责任感和担当精神；
3. 具有探究学习、终身学习的能力，具有整合知识和综合运用知识分析问题与解决问题的能力；
4. 弘扬劳动光荣、技能宝贵、创造伟大的时代精神，热爱劳动人民、珍惜劳动成果、树立劳动观念、积极投身劳动，具备与职业发展相适应的劳动素养、劳动技能。

工作任务

某汽车制造厂正在试制一款面向 L4 级自动驾驶的前装量产车型，需要智能网联汽车系统集成工程师基于 Apollo 的该样品车型完成封闭场地测试设备的管理、安装、调试、标定和软件部署，以及测试场景的搭建。首先需要了解封闭测试场地对道路、网联环境及配套服务设施的要求。按照国家、行业标准，掌握封闭场地的自动驾驶功能通用检测项目及其设计运行范围所涉及的项目检测方法。

相关知识

一、封闭场地测试概述

自动驾驶封闭测试场地是指为自动驾驶车辆测试服务的，模拟特定地理区域的道路、交通流、气候环境等实际道路交通场景的全封闭场地。自动驾驶测试场地是重现自动驾驶车辆使用中遇到的各种各样的道路条件和使用条件的测试场地，用于验证和试验自动驾驶车辆软件算法的正确性。试验道路是实际存在的各种各样的道路经过集中、浓缩、不失真的强化并典型化的道路，包括高速公路、城市道路、乡村道路等正常路面，以及可造成车辆强烈颠簸的坏路等。此外，测试场地还要布局 GPS 基站、通信基站、智能红绿灯等基础设施，提供无人驾驶和车联网技术的测试环境。车辆在试验场地试验比在实验室或一般行驶条件下的试验更严格、更科学、更迅速、更实际。

封闭测试场地是指在固定区域设置的具有封闭物理界限及智能网联汽车自动驾驶功能测试所需道路、网联等设施及环境条件的场地。工业和信息化部、公安部、交通运输部积极支持智能网联汽车封闭测试场地的建设，目前主要的测试示范区有国家智能汽车与智慧交通（北京）示范区、国家智能汽车与智慧交通（河北）示范区、上海国家智能网联汽车示范区、智能汽车集成系统试验区、国家智能网联汽车（长沙）测试区、国家智能网联汽车应用（北方）示范区、国家智能交通综合测试基地（江苏）、浙江 5G 车联网应用示范区、武汉智能网联汽车示范区、广州智能网联汽车与智慧交通应用示范区及中德合作智能网联汽车车联网四川试验基地等。

二、封闭测试场地

智能网联汽车的封闭测试场地应以满足基础自动驾驶功能测试为主，同时结合多种道路类型需求，辅以道路网联环境和配套服务基础设施；与公共道路进行物理隔离并设有门禁系统，确保测试场地运营安全。

1. 测试道路

智能网联汽车的测试场地应结合当地的道路环境和交通特点进行差异化的道路建设，满足智能网联汽车差异化的测试需求。智能网联汽车的测试应以满足自动驾驶功能测试为首要目的。

智能网联汽车的每一项自动驾驶功能测试所需要的基础测试道路类型有所不同，智能网联汽车的测试场地应根据测试场地需要满足的基础自动驾驶功能测试要求，选择相应的基础测试道路类型作为测试场地的最低要求。道路类型有基础测试道路、高速测试道路、城市测试道路、乡村测试道路、特殊测试道路（包含隧道、天气和灯光环境的模拟道路、模拟高速公路收费站、网联功能特殊测试道路）等。

2. 道路网联环境

（1）网联通信设备要求：测试场地宜采用 C-V2X 网联通信方式进行通信，且部署的 C-V2X 网联通信设备应支持蜂窝通信（Uu）和直连通信（PC5）两种工作模式。C-V2X 通信系统建设包括 C-V2X 基站的部署和基于路侧单元（RSU）通信环境的搭建，应满足 YD/T3400-2018、YD/T3340-2018 标准要求。

（2）高精度定位设备要求：测试场地应能够提供高精度定位差分信号，差分信号应满足下列要求，即①北斗和 GPS 等多种制式多频点差分增强信号；②支持 RTD 和 RTK 差分信息。实时 RTK 定位精度，水平优于 3cm；事后静态解算精度，水平优于 5mm；实时网络 RTD 定位精度，优于 1m。兼容性要求，能够接入国内外主流厂家生产的移动终端。

（3）交通信号控制系统要求：测试场地内的交叉路口宜部署交通信号控制系统，为自动驾驶车辆测试提供城市道路环境下真实的交叉路口场景，自动驾驶测试车辆可通过信号机数据获取丰富的交叉口信息。

3. 配套服务设施要求

（1）基础设施要求：测试场地应设有车辆准备车间和数据中心等，用于保障测试场地的基本测试服务。测试场地还需要设有新能源汽车充电设施、保密车库、停车场和展示中心，提高测试场地的运营服务水平。

（2）车辆准备车间：测试场地应根据可支持的测试车辆类型，设置相对应的准备车间。车间宜包含车辆举升架或地沟、工具箱等，方便车辆检查和调试设备。

（3）数据中心：数据中心是测试场地运营产生的数据的存储、管理和应用中心，应包括场地测试数据、虚拟仿真数据、网联通信数据等。

（4）云控平台：测试场地应部署云控平台，为智能网联汽车和智能路侧设备数据交互提供标准认证、车辆与路侧系统数据分析及存储、测试场地环境与测试过程监控，以及提供车路协同感知、决策与控制辅助和增强等能力。

三、封闭场地测试设备

封闭场地测试的测试设备可分为目标物系统、控制系统、数采系统、场景搭建设备等。目标物系统又包含成人目标物、儿童目标物、自行车目标物、摩托车目标物、汽车目标物和动物目标物等。控制系统的主要功能是控制测试车辆或目标物按照既定的路线以设定的速度运动。

测试设备能够实时地、准确地、全面地记录测试过程中的各项参数，当前测试机构对于测试设备的技术要求主要依据各项标准法规和项目开发经验确定。国内测试机构 ADAS 和 AD 的封闭场地测试主要参考标准有 GB/JT、ISO、SAE、IIHS、NHTSA、Euro-NCAP、C-NCAP、J-NCAP、I-Vista，这些标准里会对测试过程中的一些评价参数和指标有明确的要求。

1. 测试目标替代物

测试目标替代物是搭建测试场景重要的测试设备，用于代表场景中的各种交通参与者。又可细

分为背景车、假人、自行车、摩托车等其他交通参与者，以及模拟气球、模拟塑料袋等有可能出现在道路中的其他物体，以验证自动驾驶车辆对实际路况的适应能力。

目标物需具有雷达反射特性、吸波或反射材料、红外特性、生理运动等特点，外观结构等均要与相对应的真实人或物达到一定程度的接近，以满足传感器的识别需求。此外还要考虑试验过程中的安全性和可重复操作性等因素对目标物的结构强度提出相应的要求，碰撞后不能对测试车辆造成严重的损坏，不能对试验人员的安全造成威胁。

（1）测试目标车辆替代物（运动）：3DGST 移动目标车辆可以用于替代实际的 M1 乘用车，如图 5-9 所示，具有典型的视觉、雷达与激光雷达属性。

（2）测试目标车辆替代物（静止）：静止目标车辆可以用于替代实际的 M1 乘用车尾部，如图 5-10 所示，具有典型的视觉、雷达、激光雷达与 PMD 属性，能够经受 50km/h 的撞击，而不对目标车辆或测试车辆造成损伤。

图 5-9　3DGST 移动目标车辆示例　　　　图 5-10　移动目标车辆示例

（3）目标行人替代物：假人穿着黑色上衣与蓝色裤子，可以用于替代实际的行人目标物，如图 5-11 所示，具有典型行人的视觉、雷达、激光雷达与 PMD 属性，能够经受 60km/h 的撞击而不对行人目标物或测试车辆造成损伤。

（4）目标非机动车替代物：自行车目标物与摩托车目标物穿着黑色上衣与蓝色裤子，可以用于替代实际的非机动车目标物，如图 5-12 所示，具有典型自行车与摩托车骑车人的视觉、雷达、激光雷达与 PMD 属性，能够经受 60km/h 的撞击而不对行人目标物或测试车辆造成明显损伤。

图 5-11　儿童目标物和成人目标物示例　　　　图 5-12　自行车目标物和摩托车目标物示例

2. 移动平台

移动平台作为各种目标物的载体，使目标物能够按照指定的路线和设定的速度运动，进而实现各种测试场景。移动平台的类型有小型和大型之分，小型移动平台承载软体目标假人、自行车和电动踏板车，最大运行速度可达 25~50km/h；大型移动平台承载全车身软体目标车（GVT），并兼容软体目标假人、自行车和电动踏板车等，最大车速一般大于或等于 100km/h。

移动平台高度集成高精度定位系统、电子控制系统、无线通信系统、锂电池供电系统、外部触发、后台远程控制及监控系统等。差分全球定位系统（Differential Global Position System，DGPS）时间进行数据同步，可与驾驶机器人实时通信联合动作，具有电子围栏功能，采用离线地图的方式，

兼容百度和 Google 地图，可以根据不同场地实时任意规划路径；具有 RT 通信接口及数据互传功能，同时兼容百度的数据传输协议，实现数据分析及输出。如图 5-13 所示为长沙立中汽车设计开发股份有限公司的智能超平承载机器人，属于小型移动平台。

3. 定位与数采系统

封闭场地测试用到的数采系统通常是定位数据采集设备和数据采集系统，主要围绕封闭场地测试中关注的主要指标进行开发，如位置、速度、加速度、车辆的横摆角速度、车辆的航向角、转向盘转角、相对其他车辆的状态关系、相对某一点或某一条线的状态关系和视频图像等。如图 5-14 所示为 OXTS 高精度定位设备 RT3003G。

图 5-13　智能超平承载机器人

图 5-14　OXTS 高精度定位设备 RT3003G

任务实施与评价

一、任务准备

本次任务所使用的实训资源见表 5-8。

表 5-8　实训资源

序号	分类	名称	准备要点	数量	准备情况记录
1	国家法规、标准	GB/T 41798—2022 智能网联汽车自动驾驶功能场地试验方法及要求	全国标准信息公共服务平台下载	1份/人	是否找到，并下载：是□ 否□＿＿＿＿
2	团体标准	T/SAS 0010—2021 智能网联汽车自动驾驶功能封闭道路测试与评价方法	下载标准	1份/人	是否找到，并下载：是□ 否□＿＿＿＿
3	资源	作业记录单	明确工作任务	1份/人	是否明确工作任务：是□ 否□＿＿＿＿

二、自动驾驶功能场地测试

在开展道路测试前应完成封闭场地的自动驾驶功能通用测试项目及其设计运行范围所涉及的项目，见表 5-9。

表 5-9　智能网联汽车自动驾驶功能项目

序号	功能测试项目类型	测试项目
1	交通信号识别及响应	限速标志、弯道、停车让行标志和标线、机动车信号灯、方向指示信号灯、快速路车道信号灯
2	道路交通基础设施与障碍物识别及响应	隧道、环型路口、匝道、收费站、无信号灯路口右侧存在直行车辆、无信号灯路口左侧存在直行车辆、无信号灯路口对向存在直行车辆、施工车道、静止车辆占用部分车道

续表

序号	功能测试项目类型	测试项目
3	行人与非机动车识别及响应	行人通过人行横道线、行人沿道路行走、自行车同车道骑行
4	周边车辆行驶状态识别及响应	摩托车同车道行驶、前方车辆切入、前方车辆切出、对向车辆借道行驶、目标车辆停—走
5	自动紧急避险	行人横穿道路、自行车横穿道路、目标车辆切出后存在静止车辆、前方车辆紧急制动
6	停车	停车点、港湾式站台、普通站台
7	动态驾驶任务干预及接管	—
8	最小风险策略	—

※除测试以上项目外，还应测试智能网联汽车自动驾驶功能设计运行范围涉及的项目，如 C-V2X 联网通信等。

本教材将对测试项目中自动驾驶功能 3——行人与非机动车识别及响应（行人通过人行横道线）测试项目进行举例讲解。

1. 行人与非机动车识别及响应（行人通过人行横道线）测试项目

（1）测试场景：试验道路至少为具备单向双车道的长直道，并在路段内设置人行横道线、人行横道预告标志线及人行横道标志等相关标志和标线，该路段限速 40 km/h。左侧车道外侧存在行人，行人沿人行横道线横穿试验道路，如图 5-15 所示，VUT 为测试车辆。

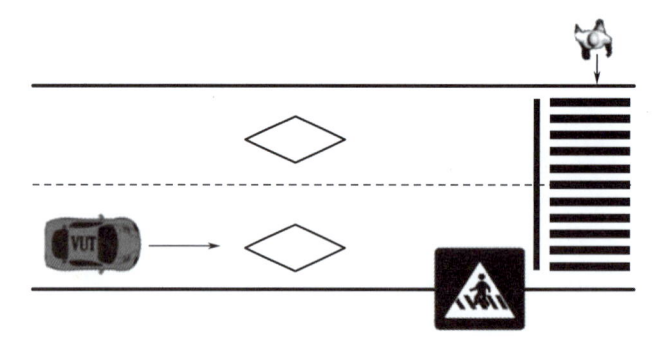

图 5-15　过人行横道线测试场景示意图

（2）测试方法：测试车辆在外侧车道行驶并驶向人行横道线，行人的初始位置在人行横道线外。当预碰撞时间首次到达 3.5~4.5s 时间区间时，行人于车辆左侧以 5~6.5km/h 的速度横穿人行横道线。3 次通过本场景的测试过程中，目标行人应包括成年假人和儿童假人。

（3）通过要求：测试车辆不应与行人发生碰撞。若测试车辆在驶过人行横道线的过程中停止，待行人通过测试车辆所在车道后，测试车辆为乘用车时，起动时间不应大于 3s；测试车辆为商用车辆时，起动时间不应大于 5s。

2. 描述智能网联汽车其他自动驾驶功能测试项目

在《智能网联汽车自动驾驶功能场地试验方法及要求》（GB/T 41798—2022）中查找其他自动驾驶功能检测项目的测试场景、测试方法和通过条件，并进行描述。

三、不同行驶区域试验项目选取

1. 行驶区域分类及试验项目选取原则

根据自动驾驶系统设计运行条件将行驶区域分为高速公路及城市快速路行驶区域、城市道路行驶区域、其他行驶区域和特定应用场景。测试车辆应根据设计运行条件确定一个或多个行驶区域并

完成该行驶区域下的试验项目。若试验车辆涉及特殊应用场景，应作为相应行驶区域的补充试验项目。行驶区域与试验项目对照关系见表 5-10。

表 5-10 行驶区域与试验项目对照关系

序号	试验项目类型	试验项目	高速公路及城市快速路	城市道路	其他行驶区域	特殊应用场景
1	交通信号识别及响应	限速标志	试验	试验	试验	
2		弯道	试验	试验	试验	
3		停车让行标志和标线		试验	试验	
4		机动车信号灯		试验	试验	
5		方向指示信号灯		试验	试验	
6		快速路车道信号灯	试验			
7	道路交通基础设施与障碍物识别及响应	隧道	试验	试验	试验	
8		环形路口		试验	试验	
9		匝道	试验			
10		收费站	试验			
11		无信号灯路口右侧存在直行车辆		试验	试验	
12		无信号灯路口左侧存在直行车辆		试验		
13		无信号灯路口对向存在直行车辆		试验		
14		施工车道	试验	试验	试验	
15		静止车辆占用部分车道	试验	试验	试验	
16	行人与非机动车识别及响应	行人通过人行横道线		试验	试验	
17		行人沿道路行走		试验	试验	
18		自行车同车道骑行		试验	试验	
19	周边车辆行驶状态识别及响应	摩托车同车道行驶	试验		试验	
20		前方车辆切入	试验	试验	试验	
21		前方车辆切出	试验	试验	试验	
22		对向车辆借道行驶		试验		
23		目标车辆停—走		试验	试验	
24	自动紧急避险	行人横穿道路	试验	试验	试验	
25		自行车横穿道路		试验	试验	
26		目标车辆切出后存在静止车辆	试验	试验	试验	
27		前方车辆紧急制动	试验	试验	试验	
28	停车	停车点		试验	试验	
29		港湾式站台				试验
30		普通站台				试验
31		最小风险策略	试验	试验	试验	
32		动态驾驶任务干预及接管	试验	试验	试验	

2. 不同行驶区域试验项目

请依据测试项目分类及选取原则，列举交通信号识别及响应、道路交通基础设施与障碍物识别及响应等试验项目在某一行驶区域下应实施的具体试验项目。

能力拓展

能力拓展部分主要讲述了封闭园区自动驾驶车辆控制测试相关部分的内容,具体内容扫码即可获得。

任务测评

对任务实施的完成情况进行检查,并将结果填入表 5-11。

表 5-11 任务测评表

成绩评定反馈意见表					
任务名称:自动驾驶车辆封闭场地测试					
组号		组员信息:			
序号	项目	子项目	检查规范	结论	得分
1	自动驾驶功能场地测试(50分)	行人与非机动车识别及响应(行人通过人行横道线)测试项目	自动驾驶功能检测项目的测试场景、测试方法和通过条件描述正确		
		描述智能网联汽车其他自动驾驶功能测试项目			
2	不同行驶区域试验项目选取(50分)	行驶区域分类及试验项目选取原则	列举交通信号识别及响应、道路交通基础设施与障碍物识别及响应等试验项目在某一行驶区域下应实施的具体试验项目		
		不同行驶区域试验项目			
评论摘要:					
分数	等级		总分	评分描述	
85~100	优				
75~84	良				
60~74	及格				
<60	未达到				

任务四 自动驾驶车辆开放道路测试

学习目标

【知识目标】

1. 能够正确描述国内道路测试的发展现状;

2. 能够正确描述道路测试的申请流程；
3. 能够正确描述道路测试需要的设备及数据记录方法。

【能力目标】

1. 能够正确解释道路测试的方法及要求；
2. 能够分析道路测试记录的数据与结果；
3. 能够正确分析道路测试案例；
4. 能够正确列举道路测试的脱离类别及主要脱离原因。

【素质目标】

1. 能够熟练掌握测试相关方法，遵守法规标准，掌握绿色生产、环境保护、安全防护、质量管理等相关知识与技能；
2. 能够了解相关产业文化，具备职业道德准则和行为规范，具备社会责任感和担当精神；
3. 具有探究学习、终身学习的能力，具有整合知识和综合运用知识分析问题与解决问题的能力；
4. 弘扬劳动光荣、技能宝贵、创造伟大的时代精神，热爱劳动人民、珍惜劳动成果、树立劳动观念、积极投身劳动，具备与职业发展相适应的劳动素养、劳动技能。

工作任务

某汽车制造厂正在试制一款面向 L4 级自动驾驶的前装量产车型，需要智能网联汽车系统集成工程师基于 Apollo 的该样品车型完成开放道路测试设备的管理、安装、调试、标定和软件部署，以及监控车辆的运行状态。首先需要掌握道路测试的开展要求、申请流程、测试设备要求。按照国家、行业标准，掌握开放道路的测试方法及要求，并对测试案例进行分析。

相关知识

一、开放道路测试概述

1. 开放道路测试要求

道路测试是指在公路（包括高速公路）、城市道路、区域范围内等用于社会机动车通行的各类道路指定的路段进行的智能网联汽车自动驾驶功能测试活动。

开放道路是车辆运行的最终真实环境，自动驾驶功能在功能范围内、符合条件的情况下，要面对复杂多样的真实环境。不管是车辆的安全行驶能力、车辆提醒接管能力、驾驶员状态监控功能、车辆通信功能还是人机交互能力，都要经历多变的、复杂的真实世界的考验。在充分保证安全的情况下，开展自动驾驶实际道路测试是测评 L3 级及以上驾驶自动化车辆的必需环节，也被普遍认为是量产自动驾驶产品准入市场前必经的最后一步。同时，在道路测试中也进行测试场景采集。

道路测试可利用实际道路各种事件随机化的特点，可验证自动驾驶车辆的以下特性：①在实际道路中运行的安全性；②对不同随机动态事件的应对方式；③对实际道路上经常出现的典型动态事件响应是否符合预期；④在整体道路交通环境中运行的安全性。

2. 开放道路测试发展现状

目前，国内各省市为推动智能网联汽车产业发展，为鼓励、支持、规范智能网联汽车技术的研发和应用，北京、上海、重庆等各地先后发布了智能网联汽车公共道路测试实施细则或管理办法。工业和信息化部、公安部、交通运输部也从国家层面给出参考文件。

北京作为中国首个开放公共道路自动驾驶路测的城市，根据《北京市自动驾驶车辆道路测试报告

（2021年）》，截至2021年年底，共有16家测试主体的170辆车参与自动驾驶车辆通用技术测试。道路测试安全行驶里程累计已超过390万千米，道路测试试运营进入规模化阶段；2022年4月，《北京市智能网联汽车政策先行区乘用车无人化道路测试与示范应用管理实施细则》正式发布，在国内首开乘用车无人化运营试点。相比此前"自动驾驶出租车"在主驾驶位上配备安全员，试点开放副驾驶有安全员的无人化载人。百度、小马智行成为首批获得先行区无人化示范应用道路测试通知书的企业。

上海率先对自动驾驶汽车开设了国家级产业示范群。《上海市智能网联汽车发展报告（2021年度）》显示，上海目前累计开放测试道路615条，可测试场景达12000个。截至2021年年底，上海累计向25家企业、295辆车颁发道路测试和示范应用资质。百度、小马、滴滴、AutoX、享道出行等企业的163辆智能网联汽车取得载人示范应用资质，上海累计开放615条、1289.83公里的测试道路，可测试场景达12000个，测试道路里程数和场景丰富度位居全国首位。

在自动驾驶领域，广州已拿下多项"全国第一"，包括：第一个批准5G远程驾驶测试的城市、第一个认可其他地区智能网联汽车道路测试许可的城市、第一个发放载客测试牌照的城市、第一个批量开展Robotaxi技术验证的城市、第一个在中心城区主干道开展道路测试的城市等。2022年4月，广州市首批自动驾驶便民线正式开放载客测试。截至2022年7月，累计发放201台自动驾驶汽车测试牌照，发布开放测试道路202条，双向里程789千米，道路测试总里程超过590万千米。

二、开放道路测试申请流程

1. 测试申请流程

开放道路测试属于自愿申请的测试，但也是量产自动驾驶产品准入市场前必经的最后一步。开放道路测试执行测试的是企业自身，在开展模拟仿真测试与封闭场地测试后才可进行实际道路测试。道路测试需向省、市级政府相关主管部门提交申请文件，审核通过后向公安机关交通管理部门申领试验用的机动车临时行驶号牌，如图5-16所示。获得临时行驶号牌的车辆可在道路测试安全性自我声明的测试路段、区域进行测试，且测试的时间不超过安全性自我声明中载明的测试时间。

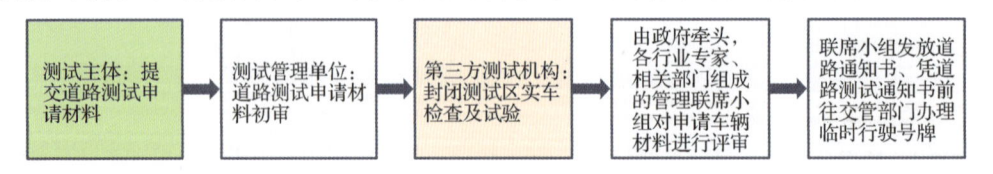

测试主体：提交道路测试申请材料 → 测试管理单位：道路测试申请材料初审 → 第三方测试机构：封闭测试区实车检查及试验 → 由政府牵头，各行业专家、相关部门组成的管理联席小组对申请车辆材料进行评审 → 联席小组发放道路通知书、凭道路通知书前往交管部门办理临时行驶号牌

图5-16 开放道路测试申请流程

2. 道路测试申请步骤

1）提交申请文件

道路测试申请文件包括企业、测试驾驶员和道路测试车辆的基本情况，具体包括测试申请企业的申请书、营业执照复印件、车辆功能的详细说明、企业自测自评报告、测试驾驶人信息及培训证明、测试车辆保险保函、企业测试规程文件等。

实际道路测试的前提是明确企业声明材料的大致内容，因此企业的ODC材料至少需要对以下3个方面进行描述。

（1）驾驶员状态：尤其是针对L3自动驾驶车辆，需要驾驶员时刻做好接管准备，要求驾驶员时刻保持清醒状态，并时刻关注外部环境及本车状态，待车辆发出接管需求时可立即接管车辆。

（2）外部环境：外部环境是指车辆外界包括天气、路况、网联环境等在内的总集合，是影响自动驾驶功能是否可以启动的关键条件。其中测试天气包含自动驾驶系统能否适应不同气温、不同海拔、不同降雨强度（小雨、中雨、大雨）、不同能见度、恶劣天气（包含大风、冰雹、沙尘等）。路况包含自动驾驶系统适配的ODD场景（比如左转待转、隧道、换道、主辅路等）、交通流量、道路

积水或结冰路段。网联环境包含是否接受路侧感知设备信息，是否作为主信号参与自动驾驶决策。

（3）本车状态：本车状态是指车辆本身系统以及零部件的状态是否能够支撑开启自动驾驶功能，原则上测试环节不应出现由于本车状态原因发生的接管。确保本车安装的自动驾驶软件版本经过了仿真和封闭测试场景测试并具备测试通过的证据，同时保证本车硬件的 bom 状态与取得测试牌照时的 bom 状态相同，为了确保测试安全，正式测试前需要确认本车的接管功能正常，确保危险发生时安全员可及时接管车辆。

2）第三方检测机构测试评审

企业向由国家或省市认可的从事汽车相关业务的第三方检测机构提交道路测试方案，包括测试路段或区域、测试时间、测试项目、测试评价规程、风险分析及应对措施，第三方测试机构对测试车辆进行测试的内容应包括自动驾驶功能通用检测项目及其设计运行范围所涉及的项目；测试完成后出具测试报告和审核道路测试方案。

三、开放道路测试设备

开放道路测试设备应支持试验人员记录与干预系统发出的介入请求、系统发出的最小风险策略提醒和系统未满足试验要求的时间戳。试验过程中应至少记录表 5-12 中所示的内容。

表 5-12　道路测试内容

记录方面	记录内容
交通环境	试验车辆周边的交通状态视频信息
车辆控制模式	手动控制模式、自动驾驶系统控制模式等
车辆运动状态参数	试验时间轴、车辆位置信息、车辆纵向速度、车辆横向速度、车辆纵向加速度、车辆横向加速度、车辆横摆角速度
人机交互状态	试验人员面部、仪表盘、转向盘、中控屏、踏板等的视频及语音监控信息
试验里程	车辆在不同道路中的试验里程
试验时长	车辆在不同道路中的试验时长

开放道路测试主要通过软件结合硬件的方式，按照设计好的路线在规定的测试区域范围内进行被测系统可靠性和稳定性验证工作。通过主观和客观两种方式，记录系统误报、漏报等问题事件。离线回放中，同步还原并分析事件发生时间段内的车辆总线、视频图像、音频信息、GPS 定位等数据，为测试人员判定测试结果提供客观依据。

1. 道路测试数据记录方法

从方法上讲，道路测试目前有两类方法：①基于手动打点记录问题的方法；②基于真值结果自动打点记录问题的方法。

基于手动打点记录问题的方法，硬件系统采集的数据主要有环境数据、车辆数据、事件数据三类。其中环境数据包括车辆内外摄像头、GPS 定位、光照计（选配）等；车辆数据主要指车辆总线数据（CAN/CANFD 等）；事件数据则有总线自动触发事件数据和手动打点触发数据。

基于真值结果自动打点记录问题的方法，硬件系统采集的数据主要有真值数据、环境数据、车辆数据、事件数据四类。环境数据和车辆数据与基于手动打点记录问题的方法记录的内容相同。真值数据是通过外接毫米波雷达、激光雷达、智能摄像头、惯导等传感器，信息融合后得到这些传感器的最终目标识别结果。事件数据则有总线自动触发事件数据和真值结果自动触发数据。

在实际使用中，分别从降低成本和保证数据有效性两个角度考虑，一般要么单独采用基于手动打点记录问题的方法，要么同时结合基于手动打点和真值结果自动打点记录问题的方法来使用。两类方法的配套软件，在功能上也会有具体差异，但总体来讲，实现的功能主要包括项目管理、在线显示和采集、同步回放和分析、结果统计等，完成对采集的多源数据进行合理利用和分析，得到系

统性能评估报告。

2. 道路测试设备

从道路测试设备上讲，ADAS（AD）实际道路测试设备大体上可以分为以下几类：数据采集与分析系统、传感器系统、组合惯导系统、交通环境监控系统等。

1）数据采集与分析系统

道路测试过程中需要记录大量数据，数据采集与分析系统的作用是对测试过程中的大量数据进行采集、存储、回放和分析。这些数据包括传感器数据、控制器关键参数、整车 CAN 网络数据和环境数据等。

2）传感器系统

传感器系统应用于 ADAS/AD 实际道路测试，提供环境目标信息的真值结果，该系统通常根据具体测试需求，由激光雷达、毫米波雷达、智能摄像头中的某一个或某几个共同组成。道路测试，可以应用具有特征归属的传感器系统来记录和采集车辆周围的信息，提高测试的安全性和准确性。

通过激光雷达、智能摄像机、组合导航传感器，并结合先进的环境感知算法和传感器信息融合算法，可以精确地感知周围环境信息，包括周围交通参与者的类别、距离、速度、加速度、航向角等，以及周围交通标志的距离、类型、颜色等，对于车道线检测，还可以检测是否越线，以及统计压线次数等。

3）组合惯导系统

随着 ADAS/AD 系统功能的不断增加，为获取实际道路测试中更加精准的定位信息和车辆姿态信息，越来越多的开发人员和测试人员在 ADAS/AD 实际道路测试中增加组合惯导系统，对车辆的运行轨迹、运行参数进行采集和分析，以提高测试系统工作的准确性。

4）交通环境监控系统

在实际道路测试评价中，外部交通环境是测试场景的重要组成部分，针对不同的外部交通环境可以对被测车辆进行差异化的测试，提出不同权重的考核方法，对于客观评价指标具有实际意义。

任务实施与评价

一、任务准备

本次任务所使用的实训资源见表 5-13。

表 5-13 实训资源

序号	分类	名称	准备要点	数量	准备情况记录
1	国家法规、标准	智能网联汽车自动驾驶功能道路试验方法及要求（征求意见稿）	全国标准信息公共服务平台下载	1 份/人	是否找到，并下载：是□ 否□_____
		智能网联汽车道路测试管理规范（试行）	中华人民共和国中央人民政府网站下载	1 份/人	是否找到，并下载：是□ 否□_____
2	资源	自动驾驶实际道路测试标准化需求研究报告	全国汽车标准化技术委员会智能网联汽车网站下载	1 份/人	是否找到，并下载：是□ 否□_____
		北京市自动驾驶车辆道路测试报告	智能车联产业创新中心网站下载	1 份/人	是否找到，并下载：是□ 否□_____
		作业记录单	明确工作任务	1 份/人	是否明确工作任务：是□ 否□_____

二、自动驾驶功能道路测试

《智能网联汽车自动驾驶功能道路试验方法及要求》（征求意见稿）规定了智能网联汽车自动驾驶功能的道路试验条件、试验方法及要求。

1. 测试方法

测试开始前，测试人员启动测试车辆并全程记录试验数据，测试安全员应根据车辆制造商声明开启自动驾驶功能并沿规定试验道路行驶。

2. 测试通过要求

测试过程中，需通过自动驾驶功能道路测试标准要求（见表 5-14）。

表 5-14 自动驾驶功能道路测试标准要求

序号	检测项目	标准要求
0	通用要求	测试过程中不应发生自动驾驶功能失效
1	系统激活与停用	车辆点火（上电）启动后（发动机自动启停除外），自动驾驶系统应符合下列规定之一： （1）测试车辆的自动驾驶功能应处于未激活状态； （2）在符合车辆制造商声明的条件下，测试车辆的自动驾驶功能可以自动处于就绪状态 在测试车辆的自动驾驶功能处于"就绪"的状态下，测试人员可通过制造商声明的专用操纵方式激活自动驾驶功能；当处于"未就绪"状态时，测试人员通过专用操纵方式不可激活自动驾驶功能 自动驾驶功能激活后，测试人员仅可在手握转向盘条件下通过专用操纵方式停用测试车辆的自动驾驶功能
2	执行动态驾驶任务	系统应持续执行动态驾驶任务，不应主动导致交通事故。 ① 通过设备采集车辆的行驶状态，正常行驶时测试车辆应满足下列要求： （a）除测试人员的身体原因和不可抗力因素外，测试过程中不发生非策略性干预，策略性干预是指由于行程规划、目的地选择等原因导致的测试人员干预车辆行驶； （b）车辆在行驶期间，除换道情况外不碰轧"对向车道分界线"和"同向车道分界线"，在无干扰的情况下，不得碰轧"车道边缘线"； （c）若驻车等待，车辆轮廓不超越停止线停车； （d）车速不超过限制速度； （e）不占用应急车道行驶及停车； （f）不得以危险、不合理的方式超车及调头； （g）不违反交通信号灯指示信号行驶； （h）不违反道路交通标志行驶； （i）通过人行横道时礼让行人和非机动车； （j）通过交叉路口时能按照优先通行权进行礼让； （k）车辆正确使用照明及信号装置，包括但不限于近光灯、转向信号灯、制动灯、危险报警闪光灯、雾灯等，合理控制车辆喇叭 ② 通过测试人员的主观感受，正常行驶时测试车辆应满足下列要求： （a）适应真实交通流，避免过长时间等待； （b）避免扰乱正常的交通流，导致整体通行效率下降； （c）及时响应车辆周边的道路障碍物或者相关交通设施； （d）及时响应应可对本车行驶产生影响的其他交通参与者； （e）除了与周边交通参与者、障碍物或者相关交通设施无法保持安全距离以及换道的情况下，车辆稳定行驶于车道内； （f）不无故实施紧急制动或紧急转向措施

续表

序号	检测项目	标准要求
3	系统后援	系统在执行动态驾驶任务的过程中,应持续监控设计运行范围,在不满足设计运行范围的计划事件即将发生前,自动驾驶系统应识别并响应,保证驾驶员有充足的时间接管车辆控制。相关自动驾驶系统的响应方式应符合其系统说明材料。 ① 在系统发出接管请求期间,测试车辆应满足以下要求: (a) 在设计运行范围内持续执行动态驾驶任务,不主动导致交通事故; (b) 保证测试人员可通过制造商规定的方式接管车辆行驶,并在测试人员接管后提示车辆不再处于自动驾驶模式; (c) 不在测试人员接管车辆控制前停止发出接管请求信号
		② 测试车辆在测试过程中,一旦自动驾驶系统执行最小风险策略,则应符合下列要求: (a) 不主动导致交通事故; (b) 除非驾驶员干预,最小风险策略使车辆最终停止在目标停车区域内; (c) 系统运行状态的提示信号发生变化,该提示信号明显区分于其他系统提示信号; (d) 车辆立即对外发出危险警告信号; (e) 车辆完成最小风险策略后,自动驾驶功能退出,并在车辆重新启动后方可重新激活
4	测试车辆状态显示	测试车辆的状态显示应符合以下要求: (a) 系统未激活提示:系统处于"就绪"状态时,至少有一种明确方式提示系统可被激活,如视觉文字指示等;系统处于未能成功激活的"非就绪"状态时,宜视觉提示典型的未激活原因类别,如涉及运行范围不满足的情况,可视觉提示用户操作车辆。 (b) 系统激活和退出提示:系统由未激活状态进入激活状态时进行明显的提示;系统由激活状态退出至未激活状态时进行明显的提示。 (c) 系统运行状态提示:系统激活进入正常工作状态后,至少在用户直观可见的位置以视觉方式提示用户自动驾驶系统已正常工作;若出现系统失效,在退活系统时进行相应的提示;系统激活后,若出现系统失效的情况,有包含视觉在内的明显提示方式进行持续提醒
		若系统发出接管请求信号,该信号需符合以下要求: 介入请求至少包含视觉并附加听觉和/或触觉提示信号;在介入请求阶段,介入请求在开始4s内(含4s)升级并保持升级状态直至介入请求结束,升级的介入请求包含持续或间歇性的触觉提示,除非车辆处于静止状态;在介入请求阶段,介入请求以直观和明确的方式提示后援用户介入请求响应方式,视觉提示至少包括手和转向盘控制的图片信息,并可附有其他解释性文本或提示符号

3. 道路测试评价指标

根据主客观评价相结合的评价原则,评价指标分为两大类:一类为评估类,一类为测试类,如图5-17所示。评估类分为安全评估项与安全评分项,其中安全评估项与相关安全测试项逐一进行判定,安全评分项根据自动驾驶过程中车辆的整体表现进行打分。安全测试项要求在试验中车辆必须能够通过的测试项目。结合所给参考资料,分析安全评估项、安全评分项和安全测试项分别包含的测试项目类型与内容要求。

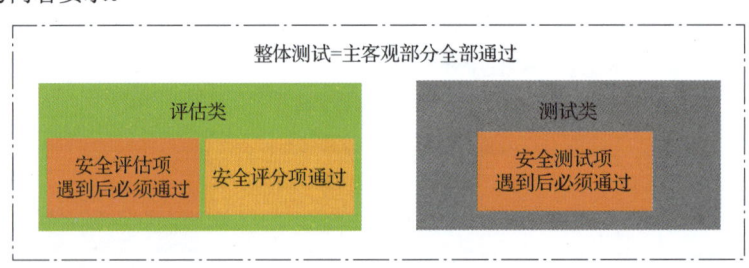

图 5-17 评价原则

三、乘用车自动驾驶功能道路测试案例

1. 乘用车自动驾驶功能道路测试过程

以《智能网联汽车自动驾驶功能道路试验方法》编制工作组采用乘用车测试验证自动驾驶功能道路试验方法标准的测试为例,说明测试方法。2021年6月初采用百度相关产品,在河北省沧州进行道路测试。天津汽检提供测试设备、测试人员的测试支持,云图科技提供测试场地和车辆,以乘用车为测试车辆,测试城市和城郊工况。测试车辆及安装的测试设备如图5-18所示。

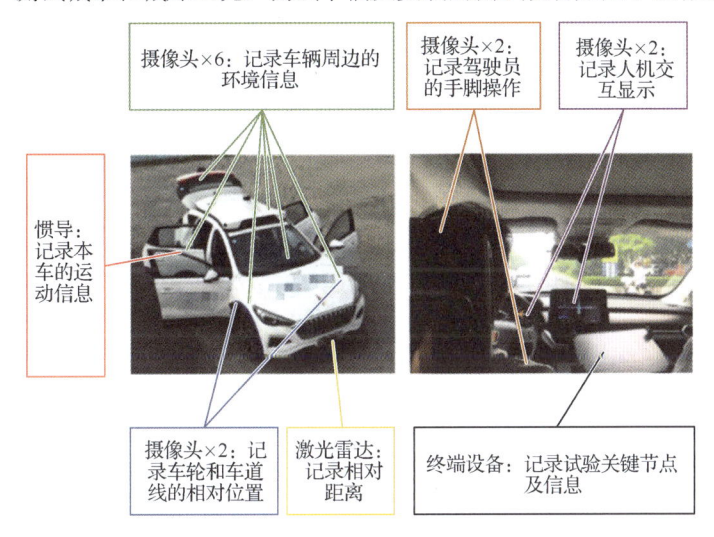

图 5-18 测试车辆及安装的测试设备

1)测试路线预选

测试道路包括典型城市道路(56.1km)、其他道路(52.2km)、高速及快速路(87.3km),共计195.6km;测试涉及多种道路类型,试验场景丰富。

2)元素采集

(1)采集时间:实地元素采集采用实车采集和人工记录的方式开展,对应每种道路行驶区域分别进行采集。在采集时段方面,保证每种道路行驶区域采集白天和夜间的不同时段,其中白天采集时段覆盖早晨6:00到夜间22:00,凌晨0:00后按照路线再进行两轮采集。

(2)采集方法:对采集车辆前、后、左、右四个方向进行同步视频记录,采集记录人员对道路行驶区域中出现的场景进行标记,采集完成后统计相关元素是否在制定路线中出现。

(3)试验结果:实际道路测试原始记录如表5-15所示,对检测项目的检测结果进行了初步判断。

表 5-15 实际道路测试原始记录

序号	检测项目	检验结果	符合性初步判断
0	通用要求	测试过程中,☑是 □否不发生自动驾驶功能失效	√
1	系统激活与停用	车辆点火(上电)启动后(发动机自动启停除外),自动驾驶系统应符合下列规定之一: (1)自动驾驶系统☑是 □否处于未激活状态; (2)在符合车辆制造商声明的条件下,测试车辆的自动驾驶功能□是 ☑否处于"就绪"状态	√
		在测试车辆的自动驾驶功能"就绪"的状态下,测试安全员☑是 □否通过制造商声明的专用操纵方式激活自动驾驶功能;在处于"未就绪"状态下时,测试安全员☑是 □否通过专用操纵方式不可激活自动驾驶功能	√

续表

序号	检测项目	检验结果	符合性初步判断
2	系统运行测试	自动驾驶功能应持续控制车辆执行动态驾驶任务，☑是 □否不导致合理可预见且可避免的交通事故	√
		自动驾驶系统运行过程中，应符合下列要求： (a) □是 ☑否不发生干预	×
		(b) 车辆行驶期间，除换道情况外 □是 ☑否不碾轧"对向车道分界线"和"同向车道分界线"	×
3	执行动态驾驶任务	(c) 若驻车等待，□是 ☑否不碾轧停止线停车	×
		(d) 车速 ☑是 □否不超过路段规定的时速行驶	√
		(g) ☑是 □否不以危险、不合理的方式超车	√
		(h) □是 ☑否不反交通信号灯指示信号行驶	×
		(i) ☑是 □否不违反路面指示标识行驶	√
		(j) □是 ☑否不规占用专用车道行驶及停车	×
		(k) 车辆需通过人行横道时 ☑是 □否礼让行人和非机动车	√
		(l) 若具备换道功能，目标车道 ☑是 □否为同向可行驶车道或者可借用超车车道	√
		(m) 车辆应正确使用照明及信号装置，满足以下要求： ① ☑是 □否合理控制车辆的照明装置，包括但不限于远光灯、近光灯、车辆尾灯、雾灯； ② ☑是 □否合理控制车辆的转向信号灯； ③ □是 □否合理控制危险报警闪光灯； ④ □是 □否合理控制车辆喇叭	√
		(o) 行驶效率 □是 ☑否不应低于人类驾驶员一般的驾驶水平，适应真实交通流，避免过多或长时间等待，且不应影响正常交通流	×

2. 乘用车自动驾驶功能道路测试描述

请描述乘用车自动驾驶功能道路测试案例需要采集的安全评估项、安全评分项和安全测试项分别包含的测试项目类型以及内容要求。

能力拓展

北京市发布《北京市自动驾驶车辆道路测试报告》，介绍了自动驾驶车辆道路测试的关键脱离类别、脱离原因及统计与分析，具体内容扫码即可获得。

任务测评

对任务实施的完成情况进行检查，并将结果填入表5-16。

表 5-16　任务测评表

成绩评定反馈意见表					
任务名称：自动驾驶车辆开放道路测试					
组号		组员信息：			
序号	项目	子项目	检查规范	结论	得分
1	自动驾驶功能道路测试（60分）	测试方法	安全评估项、安全评分项和安全测试项分别包含的测试项目类型以及内容要求分析正确		
		测试通过要求			
		开放道路测试评价指标			
2	乘用车自动驾驶功能道路测试案例（40分）	乘用车自动驾驶功能道路测试过程	乘用车自动驾驶功能道路测试需要采集的安全评估项、安全评分项和安全测试项分别包含的测试项目类型以及内容要求描述正确		
		乘用车自动驾驶功能道路测试描述			
评论摘要：					
分数	等级		总分	评分描述	
85~100	优				
75~84	良				
60~74	及格				
<60	未达到				

课后习题与参考文献

课后习题　　　　　　　　参考文献

项目六
基于车路协同的高等级驾驶自动化系统设备集成与测试

导　言

车路协同自动驾驶（Vehicle-Infrastructure Cooperated Autonomous Driving，VICAD）是在单车自动驾驶的基础上，通过车联网将"人—车—路—云"交通参与要素有机地联系在一起，助力自动驾驶车辆在环境感知、计算决策和控制执行等方面的能力升级，加速自动驾驶应用成熟。我国在率先提出网联化的理念和分级后，形成了明确的蜂窝车联网技术（C-V2X）路径和领先的产业体系。《智能网联汽车技术路线图2.0》明确提出，C-V2X终端的新车装配率2025年将达50%，2030年基本普及，网联协同感知、协同决策与控制功能将不断应用，车辆与其他交通参与者互联互通。

网联化与智能化逐渐融合，共同构成了智能网联汽车车、路、云一体化的系统。目前，在我国的C-V2X基础标准制定方面，从应用场景、信息交互等技术维度发布了一系列标准，形成了"人—车—路—云"闭环标准体系，同时兼容当下、面向未来，为辅助驾驶和自动驾驶各等级车辆提供全链路车路协同服务，并为智能交通和智慧城市提供数据服务与应用支持，将支撑标准化互联互通平台体系的构建，推动车路协同自动驾驶的应用落地，助力我国自动驾驶和智能交通产业的快速发展。

思维导图

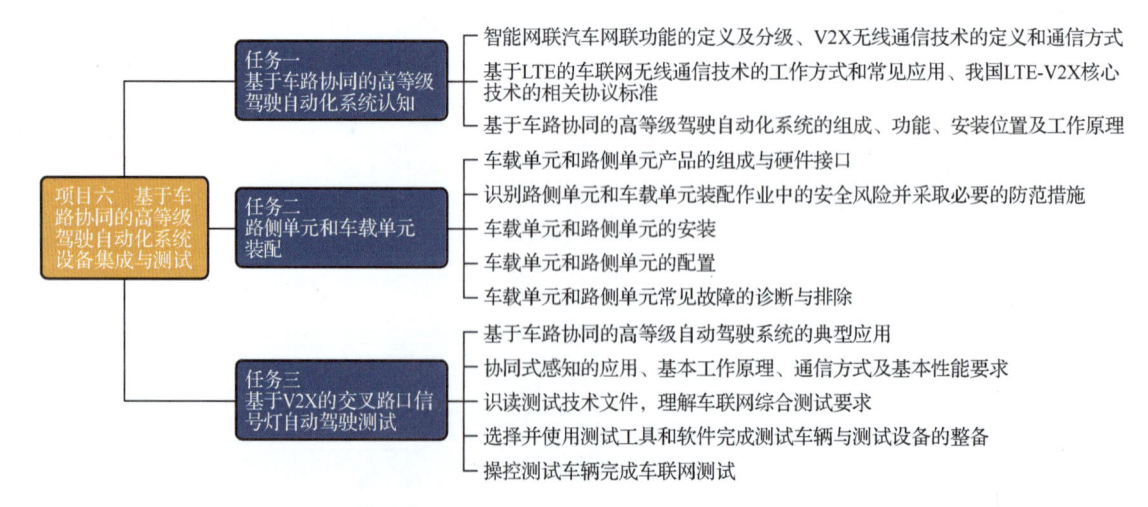

项目六　基于车路协同的高等级驾驶自动化系统设备集成与测试

- 任务一　基于车路协同的高等级驾驶自动化系统认知
  - 智能网联汽车网联功能的定义及分级、V2X无线通信技术的定义和通信方式
  - 基于LTE的车联网无线通信技术的工作方式和常见应用、我国LTE-V2X核心技术的相关协议标准
  - 基于车路协同的高等级驾驶自动化系统的组成、功能、安装位置及工作原理

- 任务二　路侧单元和车载单元装配
  - 车载单元和路侧单元产品的组成与硬件接口
  - 识别路侧单元和车载单元装配作业中的安全风险并采取必要的防范措施
  - 车载单元和路侧单元的安装
  - 车载单元和路侧单元的配置
  - 车载单元和路侧单元常见故障的诊断与排除

- 任务三　基于V2X的交叉路口信号灯自动驾驶测试
  - 基于车路协同的高等级自动驾驶系统的典型应用
  - 协同式感知的应用、基本工作原理、通信方式及基本性能要求
  - 识读测试技术文件，理解车联网综合测试要求
  - 选择并使用测试工具和软件完成测试车辆与测试设备的整备
  - 操控测试车辆完成车联网测试

项目六　基于车路协同的高等级驾驶自动化系统设备集成与测试

任务一　基于车路协同的高等级驾驶自动化系统认知

学习目标

【知识目标】

1. 能够正确描述智能网联汽车网联功能的定义及分级；
2. 能够正确描述 V2X 无线通信技术的定义；
3. 能够正确描述基于 LTE 的车联网无线通信技术的工作方式；
4. 能够归纳获取我国 LTE-V2X 核心技术相关协议标准的方法；
5. 能够列举基于 LTE 车联网的常见应用；
6. 能够正确描述基于车路协同的高等级驾驶自动化系统的组成及功能。

【能力目标】

1. 能够正确解释实训中基于车路协同的高等级驾驶自动化系统的工作原理；
2. 能够利用使用说明书确认实训中基于车路协同的高等级驾驶自动化系统各组成的安装位置。

【素质目标】

1. 能够熟练掌握相关的国家标准、行业规定，掌握绿色生产、环境保护、安全防护、质量管理等相关知识与技能；
2. 能够了解相关产业文化，遵守职业道德准则和行为规范，具备社会责任感和担当精神；
3. 具有探究学习、终身学习的能力，具有整合知识和综合运用知识分析问题与解决问题的能力；
4. 弘扬劳动光荣、技能宝贵、创造伟大的时代精神，热爱劳动人民、珍惜劳动成果、树立劳动观念、积极投身劳动，具备与职业发展相适应的劳动素养、劳动技能。

工作任务

某汽车制造厂正在试制一款面向 L4 级自动驾驶的前装量产车型，需要智能网联汽车系统集成工程师基于 Apollo 的该样品车型完成 V2X 系统集成的设计与开发。作为一名辅助工程师，首先需要掌握智能网联汽车的网联功能和 V2X 无线通信技术的相关知识，以及基于车路协同的高等级驾驶自动化系统的组成。通过观察和操作，能够利用使用说明书确认实训中基于车路协同的高等级驾驶自动化系统各组成的安装位置，并解释该驾驶自动化系统的工作原理。

相关知识

一、智能网联汽车网联功能基本概念

1. 定义

《智能网联汽车术语和定义》（征求意见稿）中对网联功能的定义为：车辆利用通信技术实现与外界信息交互的功能称为网联功能，"外界"是指车辆自身范畴以外，如穿戴设备等属于"外界"的范畴。具备网联功能的汽车称为网联汽车。

2. 分级

《节能与新能源汽车技术路线图 2.0》将网联化按照网联通信内容的区别及对车辆驾驶自动化功能支持的不同程度划分为网联辅助信息交互、网联协同感知、网联协同决策与控制三个等级，见表 6-1。

表 6-1 网联化等级定义

等级	等级名称	等级定义	典型信息	传输需求	典型场景	车辆控制主体
1	网联辅助信息交互	基于车-路、车-后台通信,实现导航等辅助信息的获取以及车辆行驶与驾驶人操作等数据的上传	地图、交通流量、交通标志、油耗、里程等信息	传输实时性、可靠性要求较低	交通信息提醒、车载信息服务、天气信息提醒、紧急呼叫服务等	人
2	网联协同感知	基于车-车、车-路、车-人、车-后台通信,实时获取车辆周边的交通环境信息,与车载传感器的感知信息融合,作为自车决策与控制系统的输入	周边车辆、行人、非机动车位置,信号灯相位,道路预警等数字化信息	传输实时性、可靠性要求较高	道路湿滑预警、交通事故预警、紧急制动预警、特殊车辆避让等	人或系统
3	网联协同决策与控制	基于车-车、车-路、车-人、车-云平台通信,实时并可靠获取车辆周边的交通环境信息及车辆决策信息,车-车、车-路等各交通参与者之间的信息进行交互融合,达到智能协同,从而实现车-车、车-路等各交通参与者之间的协同决策与控制	车-车、车-路、车-云间的协同感知、决策与控制信息	传输实时性、可靠性要求最高	引导行驶速度、车辆间距、车道选择、协作式编队、交叉路口通行、匝道汇入等	人或系统

二、V2X 无线通信技术

1. 定义

智能网联汽车网联功能的关键技术为 V2X。《智能网联汽车术语和定义》(征求意见稿)中对 V2X(Vehicle To Everything)的定义为:实现车辆与外界通信的技术。外界指车辆、行人、云端、基础设施等。V2X 包括车与车之间的直接通信(V2V)、车与行人通信(V2P)、车与道路基础设施通信(V2I)以及车辆通过移动网络与云端进行通信(V2N),如图 6-1 所示。

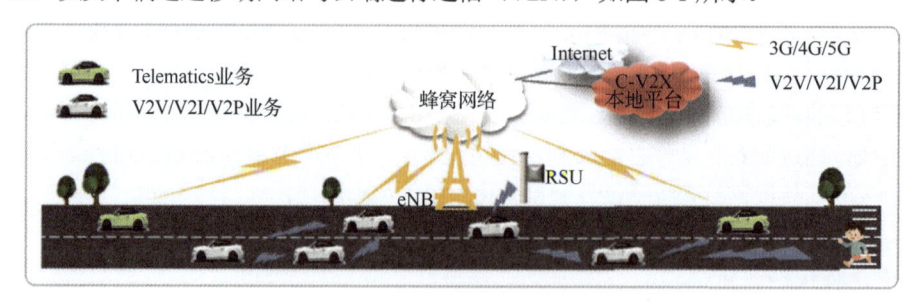

图 6-1 V2X 车用无线通信技术

2. 通信方式

由于网联功能需求和传输环境的不同,车—车、车—路、车—人、车—云平台等各交通参与者之间采用不同的通信技术,所以一个实体往往具有多模式的接入能力,比如车载单元,既有 Wi-Fi、DSRC、3G/4G 接入,还有卫星通信,如图 6-2 所示。具体到实体之间,路侧和后台中心子系统之间往往采用光纤通信,行人、车辆与中心子系统之间采用蜂窝接入。同时交通安全需要极其严苛的通信时延和传输可靠性,需要车与车、车与路之间的实时通信,且不能与其他的通信系统相互干扰,因此必须制定专用于车辆环境的通信标准,以及开发相应的通信技术。

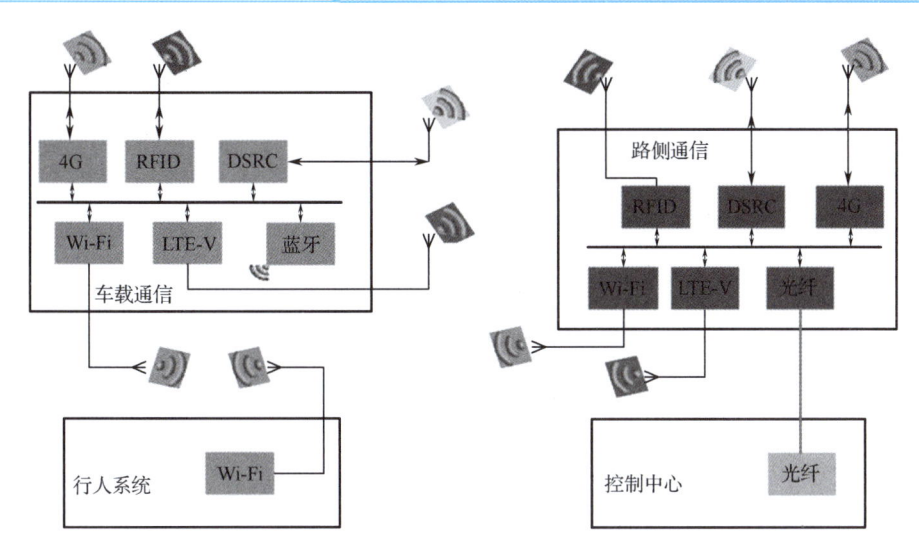

图6-2 车—路—人—云平台系统间通信方式

汽车网联化技术在全球存在两大标准路线，即专用短程通信技术（DSRC）和基于蜂窝技术的车联网通信（C-V2X）。DSRC 标准是由 IEEE 基于 Wi-Fi 制定的，以发展 ETC 为契机，从 19 世纪 90 年代到 20 世纪初，美国、日本、欧洲相继为车辆通信技术分配了频谱并制定了标准，开始在汽车行业加以推广；C-V2X 是基于 3GPP 全球统一标准的通信技术，包含 LTE-V2X、5G NR-V2X 及后续演进，其中 LTE-V2X 最早由中国提出，5G NR-V2X 现由各国竞相参与。与 DSRC 相比，C-V2X 可实现长距离和更大范围的通信，且在技术先进性、性能及后续演进等方面有较大的优势。

基于 LTE 的车联网无线通信技术分为两种工作方式，一种是用户设备终端（User Equipment，UE）之间直通链路通信方式，其空中接口称为 PC5 接口；另一种是 UE 与 eNB 之间的上/下行链路通信方式，其空中接口称为 Uu 接口。两种工作方式相互独立、相互补充。直通链路通信方式又包括两种发送模式：直通链路发送模式3（Mode 3）为基站调度资源分配模式，直通链路发送模式4（Mode 4）为终端自主资源选择模式，即支持 LTE-V2X 的车载 UE 可通过 PC5 接口与其他 UE 通信，也可通过 Uu 接口与演进型基站（E-UTRAN Node B，eNB）相连，并通过 MME/S-GW 实现与其他 UE 通信。

支持 V2X 的演进型通用陆地无线接入网（Evolved Universal Terrestrial Radio Access Network，E-UTRAN）是连接演进型分组核心（Evolved Packet Core，EPC）和 UE 的中间结构，其结构如图6-3 所示。E-UTRAN 向上通过 S1 与 EPC 连接，向下通过 Uu 接口与 UE 相连，其中通过 S1-MME 接口连接到移动性管理实体（Mobility Management Entity，MME），通过 S1-U 接口连接到业务网关（Serving Gate Way，S-GW）。X2 接口为 eNB 之间的接口。

3. 基于 LTE 车联网应用

LTE-V2X 车载终端可支持车-车（V2V）、车-路（V2I）、车-网（V2N）和车-人（V2P）等类型的应用，利用这些应用可提供道路安全、交通效率提升和信息娱乐等各类业务。

V2V 应用指邻近的车载 UE 间交互 V2V 应用信息，信息交互基于广播方式，可采用 UE 间直通模式，或经由基础设施（如路侧单元、应用服务器）在 UE 间交互信息。

V2I 应用指车载 UE 发送 V2I 应用信息到路侧单元或本地应用服务器，路侧单元或本地应用服务器发送 V2I 应用信息给 UE。

V2N 应用指 UE 与应用服务器间通过演进分组系统（Evolved Packet System，EPS）网络进行通信。

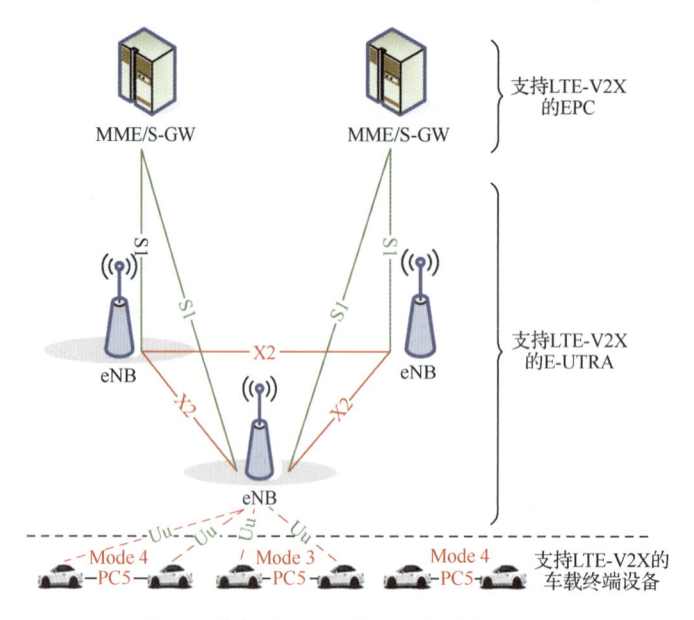

图 6-3　支持 LTE-V2X 的 E-UTRAN 结构图

V2P 应用指车载 UE 和人持 UE 间交互 V2P 应用信息。信息交互可采用 UE 间直通模式，或经由基础设施（如路侧单元、应用服务器）在 UE 间交互信息。

2019 年 4 月实施的《基于 LTE 的车联网无线通信技术总体技术要求》（YD/T 3400—2018）给出了基于 LTE 车联网的应用场景和需求分析，基于 LTE 车联网的应用场景见表 6-2。

表 6-2　基于 LTE 车联网的应用场景

场景分类	应用场景	应用模式
安全应用场景	前方静止车辆告警、前方慢速车辆告警、紧急电子制动灯告警、逆向超车提示、逆向行驶告警、换道决策辅助提示、交叉口防撞提示、异常车辆提示、道路危险状况提示、协作式自动巡航控制、协作式高速公路车辆自动系统（直线）、前向碰撞预警、汇入主路辅助/碰撞告警、紧急车辆告警、左转辅助/告警	V2V
	交叉口防撞提示、道路施工告警提示、紧急车辆提示、道路湿滑/危险路段提醒、闯红灯（/黄灯）告警	V2I/I2V
	紧急车辆提示	V2N
	非机动车横穿预警/行人横穿预警	V2P/P2V
交通效率提升	道路限速提示、交通灯提醒、交通信息及路线推荐、增强的路线指引和导航、专用道路管理、限行管理、车载标识	V2I/I2V
	车速引导	V2V、V2N
信息娱乐服务	服务信息公告、自动停车场入口、本地电子支付、SOS/eCall 业务、车辆被盗/损坏警报、车辆远程诊断、维修保养提示	V2I/I2V
	SOS/eCall 业务、车辆被盗/损坏警报、车辆远程诊断、维修保养提示	V2N

三、基于车路协同的高等级驾驶自动化系统组成

车路协同系列标准初步构建了"人—车—路—云"深度融合与互联互通的技术体系，并规定了系统中车辆与车辆、路侧设施与车辆、路侧设施与云控平台、车辆与云控平台、云控平台与第三方平台等各类对象之间的信息交互内容。图 6-4 为 Apollo 构建的车路协同系统架构。

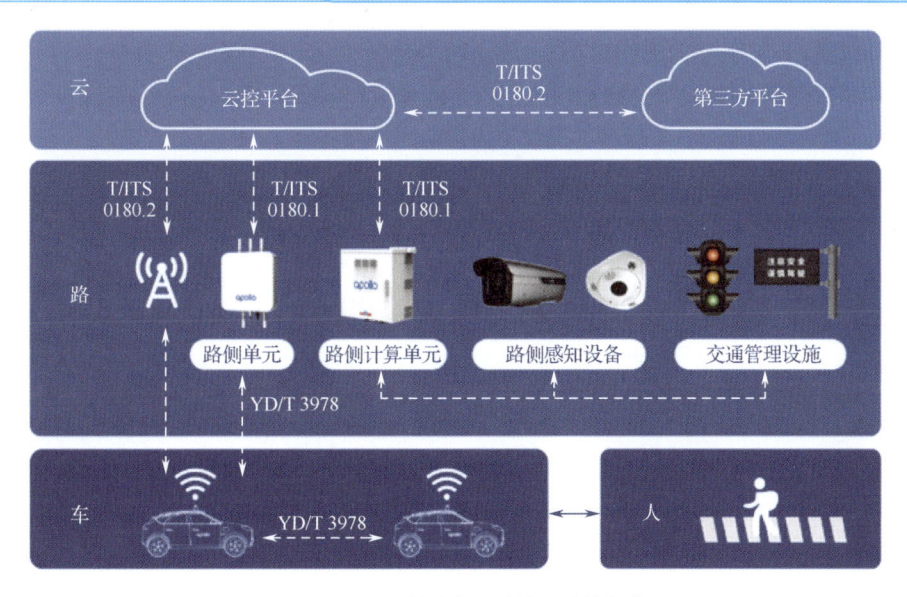

图 6-4　Apollo 构建的车路协同系统架构

由百度、中国移动、中兴通讯、华为、中国信通院等企业和科研院所编制的《基于车路协同的高等级自动驾驶数据交互内容》(YD/T 3978—2021)，规定了基于车路协同的 4 级驾驶自动化(L4)、5 级驾驶自动化(L5)等高等级驾驶自动化系统的组成。基于车路协同的高等级驾驶自动化系统中各个子系统及其接口之间的交互如图 6-5 所示，主要分为中心子系统、道路子系统和车辆子系统。

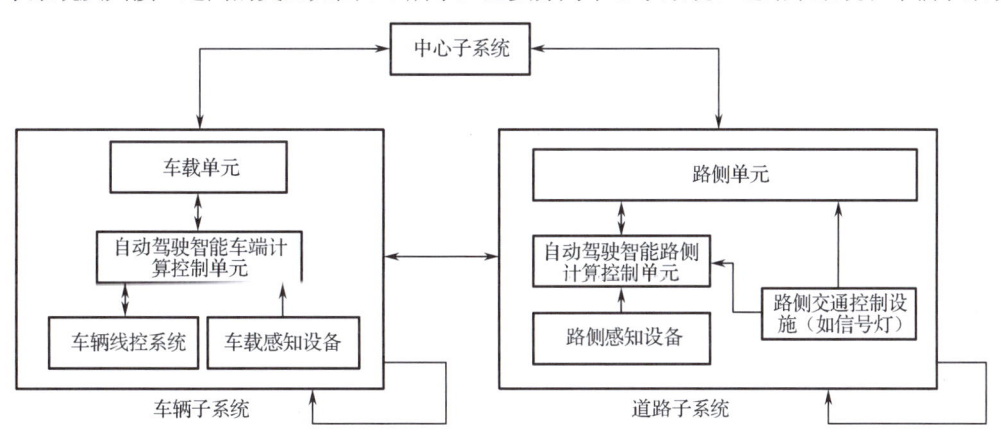

图 6-5　基于车路协同的高等级驾驶自动化系统

中心子系统：通过车辆子系统和道路子系统汇聚的数据，提供全局或者局部的智能交通系统(ITS)应用服务。

道路子系统(RSS)：包括路侧单元(RSU)、自动驾驶智能路侧计算控制单元(AV-ICCU-RS)、路侧感知设备以及路侧交通控制设施(如信号灯)。道路子系统可以收集道路环境及交通状态信息，形成全局感知消息，并可将信息共享给车辆子系统及中心子系统。同时，在特定场景下，道路子系统也可下发决策规划数据及控制数据到车辆子系统(主要用于路侧对自动驾驶车辆进行集中式决策控制)。

车辆子系统(VSS)：包括车载单元(OBU)、自动驾驶智能车端计算控制单元(AV-ICCU-OB)、车载感知设备和车辆线控系统。车辆子系统可以收集道路环境及交通状态信息，用于自动驾驶车辆决策控制的依据，并可将感知信息共享至道路子系统或周边具备通信能力的车辆。同时，车辆子系

统可接收来自道路子系统共享的感知信息,用于对车载感知信息的补充;车辆子系统可接收来自道路子系统的决策规划类消息及控制类消息,并依据此类消息对自动驾驶车辆进行实时决策控制。

基于车路协同的高等级驾驶自动化系统中道路子系统和车辆子系统中各组成的功能见表6-3。

表6-3 基于车路协同的高等级驾驶自动化系统中道路子系统和车辆子系统中各组成的功能

系统	组成	功能
道路子系统	路侧感知设备	具备感知功能的设备集,包括但不限于激光雷达、摄像头、毫米波雷达等设备,路侧感知设备实时采集当前所覆盖范围的图像、视频、点云等原始感知数据,并将原始感知数据输入自动驾驶智能路侧计算控制单元
道路子系统	自动驾驶智能路侧计算控制单元	对来自路侧感知设备的原始感知数据的实时处理,以此来获取道路交通环境中交通参与者的状态信息、道路的状况信息、道路事件信息、道路交通信息、天气信息等,并实时将处理后的信息通过路侧单元通知给车辆子系统或其他道路子系统;同时,当需要对车辆采用集中式控制的方式时,自动驾驶智能路侧计算控制单元可根据当时的交通状况及车辆的个体状况指定控制策略,并将决策规划策略及控制数据下发到车辆子系统
道路子系统	路侧单元	负责V2X通信的逻辑单元,为道路子系统提供通信能力,道路子系统应用层数据交互内容通过路侧单元发送给车辆子系统
道路子系统	路侧交通控制设施	提供道路交通的控制能力,正常状况下,车辆需按照交通控制设施的指令运行,包括信号灯、动态限速等交通控制信号及指令
VSS	车载感知设备	具备感知功能的设备集,包括但不限于激光雷达、摄像头、毫米波雷达等设备,车载感知设备实时采集当前所覆盖范围的图像、视频、点云等原始感知数据,并将原始感知数据输入自动驾驶智能车端计算控制单元
VSS	自动驾驶智能车端计算控制单元	对来自车载感知设备的原始感知数据的实时处理,以此来获取道路交通环境中交通参与者的状态信息等,并实时将处理后的信息通过车载单元通知给车辆子系统或道路子系统;同时,实时生成车辆的行驶策略,并将行驶策略发送至自动驾驶车辆的线控系统
VSS	车辆线控系统	通过车辆总线、车内以太网等链路对车辆进行控制,包括控制车辆的制动系统、转向系统、传动系统、车身控制等,能够控制车辆加速、减速、转向、照明、警告等
VSS	车载单元	负责V2X通信的逻辑单元,为车辆子系统提供通信能力,车辆子系统应用层数据交互内容通过车载单元发送给道路子系统

任务实施与评价

一、任务准备

本次任务所使用的实训设备和资源见表6-4。

表6-4 实训设备和资源

序号	分类	名称	准备要点	数量	准备情况记录
1	设备	D-KIT Lite S 车辆	检查车辆状态: (1)车胎是否损坏、充气压力(正常胎压为2.5~2.6kPa)是否合适,以及胎纹内是否嵌入异物; (2)车辆底部是否有泄漏液体或易燃物; (3)上电开关接通后是否有异常报警声; (4)确认电池电量(大于80%),若电池电量低于20%,建议充满电后再使用车辆	1辆/组	是否正常:是□ 否□ _____
		道路子系统元件	路侧单元(1个)、自动驾驶智能路侧计算控制单元(1个)、路侧交通控制设施(1套)	1套/组	是否齐全:是□ 否□

续表

序号	分类	名称	准备要点	数量	准备情况记录
1	设备	车辆子系统元件	车载单元（1个）	1套/组	是否齐全：是□ 否□ _____
2	工具	常用拆装工具套装	十字螺丝刀、一字螺丝刀、内六角扳手、T形套筒	1套/组	是否齐全：是□ 否□ _____
3	资源	D-KIT Lite S 车辆使用手册	查找使用手册中的"车辆使用说明""Apollo 集成说明"	1份/人	是否找到：是□ 否□ _____
		作业记录单	明确工作任务	1份/组	是否明确工作任务：是□ 否□ _____

二、基于车路协同的高等级驾驶自动化系统认知

一体化 V2X 基站集成适配的路侧单元、信号灯、信号机、电源等设备。一体化基站灵活移动，使用时只需要定时充电即可随时调试。车载单元与路侧单元的通信示意图如图 6-6 所示。在测试实训车辆 V2X 时，一体化基站实物不必放置在路口的中心位置，只需要放置于测试所在路口不影响车辆行驶的位置。基于车路协同的高等级驾驶自动化系统中道路子系统和车辆子系统中各组成的安装位置见表 6-5。

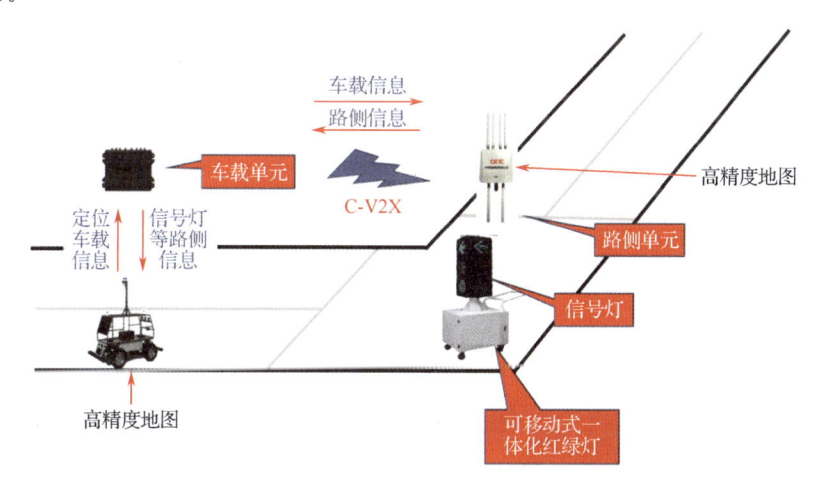

图 6-6 车载单元与路侧单元的通信示意图

表 6-5 基于车路协同的高等级驾驶自动化系统中道路子系统和车辆子系统中各组成的安装位置

序号	系统	组成	实物图片	安装位置	操作要点
1	道路子系统	路侧单元		一体化 V2X 基站顶部	① 根据设备使用说明书，辨认各组成元件实物正确□ _____

续表

序号	系统	组成	实物图片	安装位置	操作要点
2	道路子系统	自动驾驶智能路侧计算控制单元		一体化 V2X 基站底部	② 道路子系统和车辆子系统元件安装位置描述正确□_____
3		路侧交通控制设施		一体化V2X基站中间显示部分	
4		车载单元		实训车辆底盘支架	
5		计算平台		实训车辆底盘支架	
6	车辆子系统	车载感知设备		① 激光雷达：实训车辆顶部； ② 摄像头：实训车辆前部支架； ③ 毫米波雷达：实训车辆前部支架	
7		车辆线控系统		实训车辆底盘	

能力拓展

任务实施部分的实训设备为一体化 V2X 基站，而实际工作过程中，道路子系统需要固定安装在道路设施上，车辆也为 M 类、N 类汽车，请思考道路子系统和车辆子系统中各组成的安装位置，参见表 6-6。

表 6-6 实际工况下道路子系统和车辆子系统中各组成的安装位置

序号	系统	组成	实物图片	安装位置
1	道路子系统	路侧单元		道路灯杆
2		自动驾驶智能路侧计算控制单元		道路灯杆
3		路侧感知设备		道路灯杆
4		路侧交通控制设施		道路灯杆
5	车辆子系统	车载单元		车辆后备箱支架
6		计算平台		车辆后备箱支架
7		车载感知设备		① 激光雷达：车辆顶部； ② 摄像头：车辆前挡风玻璃内测； ③ 毫米波雷达：车辆前部格栅支架
8		车辆线控系统		车辆底盘

任务测评

对任务实施的完成情况进行检查,并将结果填入表6-7。

表6-7 任务测评表

成绩评定反馈意见表					
任务名称:基于车路协同的高等级驾驶自动化系统认知					
组号		组员信息:			
序号	项目	子项目	检查规范	结论	得分
1	基于车路协同的高等级驾驶自动化系统认知(100分)	道路子系统(60分)	根据设备使用说明书,辨认各组成元件实物正确;道路子系统和车辆子系统元件安装位置描述正确		
		车辆子系统(40分)			
评论摘要:					
分数		等级	总分	评分描述	
85~100		优			
75~84		良			
60~74		及格			
<60		未达到			

任务二 路侧单元和车载单元装配

学习目标

【知识目标】

1. 能够正确描述车载单元和路侧单元的组成;
2. 能够正确识别车载单元和路侧单元的硬件接口。

【能力目标】

1. 能够正确理解并执行安全规范,识别路侧单元和车载单元装配作业中的安全风险,并采取必要防范措施;
2. 能够按照工艺文件独立完成车载单元和路侧单元的安装,并记录安装过程中的关键步骤;
3. 能够按照工艺文件独立完成车载单元和路侧单元的配置,并记录配置过程中的关键步骤;
4. 能够独立完成车载单元和路侧单元常见故障的诊断与排除。

【素质目标】

1. 能够熟练掌握相关的国家标准、行业规定,掌握绿色生产、环境保护、安全防护、质量管理等相关知识与技能;

2. 能够了解相关产业文化，遵守职业道德准则和行为规范，具备社会责任感和担当精神；
3. 具有探究学习、终身学习的能力，具有整合知识和综合运用知识分析问题与解决问题的能力；
4. 弘扬劳动光荣、技能宝贵、创造伟大的时代精神，热爱劳动人民、珍惜劳动成果、树立劳动观念、积极投身劳动，具备与职业发展相适应的劳动素养、劳动技能。

工作任务

某汽车制造厂正在试制一款面向 L4 级自动驾驶的前装量产车型，需要智能网联汽车系统集成工程师基于 Apollo 的该样品车型完成路侧单元和车载单元的装配与调试。作为一名辅助工程师，首先需要掌握车载单元和路侧单元的组成及硬件接口。然后按照工艺文件将车载单元和路侧单元安装到相应位置，完成车载单元和路侧单元的配置与常见故障的排除，在完成过程中记录关键步骤。

相关知识

一、车载单元认知

车载单元（OBU）为汽车通信的车载终端，基于 C-V2X 技术的车载单元主要有高性能嵌入式 CPU 处理器、高速移动内存、大容量移动闪存、高精度 GNSS 全球定位、4G 移动网络、Wi-Fi 热点服务、高性能 LTE-V 通信功能，利用 PC5 接口与路侧单元或者其他的车载单元进行通信，可接收、存储、定时更新汽车的相关行驶数据（车速、对方车速、相对车速、行驶方向、对方行驶方向、相对方向、车距、制动信号等），向其他车辆或路侧单元发送汽车行驶数据，对行驶状况给出预警显示，以实现 V2V、V2P、V2I 功能。

车载子系统元件见表 6-8，车载单元接口如图 6-7 所示。

表6-8 车载子系统元件

序号	名称	图片	序号	名称	图片
1	车载单元		4	Wi-Fi 天线	
2	V2X/GNSS 天线		5	电源主线束	
3	4G 天线		6	网线	

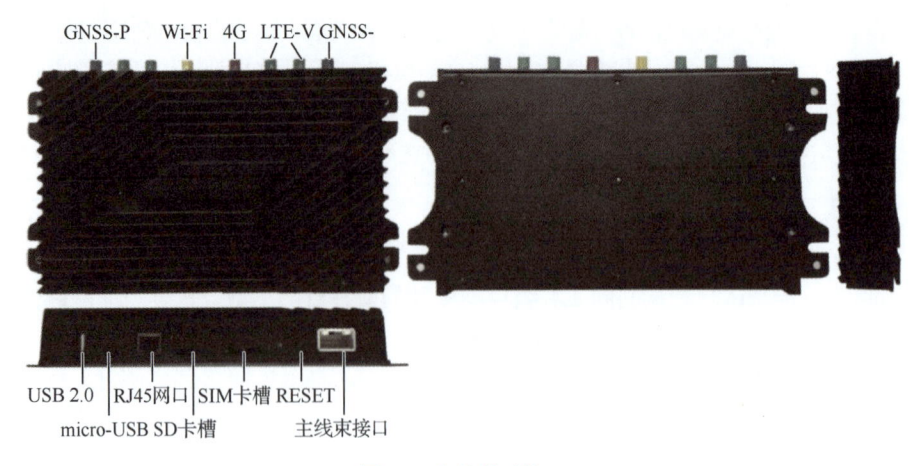

图 6-7 车载单元接口

二、路侧单元认知

路侧单元一般是指安装在路口交通设施旁或道路旁边的汽车通信设备,是车载单元和路口所有设备的汇聚点。路侧单元和车载单元之间通过 DSRC/LTE-V 进行信息交互。路侧单元主要由通信处理器、射频收发机、数据存储器、交换处理器、通信网关(如需接入其他制式的网络)等组成,一般支持较大容量的信息处理和交换,主要用于交通设施与汽车的通信、交换交通信息(包括交通信号、路况信息等)、提示告警等。LTE-V 的路侧单元可以通过有线或无线网络与其他单元进行数据交换,以及通过光纤等接入交通管理中心或者内容服务提供者(TSP)服务中心。

道路子系统元件见表 6-9。路侧单元接口如图 6-8 所示。

表6-9 道路子系统元件

序号	名称	图片	序号	名称	图片
1	路侧单元		5	抱箍	
2	POE 电源		6	安装背板	
3	接地线		7	禁锢螺丝	
4	5.9G 天线×2 GNSS-P 天线×2 4G 天线×1 Wi-Fi 天线×1 DSRC 天线×1				

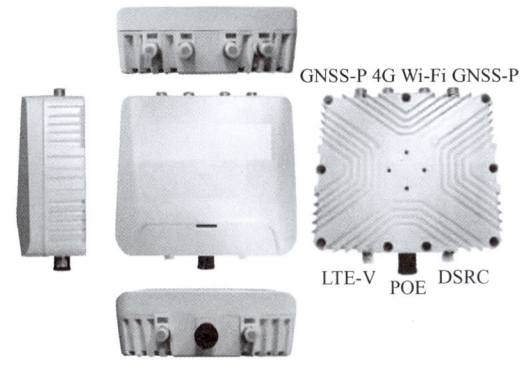

图 6-8　路侧单元接口

任务实施与评价

一、任务准备

本次任务所使用的实训设备、工具和资源见表 6-10。

表 6-10　实训设备、工具和资源

序号	分类	名称	准备要点	数量	准备情况记录
1	设备	D-KIT Lite S 车辆	检查车辆状态： （1）车胎是否损坏，充气压力（正常胎压为 2.5～2.6kPa）是否合适，以及胎纹内是否嵌入异物； （2）车辆底部是否有泄漏液体或易燃物； （3）上电开关接通后是否有异常报警声； （4）确认电池电量（大于 80%），若电池电量低于 20%，建议充满电后再使用车辆	1 辆/组	是否正常：是□ 否□
		道路子系统元件	路侧单元（1 台）、POE 电源（1 个）、接地线（1 根）、5.9G 天线（2 根）、GNSS-P 天线（2 根）、4G 天线（1 根）、Wi-Fi 天线（1 根）、DSRC 天线（1 根）、安装附件（1 套）、自动驾驶智能路侧计算控制单元（1 台）、路侧交通控制设施（1 套）	1 套/组	是否齐全：是□ 否□
		车辆子系统元件	车载单元（1 台）、V2X/GNSS 天线（3 根）、4G 天线（1 根）、Wi-Fi 天线（1 根）、电源主线束（1 束）、网线（1 根）	1 套/组	是否齐全：是□ 否□
		适配 V2X 的高精度地图	确认适配 V2X 的高精度地图已放入文件夹 ~/apollo/apollo-dkit/data/map_data 内	1 幅/组	是否齐全：是□ 否□
		计算机	可连无线 Wi-Fi，系统不限，用于车载单元和路侧单元的配置	1 台/组	是否齐全：是□ 否□
2	工具	常用拆装工具套装	十字螺丝刀、一字螺丝刀、内六角扳手、T 型套筒	1 套/组	是否齐全：是□ 否□
3	资源	D-KIT Lite S 车辆使用手册	查找使用手册中的"车辆使用说明""Apollo 集成说明"	1 份/人	是否找到：是□ 否□

续表

序号	分类	名称	准备要点	数量	准备情况记录
3	资源	作业记录单	明确工作任务	1 份/组	是否明确工作任务：是 □ 否□_____

二、车载单元安装与配置

1. 装配注意事项

车载单元的安装与配置注意事项及操作要点见表 6-11。

表 6-11 车载单元的安装与配置注意事项及操作要点

序号	装配注意事项	操作要点
1	车载单元在使用过程中，确保有 GNSS 信号、车载单元各模块可正常通信工作	① 在车载单元安装过程中，检查 GNSS 信号情况并记录□_____ ② 在车载单元配置过程中，检查 GNSS 信号情况并记录□_____
2	在搬运过程中或正常检修过程中应注意轻取、轻放设备，避免造成硬性的机械损伤，否则可能导致车载单元的性能下降或损坏	① 拆装车载单元过程中轻取、轻放□_____ ② 拆装车载单元前后应观察并记录设备外观状态□_____
3	操作过程中切记用电安全，通电前确保电源线缆正负极连接正确，否则有可能会对操作人员造成伤害；通电后若发现车载单元有异常的声响或气味，应及时切断电源，检修无误后再重新上电	① 通电前观察电源线缆正负极连接情况并记录□_____ ② 通电后观察车载单元的工作状况，若有异常声响或气味，及时切断电源，检修无误后再重新上电□_____

2. 车载单元安装

1）车辆子系统电气线路图

智能网联汽车计算平台与车载单元之间的通信基于用户数据报协议（User Datagram Protocol, UDP）网络通信，通过网线将车载单元网口与计算平台网口连接。车载单元集成示意图如图 6-9 所示，车载单元通过路由器与计算平台进行数据通信；同时还需要连接 V2X 相关功能的天线，以及外部供电电源。

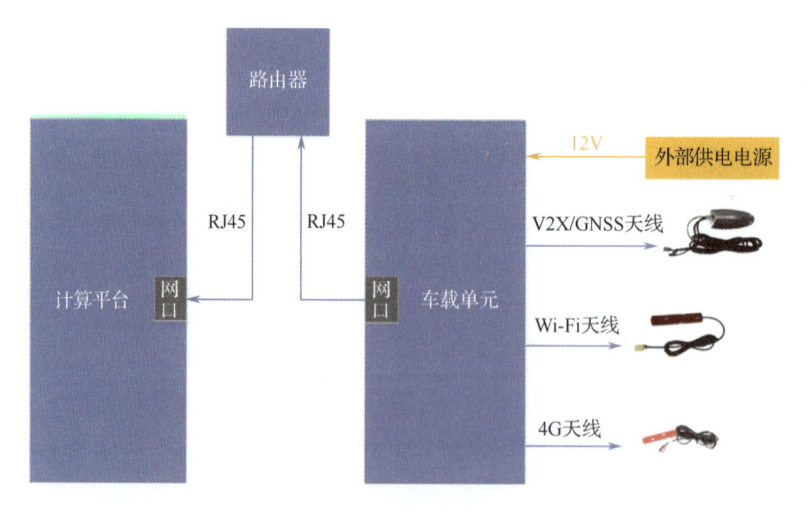

图 6-9 车载单元集成示意图

车载单元的实物接线如图 6-10 所示。

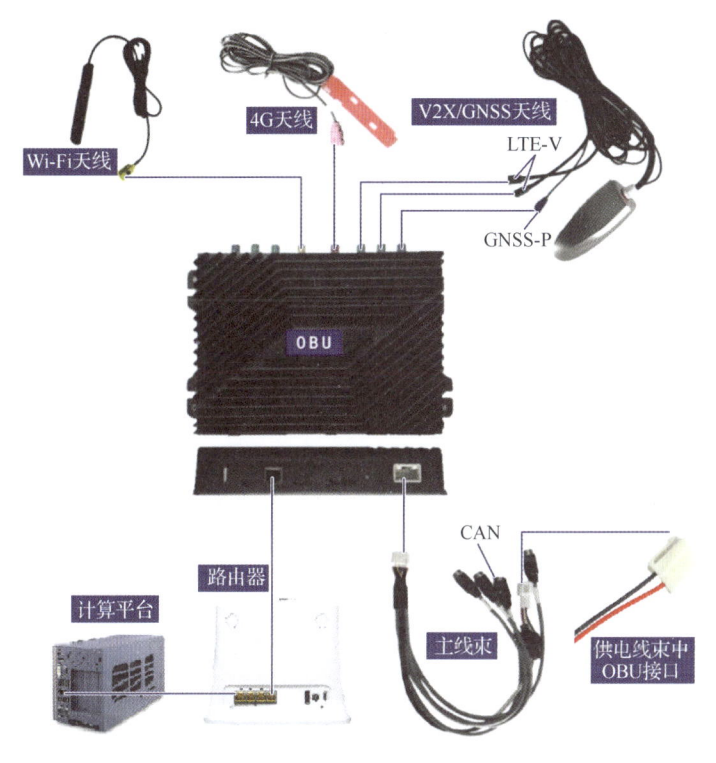

项目六 基于车路协同的高等级驾驶自动化系统设备集成与测试

图 6-10 车载单元的实物接线

2）安装车载单元

车载单元的安装步骤及操作要点见表 6-12。

表 6-12 车载单元的安装步骤及操作要点

序号	步骤	操作及说明	操作要点
1	固定车载单元	使用 4 颗 M4×8 的螺栓将车载单元固定于车辆底盘上平面，左后方是组合导航系统 M2，右后方为保险丝盒：	① 车载单元安装位置正确□ ② 固定牢固□
2	安装车载单元天线	（1）将 V2X/GNSS 天线安装于 GNSS 后天线前方，线束朝前，并与车载单元对应接口相连接。V2X-1、V2X-2 接口分别接车载单元的 LTE-V 接口；GNSS 接口接车载单元的 GNSS 接口：	① 天线与车载单元接口对应□ ② 线路连接稳固□

193

续表

序号	步骤	操作及说明	操作要点
2	安装车载单元天线	（2）4G 天线安装于车辆传感器支架后方，GNSS 后天线右侧四分点上，线束朝前，并与车载单元的 4G 接口相连接： （3）Wi-Fi 天线安装于车辆传感器支架上，GNSS 后天线左侧四分点上，线束朝前并与车载单元的 WIFI 接口相连接：	③ LET-V 天线固定于无遮挡的高处□
3	连接车载单元电源线束	（1）将电源主线束与车载单元连接： （2）将电源主线束 12V 电源接口与车载供电线束中的车载单元接口连接：	① 电源主线束接口选择正确□ ② 线束连接稳固□
4	连接路由器	通过网线将车载单元与路由器相连接：	① 通过网线连接车载单元与路由器时，接口选择正确□ ② 线束连接稳固□
5	上电检查运行状态	接通车载单元电源，检查车载单元指示灯是否处于运行状态： 若运行状态指示灯不正常，请检查车载单元的电源及接口是否连接良好	指示灯运行状态正常□

3. 车载单元配置

在首次使用车载单元时，需将车载单元与计算平台的本地网络 IP 配置于同一网段下，并在车载单元内配置发送及接收数据的端口，使用 ping 命令检查是否连接成功。在车载单元和计算平台上配置 IP 和端口的示例如图 6-11 所示。计算平台默认是 0 网段，端口（Port）默认为 61234；车载单元配置本地 IP 为 0 网段，IP 地址为 192.168.0.142，UDP 通信端口为 61234。

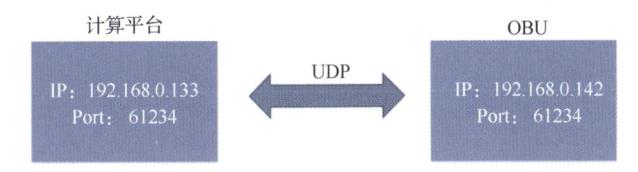

图 6-11　在车载单元和计算平台上配置 IP 和端口的示例

车载单元的参数配置步骤见表 6-13。

表 6-13　车载单元的参数配置步骤

序号	步骤	操作及说明	操作要点
1	计算平台连接车载单元的 Wi-Fi 网络	车载单元上电后启动，在计算平台系统上查找附近带车载单元名称的 Wi-Fi 网络，连接车载单元广播的 Wi-Fi 网络：	计算平台成功连接车载单元的 Wi-Fi 网络□ ＿＿＿＿＿＿
2	登录车载单元配置界面	在浏览器内输入车载单元的 Web 登录地址，输入用户名和密码，登录车载单元配置界面：	用户名和密码输入正确，车载单元配置界面登录成功□ ＿＿＿＿＿＿
3	检查版本号	在系统>系统配置>设备信息页面检查车载单元的软件版本号是否与使用说明书中的版本号一致。若不一致，请重新安装说明书中相应版本号的车载单元软件：	① 车载单元软件版本号检查方法正确□ ＿＿＿＿＿＿ ② 车载单元软件版本号与使用说明书中要求一致□ ＿＿＿＿＿＿

续表

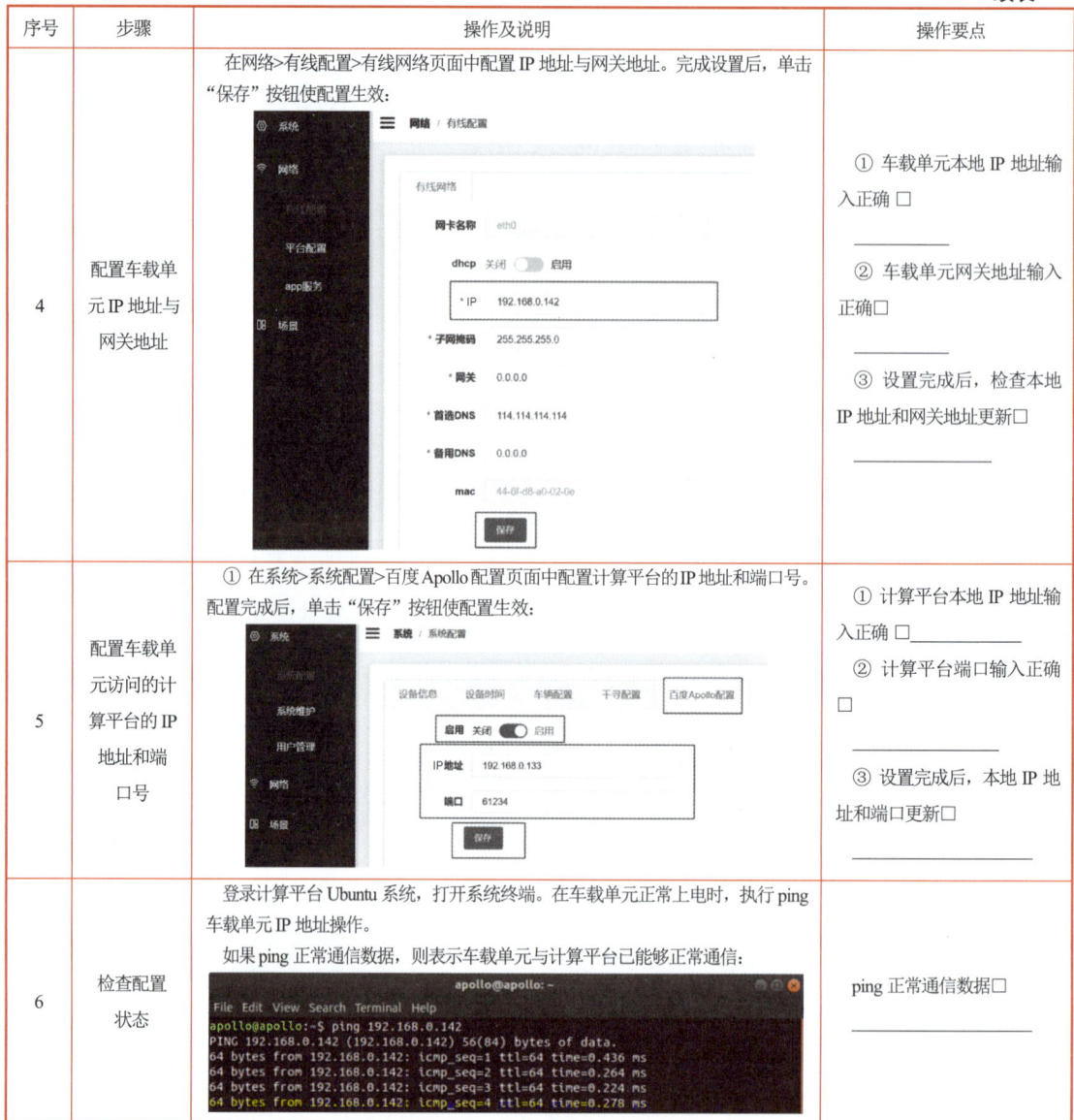

序号	步骤	操作及说明	操作要点
4	配置车载单元IP地址与网关地址	在网络>有线配置>有线网络页面中配置IP地址与网关地址。完成设置后，单击"保存"按钮使配置生效：	① 车载单元本地IP地址输入正确□ _____ ② 车载单元网关地址输入正确□ _____ ③ 设置完成后，检查本地IP地址和网关地址更新□ _____
5	配置车载单元访问的计算平台的IP地址和端口号	① 在系统>系统配置>百度Apollo配置页面中配置计算平台的IP地址和端口号。配置完成后，单击"保存"按钮使配置生效：	① 计算平台本地IP地址输入正确□ _____ ② 计算平台端口输入正确□ _____ ③ 设置完成后，本地IP地址和端口更新□ _____
6	检查配置状态	登录计算平台Ubuntu系统，打开系统终端。在车载单元正常上电时，执行ping车载单元IP地址操作。 如果ping正常通信数据，则表示车载单元与计算平台已能够正常通信：	ping正常通信数据□ _____

三、车载子系统安装与配置常见故障排除

车载单元安装与配置过程中的常见故障及解决方法见表6-14。

表6-14 车载单元安装与配置过程中的常见故障与解决方法

序号	常见故障	故障现象	故障原因	解决方法	操作要点
1	以太网故障	有线连接车载单元无网络	本地PC设置为自动获取，未修改为同网段	修改为同网段后配置网络	① 故障现象判断正确□ _____ ② 故障原因查找正确□ _____ ③ 故障解决方法正确□ _____ ④ 故障排除□ _____
2			本地PC设置为固定IP地址	修改为自动获取	
3	无GNSS信号故障	车载单元无法正常使用	信号放大器断电	重新开启信号放大器	
4			天线接口错接	排查并正确接线	

四、路侧单元安装与配置

1. 装配注意事项

路侧单元安装与配置的注意事项及操作要点见表 6-15。

表 6-15　车路侧单元安装与配置的注意事项及操作要点

序号	装配注意事项	操作要点
1	装配过程中，在连接线缆或者连接路侧单元前，请务必断开主机电源，以防触电。不可在电源接通时连接板卡或者板卡上的其他任何元件。为了安全起见，在打开路侧单元外壳时必须时刻佩戴防静电手环，防止瞬间电涌损坏敏感电子元件	① 拆装线缆或元件前务必断电操作□ ② 打开路侧单元外壳时佩戴防静电手环□_____
2	GNSS 信号、搬运及用电安全与表 6-11 类似。	

2. 路侧单元安装

Apollo 适配的海康路侧单元与交通信号灯、信号机、电池等集成于一体，如图 6-12 所示。路侧单元的安装步骤及操作要点见表 6-16。

图 6-12　海康一体化 V2X 感知基站图

表 6-16　路侧单元的安装步骤及操作要点

序号	步骤	操作及说明	操作要点
1	连接路侧单元天线	根据天线和路侧单元外壳上的标签，将 GNSS-P 天线、Wi-Fi 天线、4G 天线、DSRC 天线和 LTE-V 天线安装于对应的接口，并确保天线接触良好、安装牢固：	① 天线与主机接口对应□_____ ② 检查线路连接稳固情况并记录□_____

续表

序号	步骤	操作及说明	操作要点
2	连接POE电源	① 路侧单元的POE电源接口与POE电源的POE口连接； ② POE电源的LAN口连接PC的网口或连接交换机； ③ POE电源的另一端接220V供电。 注意：如果需要4G功能，需要提前预装SIM卡（拆壳安装）	① POE电源各接口连接正确□_____ ② 检查线路连接稳固情况并记录□_____
3	供电启动状态检测	接通路侧单元电源，路侧单元开机启动后查看指示灯是否显示正常：	① 接通前再次检查线路接口正确、连接稳固状态并记录□_____ ② 观察路侧单元指示灯状态并记录□_____

3. 路侧单元配置

路侧单元通过车载单元获得车辆的位置信息，判断车辆是否在路侧单元的感兴趣区域（Region Of Interest，ROI）内。若在ROI内，需判断车辆所在交叉路口的具体进口和具体车道，并下发对应的交通信号灯消息给车辆的车载单元。路侧单元的配置分为两部分：一是从高精度地图中获取交叉路口的ID坐标和交叉路口进口的ROI坐标；二是网页配置路侧单元设备。首次配置路侧单元时需要进行高精度地图的配置，配置成功后，后续不需要再次配置。

1）高精度地图的配置

（1）交叉路口地图：交叉路口地图示意图如图6-13所示。在交叉路口地图配置中，描述交叉路口的参数有交叉路口ID、交叉路口坐标、交叉路口进口、道路车道等。

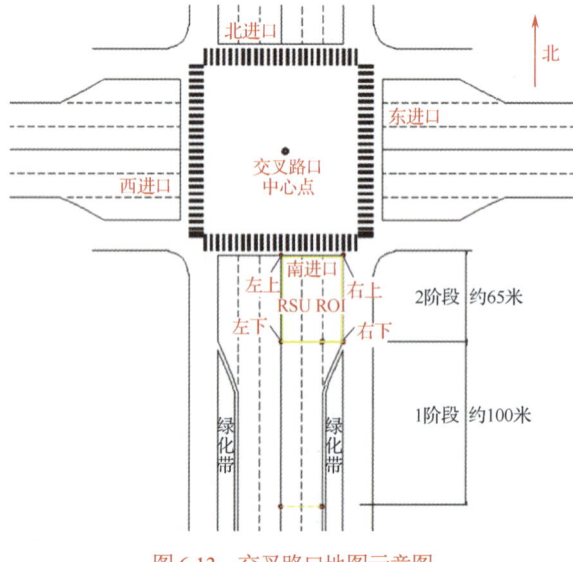

图6-13 交叉路口地图示意图

① 交叉路口 ID：路口在高精度地图中的编号，从编号 20 起，即若只有一个交叉路口，则此交叉路口的编号为 20。若有第二个交叉路口，则第二个交叉路口的编号为 21，以此类推。

② 交叉路口坐标：一般用交叉路口中心点的经度和纬度描述。

③ 交叉路口进口：进入交叉路口的道路，按照道路在交叉路口的方位进行命名，如从交叉路口东边的道路进入交叉路口，称为东进口。

④ 道路车道：一条道路可以包含多个车道，如左转车道、直行车道、右转车道、自行车车道等，如图 6-14 所示，可根据实际道路情况配置具体车道。

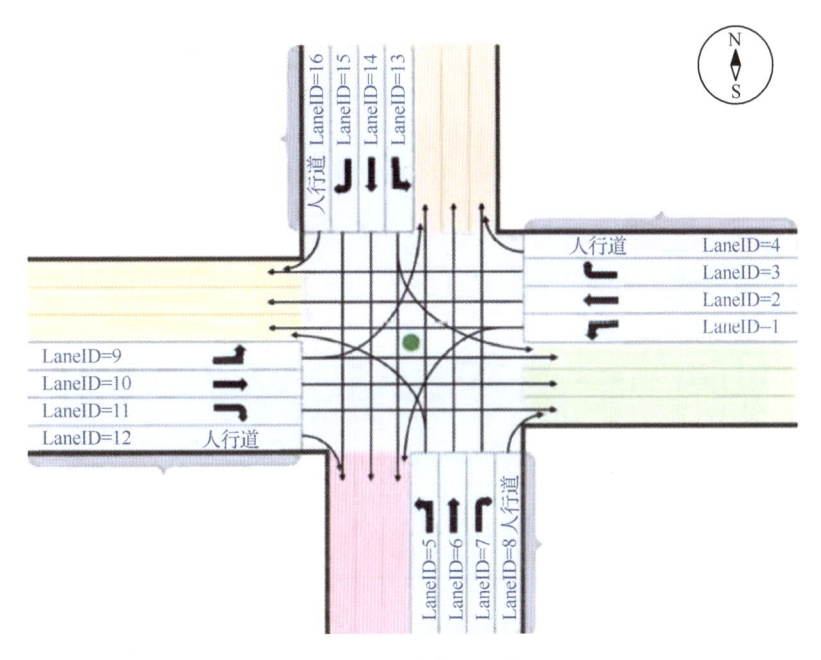

图 6-14　道路车道图

交叉路口地图的配置是按照交叉路口进口进行配置的，数量应与实际一致。交叉路口进口包含有车道和范围（RSU ROI）。当车辆处于 RSU ROI 内时，路侧单元才会为车载单元发送 V2X 信息，其使用上、下、左、右 4 个点的经度、纬度和高度描述。

对于道路车道，车道数应与实际一致。每一条车道对应一个 LaneID，如交通信号灯通信消息 TL20_5（编号 ID 为 20 的交叉路口的第 5 车道的交通信号灯信息数据），其中 TL 表示交通信号灯消息数据标识；20 表示交叉路口 ID 号；下滑线 "_" 作为区隔；5 表示第 5 车道。

（2）配置高精度地图。

① 整车上电并启动计算平台；

② 启动 CAN 卡；

③ 启动 Apollo Docker 环境；

④ 启动 Dreamview，选择 Dev Kit Debug 选项、Dev Kit 车型和已经制作完成的地图。

以上步骤的操作说明和操作要点参照项目三中的相应步骤。下一步配置高精度地图，其操作步骤见表 6-17。

表6-17　配置高精度地图的操作步骤

序号	步骤	操作说明	操作要点
1	启动 Sim Control	在 Dreamview 界面中选择 Tasks 标签，在 Others 栏中启动 Sim Control，加载地图：	Sim Control 启动成功□ ＿＿＿＿＿
2	启动编辑路径工具	在 Dreamview 界面中选择 Route Editing 标签：	Route Editing 启动成功□ ＿＿＿＿＿
3	记录交叉路口中心坐标	在编辑界面中，按住鼠标右键拖动地图找到要放置一体化 V2X 感知基站的交叉路口，将鼠标指向交叉路口中心。此时会在 Dreamview 界面的右下角出现一个坐标值，记录该坐标值： 注意：记录的交叉路口中心点(x, y)的值为 UTM 坐标	交叉路口中心坐标记录准确□ ＿＿＿＿＿

续表

序号	步骤	操作说明	操作要点
4	记录交叉路口进口信息	找到交叉路口的所有进口。此例以丁字路口做演示，进口包括北进口、西进口和南进口。若为十字交叉路口，还包括东进口：	交叉路口的所有进口记录准确□
5	记录每个进口路侧单元感兴趣区域4个点的UTM坐标值	在每一个进口处采集4个点，构成路侧单元的感兴趣区域： 注意： ① 道路的实际路侧单元感兴趣区域是由每个进口的 4 个绿点组成的绿框区域。由于定位会有一定的漂移，实际定位的点有可能会超出绿框区域。为了防止由于定位漂移而导致的数据漏发问题，需将路侧单元的感兴趣区域外扩一点，外扩大小在此不做限制，但一定不要出现 2 个进口路侧单元的感兴趣区域有重合的情况。外扩后，每个路口以红色 4 个点组成的红框区域作为路侧单元的感兴趣区域； ② 记录每个进口红色4个点的UTM坐标值，即记录每个红色点右下角的UTM坐标值； ③ 每一个车道的4个点方位默认以面向交叉路口方向，分为左上、右上、左下和右下； ④ 路侧单元的感兴趣区域横向距离略大于进口横向距离，纵向区域略大于65m	每个进口 RSU ROI 区域 4 个点的 UTM 坐标值记录准确□
6	记录每个进口每个车道可行驶的方向	确认并记录每个进口每一个车道可行驶的方向，比如直行、左转等，默认不记录右转： 注意：进口车道的编号为站在对应进口，面向交叉路口，从左往右编号依次增加	每个进口每个车道可行驶的方向记录准确□

续表

序号	步骤	操作说明	操作要点
7	UTM坐标转化为WGS84坐标	输入以下命令,启动转换工具,将采集的交叉路口中心点和每个进口的4个路侧单元的感兴趣区域点的UTM坐标值转换为对应的经纬度值。转换结束后,按快捷键Ctrl + C退出转换工具: ./bazel-bin/modules/v2x/tools/wgs84_utm_transform/coord_transfrom 例如,1 50 470899.47 439913.77 表示转换模式/UTM zone/坐标值x/坐标值y 0代表由WGS84转UTM;1代表由UTM转WGS84,本例为1,代表UTM坐标转WGS84坐标。50代表制作地图时的UTM zone,即本地的UTM zone,50表示北京的UTM zone。470899.47 与 4399132.77 这两个数字表示转换点的UTM坐标,即点的UTM坐标(x, y)值。	① UTM坐标转化为WGS84坐标成功□ —————— ② WGS84坐标记录准确□ ——————

2)路侧单元网页配置

路侧单元的网页配置步骤见表6-18。

表6-18 路侧单元的网页配置步骤

序号	步骤	操作及说明	操作要点
1	在计算平台上查找路侧单元的Wi-Fi网络	启动一体化V2X感知基站,在计算平台上查找附近带路侧单元名称的Wi-Fi网络,连接路侧单元设备广播的Wi-Fi:	在计算平台上查找路侧单元的Wi-Fi网络成功□ ——————
2	登录路侧单元高精度地图配置界面	在浏览器内输入路侧单元的Web登录网址,输入用户名和密码,登录路侧单元配置界面:	用户名和密码输入正确,路侧单元配置界面登录成功□____

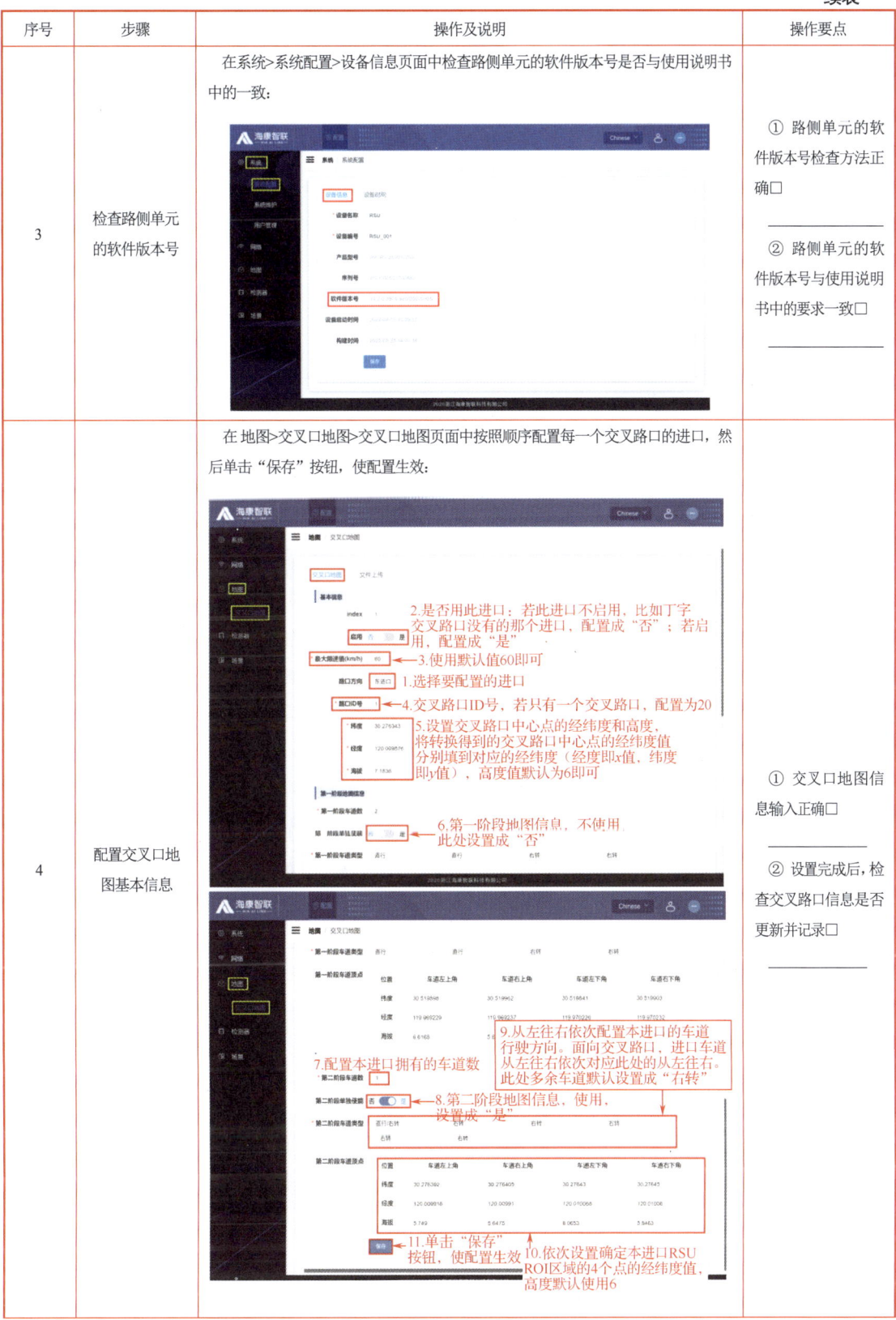

续表

序号	步骤	操作及说明	操作要点
3	检查路侧单元的软件版本号	在系统>系统配置>设备信息页面中检查路侧单元的软件版本号是否与使用说明书中的一致：	① 路侧单元的软件版本号检查方法正确□ ② 路侧单元的软件版本号与使用说明书中的要求一致□
4	配置交叉口地图基本信息	在地图>交叉口地图>交叉口地图页面中按照顺序配置每一个交叉路口的进口，然后单击"保存"按钮，使配置生效： 1.选择要配置的进口 2.是否用此进口：若此进口不启用，比如丁字交叉路口没有的那个进口，配置成"否"；若启用，配置成"是" 3.使用默认值60即可 4.交叉路口ID号，若只有一个交叉路口，配置为20 5.设置交叉路口中心点的经纬度和高度，将转换得到的交叉路口中心点的经纬度值分别填到对应的经纬度（经度即x值，纬度即y值），高度值默认为6即可 6.第一阶段地图信息，不使用，此处设置成"否" 7.配置本进口拥有的车道数 8.第二阶段地图信息，使用，设置成"是" 9.从左往右依次配置本进口的车道行驶方向。面向交叉路口，进口车道从左往右依次对应此处的从左往右。此处多余车道默认设置成"右转" 10.依次设置确定本进口RSU ROI区域的4个点的经纬度值，高度默认使用6 11.单击"保存"按钮，使配置生效	① 交叉口地图信息输入正确□ ② 设置完成后，检查交叉路口信息是否更新并记录□

续表

序号	步骤	操作及说明	操作要点
5	配置各进口交通信号灯信息	在检测器>检测器配置>信号机页面中进行信号机相关的配置： 1.设置成"是"，启用 使用默认值，无须配置 2.配置各进口使用的交通信号灯。勾选表示启用，优先选择箭头灯 3.单击"保存"按钮，使配置生效	① 各个进口信号灯信息输入正确□ ② 设置完成后，检查所有参数是否更新并记录□

五、路侧单元安装与配置常见故障排除

路侧单元安装与配置过程中的常见故障及解决方法见表 6-19。

表 6-19　路侧单元安装与配置过程中的常见故障及解决方法

序号	故障	故障现象	故障原因	解决方法	操作要点
1	以太网故障	有线连接路侧单元无网络	本地 PC 设置为自动获取，未修改为同网段	修改为同网段后配置网络	① 故障现象判断正确□
2		无线连接路侧单元无网络	本地 PC 设置为固定 IP 地址	修改为自动获取	② 故障原因查找正确□
3	无 GNSS 信号故障	路侧单元无法正常使用	信号放大器断电	重新开启信号放大器	③ 故障解决方法正确□
4			天线接口错接	排查并正确接线	④ 故障排除□
5	不启动故障	路侧单元无法正常启用	POE 电源 POE 口和 LAN 口错接	排查并正确接线	

六、存放地图格式文件的目录在哪里

不同版本的 Apollo 系统存放地图格式文件的目录不同。如果使用的是 Apollo 8.0，存放地图格式文件的目录为 ~/apollo/apollo-dkit/data/map_data。

能力拓展

能力拓展部分主要讲述了如何采用无线连接方式将车载单元与计算平台的本地网络 IP 配置于同一网段下，以及在布设路侧单元时需要注意的事项，具体内容扫码即可获得。

任务测评

对任务实施的完成情况进行检查,并将结果填入表 6-20。

表 6-20 任务测评表

成绩评定反馈意见表					
任务名称:路侧单元和车载单元装配					
组号:		组员信息:			
序号	项目	子项目	检查规范	结论	得分
1	车载单元安装与配置(20分)	装配注意事项	车载单元在使用过程中,确保有 GNSS 信号;注意轻取、轻放设备;通电前确保电源线缆的正负极连接正确		
		车载单元安装	固定车载单元牢靠;安装车载单元天线、车载单元电源线束、路由器接口选择正确,线束连接稳固;上电检查运行状态正常		
		车载单元配置	计算平台连接车载单元的 Wi-Fi 网络成功;登录车载单元配置界面检查版本号、配置车载单元 IP 地址与网关地址、配置车载单元访问计算平台 IP 地址和端口信息正确;检查配置状态 ping 正常通信数据		
2	车载单元安装与配置常见故障排除(10分)	以太网故障和无 GNSS 信号故障	故障现象判断正确;故障原因查找正确;故障解决方法正确;故障排除		
3	路侧单元安装与配置(60分)	装配注意事项	装配过程中,注意用电安全;使用中确保有 GNSS 信号;注意轻取、轻放设备;通电前确保电源线缆的正负极连接正确		
		路侧单元安装	连接路侧单元天线、POE 电源接口选择正确,线束连接稳固;上电检查运行状态正常		
		路侧单元配置	高精度地图的配置、路侧单元网页配置数据准备,数据设置成功		
4	路侧单元安装与配置常见故障排除(10分)	以太网故障、无 GNSS 信号故障、不启动故障	故障现象判断正确;故障原因查找正确;故障解决方法正确;故障排除		
评论摘要:					
分数	等级		总分	评分描述	
85~100	优				
75~84	良				
60~74	及格				
<60	未达到				

任务三　基于V2X的交叉路口信号灯自动驾驶测试

学习目标

【知识目标】
1. 能够正确描述基于车路协同的高等级驾驶自动化系统的典型应用；
2. 能够正确描述协同式感知的应用、基本工作原理、通信方式及基本性能要求；
3. 能够识读测试技术文件，正确理解车联网综合测试要求。

【能力目标】
1. 能够按照测试技术文件正确选择并使用测试工具和软件；
2. 能够按照测试技术文件正确完成测试车辆和测试设备的整备；
3. 能够按照测试技术文件正确操控测试车辆，完成车联网测试，并记录关键步骤。

【素质目标】
1. 能够熟练掌握相关的国家标准、行业规定，掌握绿色生产、环境保护、安全防护、质量管理等相关知识与技能；
2. 能够了解相关产业文化，遵守职业道德准则和行为规范，具备社会责任感和担当精神；
3. 具有探究学习、终身学习的能力，具有整合知识和综合运用知识分析问题与解决问题的能力；
4. 弘扬劳动光荣、技能宝贵、创造伟大的时代精神，热爱劳动人民、珍惜劳动成果、树立劳动观念、积极投身劳动，具备与职业发展相适应的劳动素养、劳动技能。

工作任务

某汽车制造厂正在试制一款面向L4级自动驾驶的前装量产车型，需要智能网联汽车系统集成工程师基于Apollo的该样品车型完成V2X联调测试。作为一名辅助工程师，首先需要掌握基于车路协同的高等级驾驶自动化系统的典型应用，熟悉协同式感知的应用、基本工作原理、通信方式及基本性能要求。然后按照测试技术文件选择并使用测试工具和软件完成测试车辆与测试设备的整备，操控测试车辆完成车联网测试，并记录过程中的关键步骤。

相关知识

一、基于车路协同的高等级自动驾驶典型应用

基于车路协同的高等级自动驾驶的8个典型应用见表6-21。

表6-21　基于车路协同的高等级自动驾驶的8个典型应用

序号	典型应用	通信模式	触发方式	主要信息
1	协同式感知	V2V/V2I	Event/Period	Msg_SSM
2	基于路侧协同的无信号交叉口通行	V2I	Event	Msg_CIM、Msg_RSC
3	基于路侧协同的自动驾驶车辆"脱困"	V2I	Event	Msg_CIM、Msg_RSC、Msg_RSCV
4	高精度地图版本对齐及动态更新	V2I	Event	Msg_RAM、Msg_CIM

续表

序号	典型应用	通信模式	触发方式	主要信息
5	自主泊车	V2I	Event	Msg_CIM、Msg_RSC、Msg_RSCV
6	基于路侧感知的"僵尸车"识别	V2I	Event	Msg_SSM
7	基于路侧感知的交通状况识别	V2I	Event/Period	Msg_RAM
8	基于协同式感知的异常驾驶行为识别	V2V/V2I	Event	Msg_SSM

二、协同式感知

下面以协同式感知为例，介绍其应用概要、预期效果、应用描述、基本工作原理、通信方式、基本性能要求和应用层信息交互需求。

1. 应用概要

自动驾驶车辆在真实路况下行驶时，常因其他物体遮挡而存在感知盲区，借助路侧或其他车辆感知到的信息，能够帮助车辆更好地得到全局的路况信息。协同式感知是指在混合交通环境下，由路侧感知设备或车载感知设备感知周边的道路交通信息，并通过自动驾驶智能路侧计算控制单元或自动驾驶智能车端计算控制单元处理后，通过路侧单元或车载单元将感知结果发送给自动驾驶车辆，自动驾驶车辆接收到这些信息后可以提高自身感知能力，辅助车辆做出正确的决策控制，并在特定场景下实现仅通过路侧感知设备的感知信息也能完成自动驾驶的功能，从而实现自动驾驶车辆可以低成本的安全通信。

2. 预期效果

自动驾驶车辆在运行过程中，当处于道路子系统的通信范围内时，尤其是在通过道路交会点、经常发生拥堵的路段以及交通部门认定交通事故的多发路段，感知设备感知周边环境，并通过路侧单元将感知信息发送给自动驾驶车辆，保证车辆可以获取到路段的全面道路信息，包括行人、车辆、骑行者以及路面信息等。自动驾驶车辆可根据这些信息规划最佳路径，避免事故的发生，从而实现自动驾驶车辆安全高效地通过。

3. 应用描述

协同式感知的典型应用场景包括车路协同式感知和车车协同式感知。

1）车路协同式感知

在交叉路口或者事故多发路段，路侧感知设备不断感知周边的道路交通信息，包括障碍物信息（行人、骑行者、机动车以及其他静态或动态物体）、交通设施（信号灯、交通标志）、路面状况（坑洼、道路维修或封闭等）、行驶环境（天气环境、交通状况等），所感知内容包括物体的位置信息、速度信息、物体大小、物体描述、历史轨迹；路侧感知设备将感知到的信息实时传送给自动驾驶智能路侧计算控制单元，自动驾驶智能路侧计算控制单元实时处理接收到的感知信息，再通过路侧单元实时传送给自动驾驶车辆；收到信息的车辆可根据道路子系统的感知信息和自身的感知信息，制定合理的行车策略，提高通行效率。道路子系统到车辆子系统之间的交互流程如图 6-15 所示。路侧感知设备包括激光雷达、摄像头、毫米波雷达、红外等，但不局限于这些设备。车路协同式感知场景如图 6-16 所示。

车路协同式感知场景的具体描述如下：路侧感知设备（如摄像头、雷达等）探测到交叉路口行人 P-1、骑行者 B-1 以及车辆 NV-1 和 NV-2；路侧感知设备将感知到的原始信息发送给自动驾驶智能路侧计算控制单元进行实时的处理；自动驾驶智能路侧计算控制单元将处理后的感知信息发送给路侧单元，并通过路侧单元实时发送给其覆盖范围内的自动驾驶车辆；自动驾驶车辆的车载单元接收感知信息，并将信息发送给自动驾驶智能车端计算控制单元，自动驾驶智能车端计算控制单元根据

接收到的感知信息和自身的感知信息，制定车辆的行驶策略，并将策略传递给车辆线控系统，进而实现对车辆的实时控制。

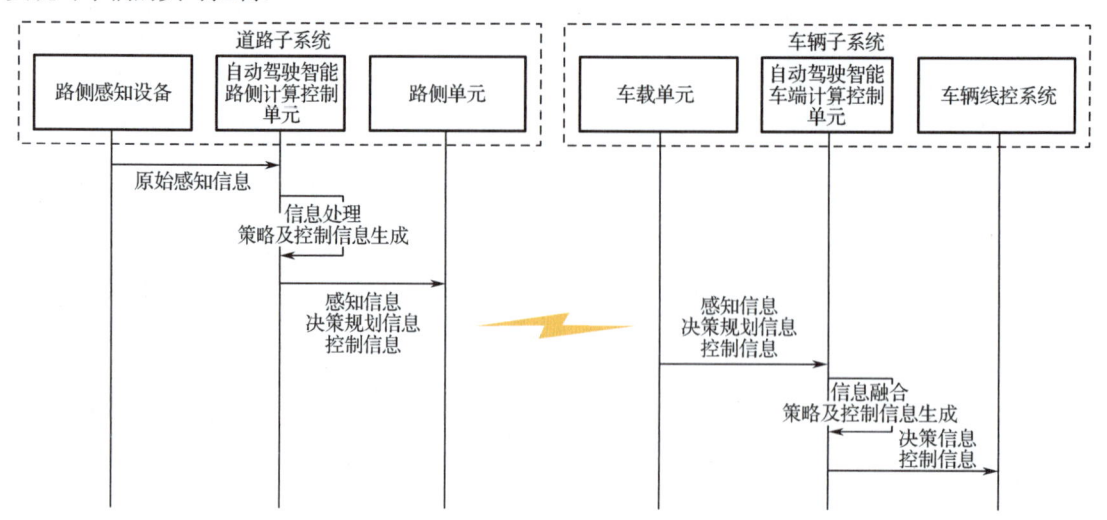

图 6-15　道路子系统到车辆子系统之间的交互流程

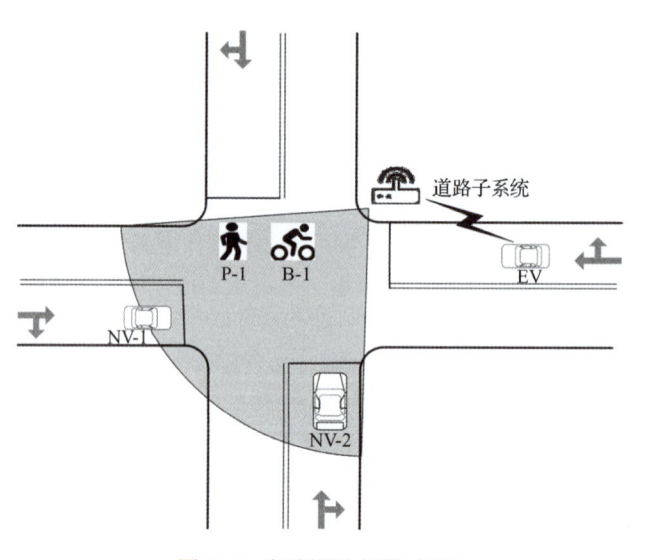

图 6-16　车路协同式感知场景

2）车车协同式感知

车辆通过自身感知设备（摄像头、雷达等）探测到周围其他交通参与者，包括但不限于车辆、行人、骑行者等目标物，并将探测目标的类型、位置、速度、方向等信息进行处理后（基于多传感器信息融合感知或者单传感器感知）通过车载单元发送给周围其他车辆，收到此信息的其他车辆可提前感知到不在自身视野范围内的交通参与者，并可根据接收到的感知信息和自身的感知信息，制定合理的行车策略，提高通行效率。车辆子系统与车辆子系统之间的交互流程如图 6-17 所示。车车协同式感知场景如图 6-18 所示。

车车协同式感知场景的具体描述如下：自动驾驶车辆 EV-1 的车载感知设备（如摄像头、雷达等）探测到其感知范围内的障碍物有车辆 NV-1 和行人 P-1；车载感知设备将感知到的原始信息发送给自动驾驶智能车端计算控制单元进行实时的处理；自动驾驶智能车端计算控制单元将处理后的感知信息发送给车载单元，并通过车载单元实时发送给其覆盖范围内的自动驾驶车辆 EV-2；自动驾驶车辆

EV-2 的车载单元接收感知信息,并将信息发送给自动驾驶智能车端计算控制单元,自动驾驶智能车端计算控制单元根据接收到的感知信息并融合自身的感知信息,制定车辆的行驶策略,并将策略传递给车辆线控系统,进而实现对车辆的实时控制。

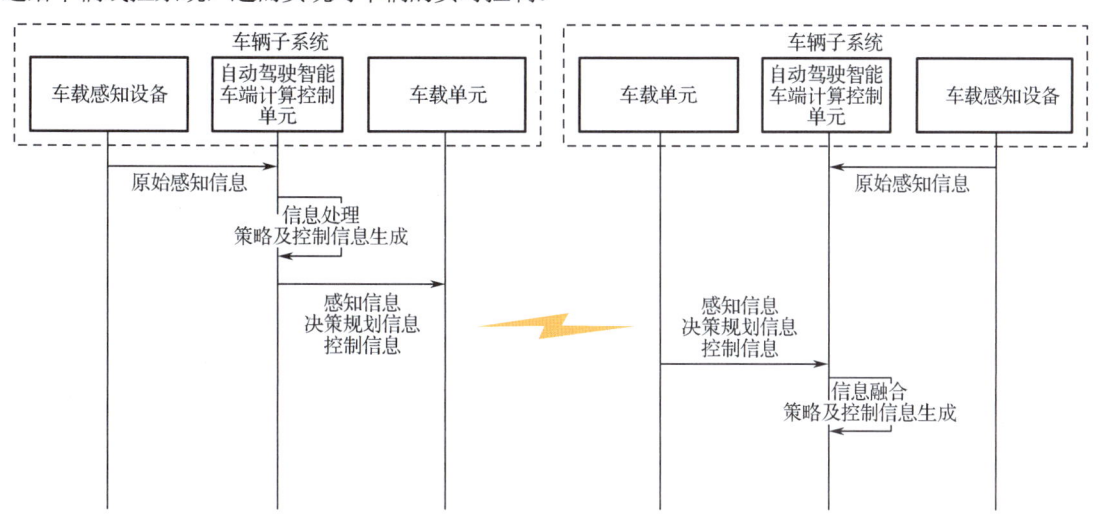

图 6-17 车辆子系统与车辆子系统之间的交互流程

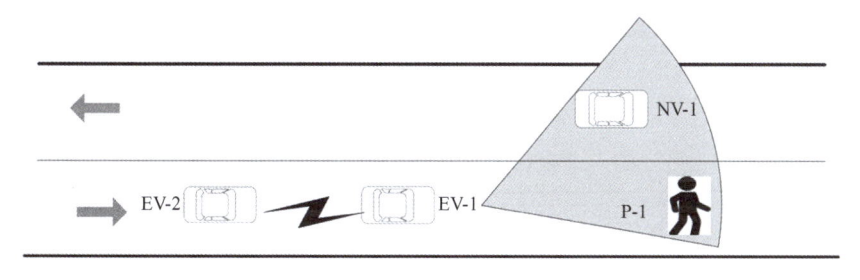

图 6-18 车车协同式感知场景

4. 基本工作原理

道路子系统或车辆子系统通过路侧单元或车载单元将处理后的感知信息周期性地广播给周边的自动驾驶车辆;或者由自动驾驶车辆请求感知共享并确认后,将处理后的感知信息单播或组播给周边发出请求的自动驾驶车辆。

自动驾驶车辆接收来自其他系统发送的感知信息,当自动驾驶车辆具备感知功能时,将来自其他系统的感知信息和自车的感知信息进行融合处理,得到最终的结果信息,用于车辆的驾驶自动化系统的决策控制输入。

自动驾驶车辆接收来自其他系统发送的感知信息,当自动驾驶车辆不具备感知功能时,将来自其他系统的感知信息用于车辆的驾驶自动化系统的决策控制输入。

5. 通信方式

路侧单元、感知信息提供车辆、感知信息接收车辆应具备无线通信能力,路侧单元和感知信息接收车辆之间、感知信息提供车辆和接收车辆之间可通过广播、单播或组播的形式进行信息交互。周期性发送信息。

6. 基本性能要求

车速范围为 0~120km/h;通信距离大于或等于 200m;信息更新频率(有信息共享期间)大于或等于 10Hz;应用层端到端时延小于或等于 100ms;定位精度小于或等于 1.5m。应用层端到端时延

是指按照通信双方，信息从发送方应用层发出，到接收方应用层收到的时间间隔。

7. 应用层信息交互需求

协同式感知信息交互需求见表 6-22～表 6-26。

表 6-22 路侧感知信息共享（路侧单元发送）（Msg_SSM）

信息		单位	备注
时刻		ms	—
位置			感知信息发送时的位置
目标物描述	目标物分类		ENUM：行人/骑行者/车辆/障碍物
	目标物 ID		INTEGER：目标物 ID
	数据来源		ENUM
	目标物状态		INTEGER 序列
	目标物状态保持时间	ms	描述目标物当前状态的持续时长
	目标物感知置信度		INTEGER 序列，描述了一定置信水平下的感知精度
	目标物类型		INTEGER 序列
	目标物位置（经纬度）	deg	—
	目标物位置（海拔）	m	—
	位置置信度		描述了在一定置信水平下的位置精度
	目标物详细信息		包括大小、角点数据等
	目标大小置信度		描述了在一定置信水平下的目标大小精度
	目标物速度	m/s	—
	速度置信度		描述了在一定置信水平下的速度精度
	目标物航向	deg	—
	航向置信度		描述了在一定置信水平下的目标物航向角的精度
	目标物加速度	m/s²	—
	目标物加速度置信度		描述了在一定置信水平下的加速度精度
	目标物跟踪时长		包括静止、运动等不同运动状态路侧或车辆连续感知的时长
	目标物历史轨迹		包括各个时刻的位置、速度等信息
	目标物轨迹预测		描述目标物的轨迹预测

表 6-23 目标物类型

类型	备注
全量物体	包括动态及静态物体
动态物体	高精度地图中没有标记的障碍物
静态物体	高精度地图中标记的障碍物

表 6-24　目标物状态

状态	备注
静止	—
运动	—

表 6-25　目标物详细信息

状态	备注
描述点集合	三维，可用经度、纬度和高度描述
长宽高	—
离地高度	—

表 6-26　车端感知信息共享（车载单元发送）（Msg_SSM）

数据		单位	备注
时刻		ms	—
位置		deg	感知信息发送时的位置
目标物描述	目标物分类		行人/骑行者/车辆/障碍物
	目标物 id		INTEGER：目标物 ID
	数据来源		ENUM
	目标物状态		INTEGER 序列
	目标物感知置信度		描述障碍物感知结果的可信程度
	目标物类型		INTEGER 序列
	目标物位置（经纬度）	deg	—
	目标物位置（海拔）	m	—
	位置置信度		描述了在一定置信水平下的位置精度
	目标物详细信息		包括大小、角点数据等
	目标大小置信度		描述了在一定置信水平下的目标大小精度
	目标物速度	m/s	—
	速度置信度		描述了在一定置信水平下的速度精度
	目标物航向	deg	—
	航向置信度		描述了在一定置信水平下的目标物航向角的精度
	目标物加速度	m/s^2	—
	目标物加速度置信度		描述了在一定置信水平下的加速度精度
	目标物跟踪时长		包括静止、运动等不同运动状态路侧或车辆连续感知的时长

任务实施与评价

一、任务准备

本次任务所使用的实训设备、工具和资源见表 6-27。

表 6-27　实训设备、工具和资源

序号	分类	名称	准备要点	数量	准备情况记录
1	设备	D-KIT Lite S 车辆	检查车辆状态： （1）车胎是否损坏、充气压力（正常胎压 2.5～2.6kPa）是否合适，以及胎纹内是否嵌入异物； （2）车辆底部是否有泄漏液体或易燃物； （3）上电开关接通后是否有异常报警声； （4）确认电池电量（大于 80%），若电池电量低于 20%，建议充满电后再使用车辆； （6）已完成计算平台集成、组合导航系统集成、动力学标定、循迹演示、智能感知设备集成、虚拟车道线制作、规划模块适配及 V2X 集成	1 辆/组	① 是否正常：是□ 否□＿＿＿＿＿ ② 已完成组合导航系统集成、动力学标定、循迹演示和智能感知设备集成、虚拟车道线制作、规划模块适配及 V2X 集成：是□ 否□＿＿＿＿＿
2	资源	D-KIT Lite S 车辆使用手册	查找使用手册中的"车辆使用说明""Apollo 集成说明"	1 份/人	是否找到：是□ 否□＿＿＿＿＿
		作业记录单	明确工作任务	1 份/组	是否明确工作任务：是□ 否□＿＿＿＿＿

二、场地与设备要求

测试场地需在高精度度地图 V2X 交叉路口某进口的第二阶段地图信息范围内，如图 6-19 所示。由于每次实训需要匹配地图，建议每一次实训可移动一体化 V2X 感知基站的部署位置固定，且门板侧为东，放置于交叉路口中不影响交通的位置，如图 6-20 所示。

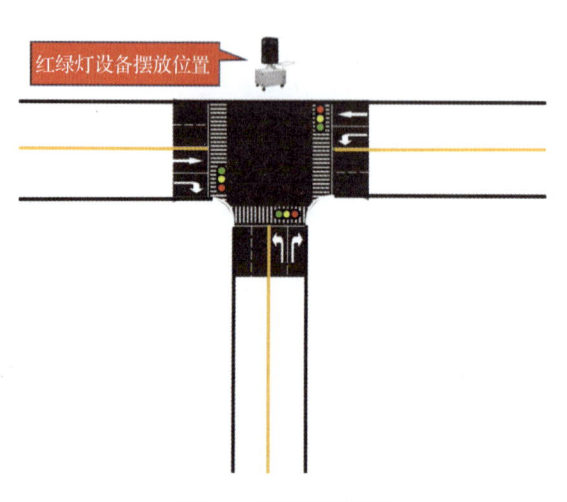

图 6-19　测试场地要求

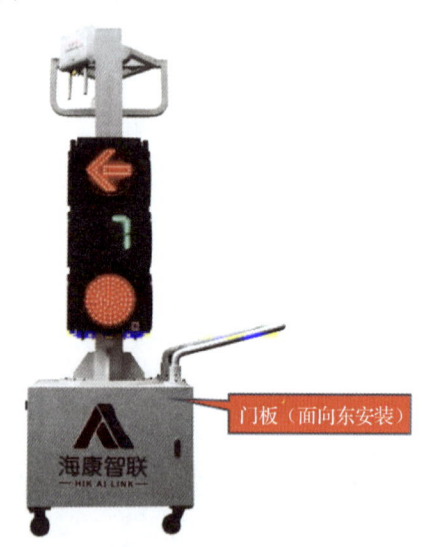

图 6-20　一体化 V2X 感知基站朝向

三、修改 V2X 配置文件参数

修改 V2X 配置文件 modules/calibration/dev_kit/v2x_conf/v2x.conf 中的相关参数，进行车载单元地址和发送端口的配置，车辆配置文件中的车型信息部分需与实际使用车辆一致，如图 6-21 所示。V2X 配置文件中的参数修改详情见表 6-18。

项目六 基于车路协同的高等级驾驶自动化系统设备集成与测试

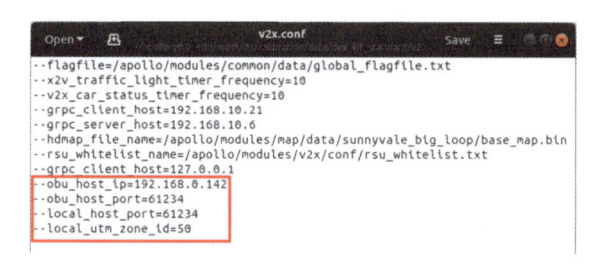

图 6-21　V2X 配置文件中的相关参数

表 6-28　V2X 配置文件中的参数修改详情

修改参数	对应参数	参数说明	操作要点
车载单元 obu_host_ip	192.168.0.142	车载单元的本地 IP 默认配置地址，根据实际情况匹配	匹配正确□＿＿＿＿＿
车载单元 obu_host_port	61234	接收车载单元数据端口，需与车载单元内配置的端口号一致	配置的端口号正确□＿＿＿＿＿
local_host_port	61234	计算平台发送数据端口，与车载单元 obu_host_port 保持一致，默认值为 61234	发送数据端口正确□＿＿＿＿＿
local_utm_zone_id	50	UTM zone，根据城市的不同，其值也不同，北京默认为 50	UTM zone 设置正确□＿＿＿＿＿

四、基于 V2X 的交叉路口信号灯自动驾驶测试

（1）整车上电并启动计算平台；

（2）启动 CAN 卡；

（3）启动 Apollo Docker 环境；

（4）启动 Dreamview，选择 Dev Kit Debug 选项、Dev Kit 车型和已经制作完成的地图；

（5）启动 Localization、GPS、Transform 模块并验证模块是否正常输出数据；

（6）启动激光雷达和激光雷达感知模块并验证模块是否正常输出数据。

以上步骤的操作说明和操作要点参照项目三中的相应步骤。下一步启动并验证规划和 Canbus 模块，以及对基于 V2X 的交叉路口信号灯自动驾驶系统进行测试，具体操作步骤见表 6-29。

表 6-29　具体操作步骤

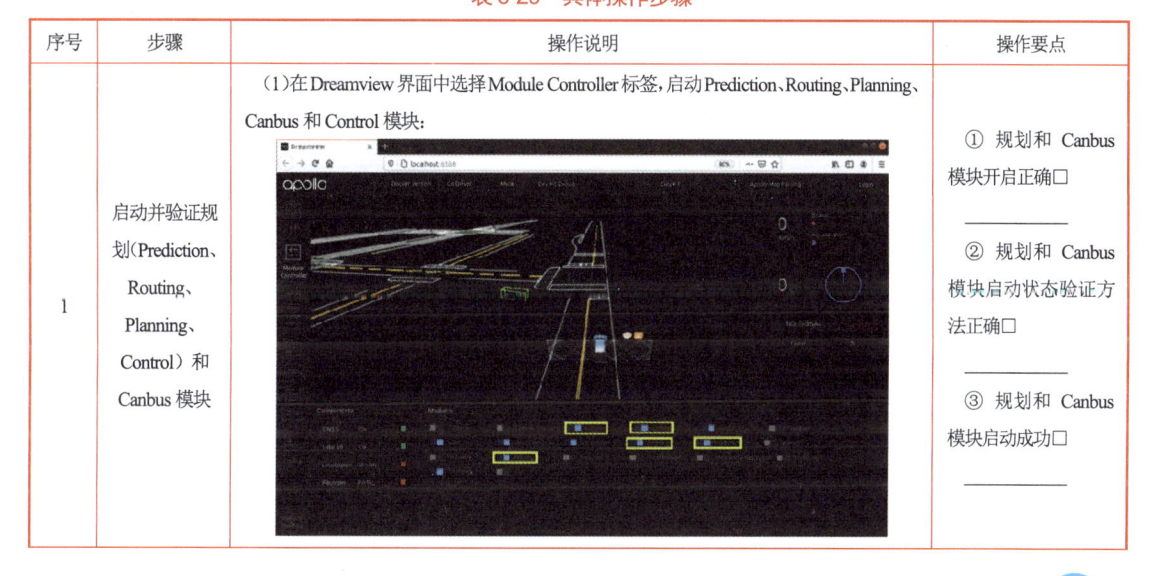

序号	步骤	操作说明	操作要点
1	启动并验证规划（Prediction、Routing、Planning、Control）和 Canbus 模块	（1）在 Dreamview 界面中选择 Module Controller 标签，启动 Prediction、Routing、Planning、Canbus 和 Control 模块：	① 规划和 Canbus 模块开启正确□＿＿＿＿＿ ② 规划和 Canbus 模块启动状态验证方法正确□＿＿＿＿＿ ③ 规划和 Canbus 模块启动成功□＿＿＿＿＿

213

续表

序号	步骤	操作说明	操作要点
1	启动并验证规划（Prediction、Routing、Planning、Control）和 Canbus 模块	（2）在 cyber_monitor 中，查看 Prediction、Routing、Planning、Canbus 和 Control 模块有关的 Channel 信息及其对应的帧率：	① 规划和 Canbus 模块开启正确□ ② 规划和 Canbus 模块启动状态验证方法正确□ ③ 规划和 Canbus 模块启动成功□
2	选择目标点并查看规划效果	（1）在 Dreamview 界面中选择 Route Editing 标签，单击"Add Point of Interest"选项，在车道线中选择一个终点作为目标点。选择完成后，单击"Send Routing Request"选项，发送添加的 Routing 点：	① 选择目标点任务操作正确□ ② 选择目标点成功□
		（2）在 DreamView 界面中出现一条红色的 Routing 线和一条蓝色的 Planning 线。在选择的目的地点处，会出现一道红色的停止墙，表示到这里停止。若出现以上情况，表示 Routing、Planning 正常：	① 规划模块适配状态验证方法正确□ ② 规划模块适配成功□

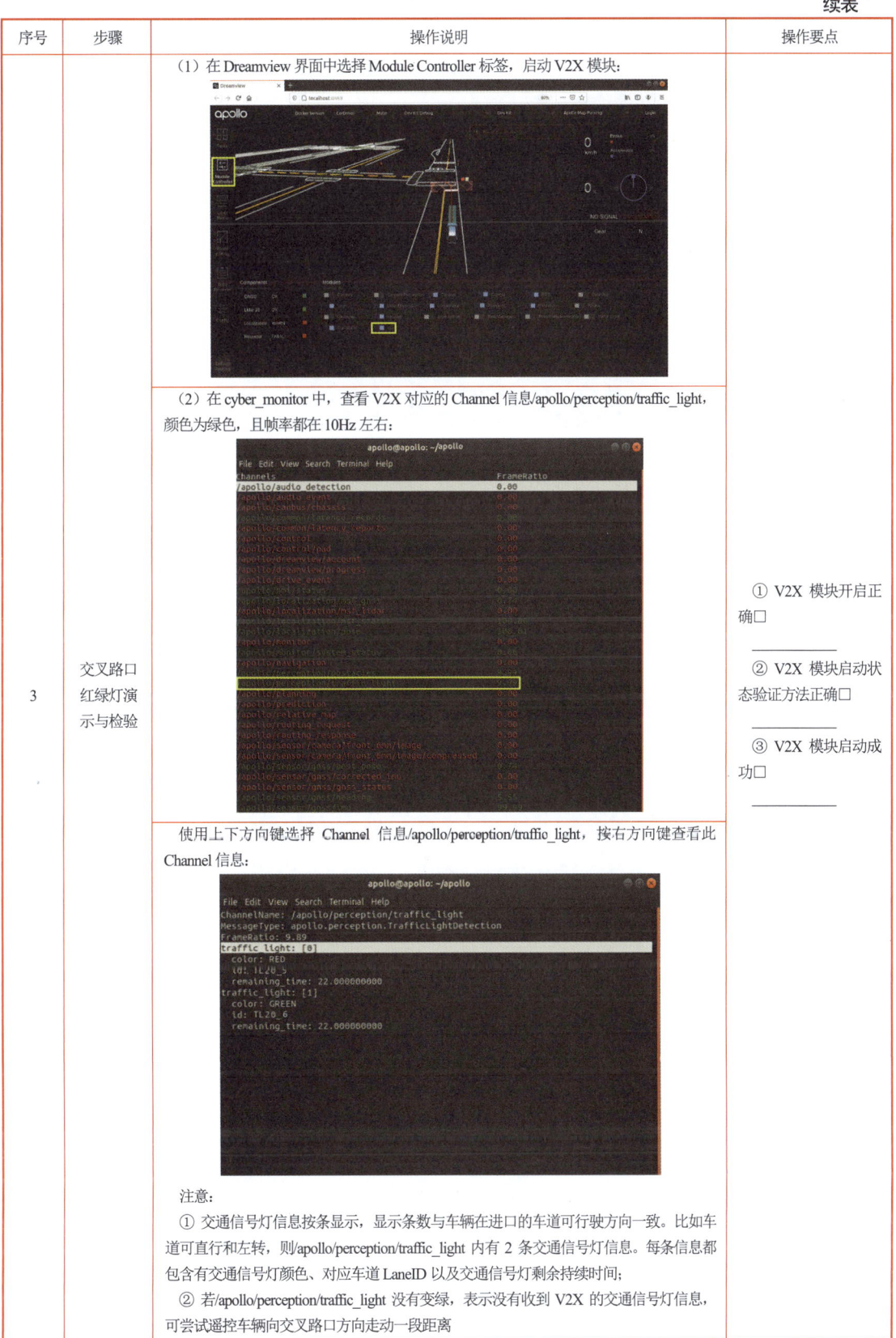

续表

序号	步骤	操作说明	操作要点
3	交叉路口红绿灯演示与检验	（1）在 Dreamview 界面中选择 Module Controller 标签，启动 V2X 模块： （2）在 cyber_monitor 中，查看 V2X 对应的 Channel 信息/apollo/perception/traffic_light，颜色为绿色，且帧率都在 10Hz 左右： 使用上下方向键选择 Channel 信息/apollo/perception/traffic_light，按右方向键查看此 Channel 信息： 注意： ① 交通信号灯信息按条显示，显示条数与车辆在进口的车道可行驶方向一致。比如车道可直行和左转，则/apollo/perception/traffic_light 内有 2 条交通信号灯信息。每条信息都包含有交通信号灯颜色、对应车道 LaneID 以及交通信号灯剩余持续时间； ② 若/apollo/perception/traffic_light 没有变绿，表示没有收到 V2X 的交通信号灯信息，可尝试遥控车辆向交叉路口方向走动一段距离	① V2X 模块开启正确□ ② V2X 模块启动状态验证方法正确□ ③ V2X 模块启动成功□

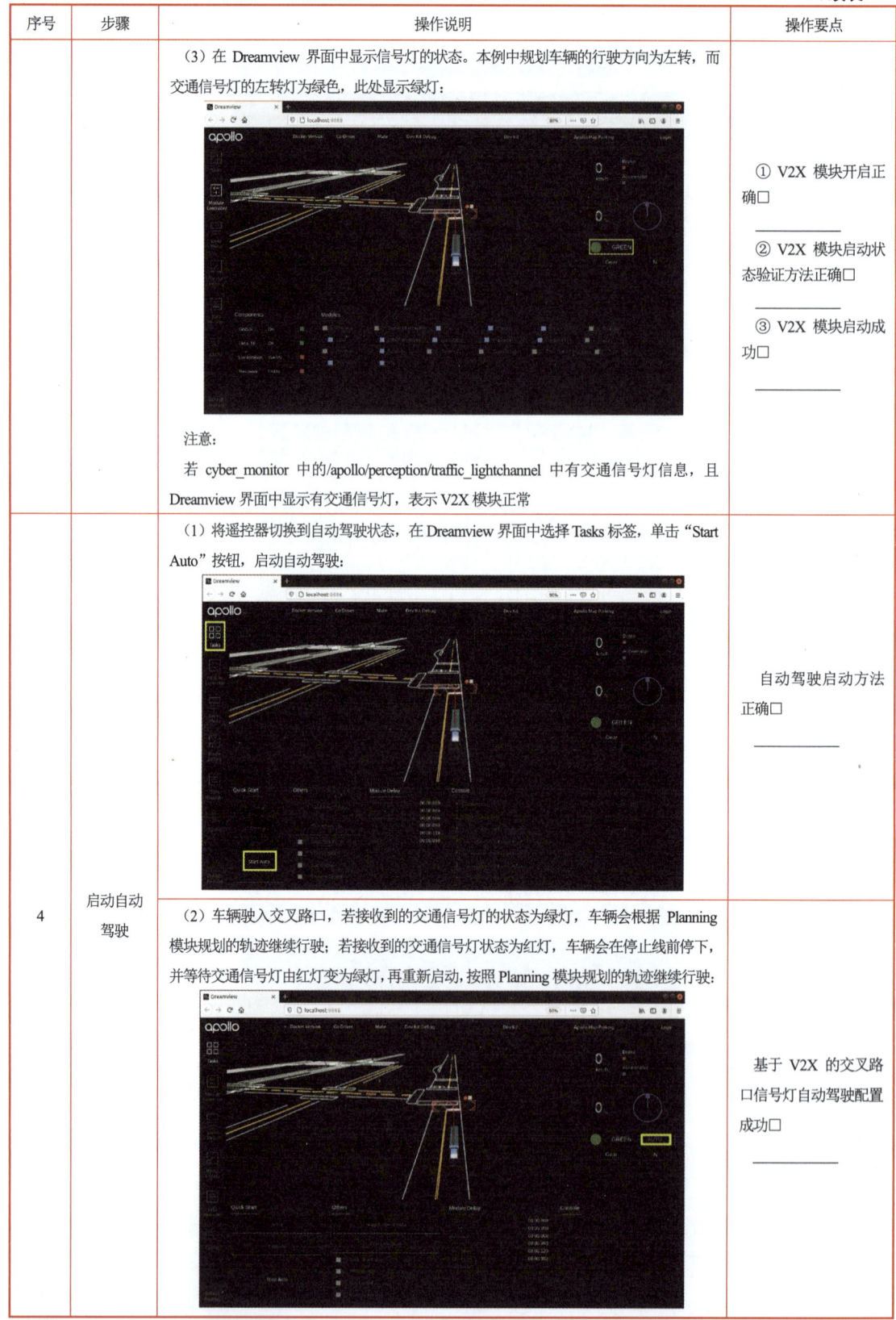

续表

序号	步骤	操作说明	操作要点
		(3) 在 Dreamview 界面中显示信号灯的状态。本例中规划车辆的行驶方向为左转，而交通信号灯的左转灯为绿色，此处显示绿灯： 注意： 若 cyber_monitor 中的/apollo/perception/traffic_lightchannel 中有交通信号灯信息，且 Dreamview 界面中显示有交通信号灯，表示 V2X 模块正常	① V2X 模块开启正确口 ——— ② V2X 模块启动状态验证方法正确口 ——— ③ V2X 模块启动成功口 ———
4	启动自动驾驶	(1) 将遥控器切换到自动驾驶状态，在 Dreamview 界面中选择 Tasks 标签，单击"Start Auto"按钮，启动自动驾驶：	自动驾驶启动方法正确口 ———
		(2) 车辆驶入交叉路口，若接收到的交通信号灯的状态为绿灯，车辆会根据 Planning 模块规划的轨迹继续行驶；若接收到的交通信号灯状态为红灯，车辆会在停止线前停下，并等待交通信号灯由红灯变为绿灯，再重新启动，按照 Planning 模块规划的轨迹继续行驶：	基于 V2X 的交叉路口信号灯自动驾驶配置成功口 ———

项目六 基于车路协同的高等级驾驶自动化系统设备集成与测试

能力拓展

能力拓展部分主要讲述了基于车路协同的高等级驾驶自动化系统的相关内容,具体内容扫码即可获得。

任务测评

对任务实施的完成情况进行检查,并将结果填入表 6-30。

表 6-30 任务测评表

成绩评定反馈意见表					
任务名称:基于 V2X 的交叉路口信号灯自动驾驶测试					
组号		组员信息:			
序号	项目	子项目	检查规范	结论	得分
1	修改 V2X 配置文件参数(10 分)	车载单元地址及发送端口配置	车载单元本地 IP、接收车载单元数据端口、计算平台发送数据端口、UTM zone 等值设置正确		
2	基于 V2X 的交叉路口信号灯自动驾驶测试(90 分)	整车上电并启动计算平台	计算平台启动成功		
		启动 CAN 卡	CAN 驱动启动成功		
		启动 Apollo Docker 环境	Apollo Docker 环境启动成功		
		启动 Dreamview 并选择模式、车型和地图	Dreamview 界面启动成功;Dreamview 界面打开成功;模式、车型和地图选择正确		
		启动并验证 Localization、GPS、Transform 模块	Localization、GPS、Transform 模块开启正确;cyber_monitor 工具启动成功;GPS 模块启动成功;Transform 模块启动成功;Localization 模块启动成功;cyber_monitor 退出成功		
		启动并验证 Lidar、Lidar Perception 模块	Lidar、Lidar Perception 模块开启正确;Lidar Perception 和 Lidar 模块启动状态验证方法正确;Lidar Perception 和 Lidar 模块启动成功		
		启动规划和 Canbus 模块	规划和 Canbus 模块开启正确;规划和 Canbus 模块启动状态验证方法正确;规划和 Canbus 模块启动成功		
		选择目标点并查看规划效果	选择目标点任务操作正确;选择目标点成功;规划模块适配状态验证方法正确;规划模块适配成功		
		交叉路口红绿灯演示与检验	V2X 模块开启正确;V2X 模块启动状态验证方法正确;V2X 模块启动成功		
		启动自动驾驶	自动驾驶启动方法正确;基于 V2X 的交叉路口信号灯自动驾驶配置成功		
评论摘要:					

续表

分数	等级	总分	评分描述
85~100	优		
75~84	良		
60~74	及格		
<60	未达到		

课后习题与参考文献

课后习题

参考文献